云南大学百年诞辰纪念

熊庆来与云南大学

Hsiung Ching–lai and Yunnan University

张 维 著

云南大学出版社
YUNNAN UNIVERSITY PRESS

图书在版编目（CIP）数据

熊庆来与云南大学 / 张维著. -- 昆明：云南大学出版社，2023
ISBN 978-7-5482-4881-1

Ⅰ. ①熊… Ⅱ. ①张… Ⅲ. ①熊庆来（1893-1969）—生平事迹②云南大学—校史—史料 Ⅳ. ①K825.46 ②G649.287.41

中国国家版本馆CIP数据核字(2023)第035876号

策划编辑： 张丽华
责任编辑： 张丽华
封面设计： 刘　雨

熊庆来与云南大学
XIONG QINGLAI YU YUNNAN DAXUE

张维 / 著

出版发行：	云南大学出版社
印　　装：	昆明理煌印务有限公司
开　　本：	787mm×1092mm　1/16
印　　张：	15.5
字　　数：	240千
版　　次：	2023年4月第1版
印　　次：	2023年4月第1次印刷
书　　号：	ISBN 978-7-5482-4881-1
定　　价：	88.00元

社　　址：	云南省昆明市一二一大街182号（云南大学东陆校区英华园内）
邮　　编：	650091
电　　话：	（0871）65033244　65031071
网　　址：	http://www.ynup.com
E-mail：	market@ynup.com

若发现本书有印装质量问题，请与印厂联系调换，联系电话：0871-64167045。

目 录

引　言 / 001

一、云南大学厚重的历史 / 004
　　1. 云南要有自己的大学 / 005
　　2. 云南大学的名誉校长和前三任校长 / 016

二、熊庆来的家国情怀 / 030
　　1. 中国传统文化培育出的深厚桑梓情 / 030
　　2. 西方文明熏陶出的"科教救国"理念 / 032

三、临危受聘　执掌云大 / 039
　　1. 龙云敦聘熊庆来 / 039
　　2. 桑梓情深 / 049
　　3. 敬恭桑梓　甘入幽谷 / 057
　　4. 启程南下　广延人才 / 059
　　5. 重归故里　"约法三章" / 071

四、励精图治 / 075
　　1. 新学期　新气象 / 075
　　2. 心系抗日 / 087
　　3. 重视办好云大附中 / 103

五、云大由省立改为国立 / 117

1. 辛苦筹备 / 117

2. 卓哉吾校 / 124

3. 慎选师资 / 134

4. 增设社会学系 / 137

5. "最困难的一年"——1940 学年 / 144

六、继续推动学术研究 / 161

1. "龙氏讲座" / 163

2. 西南文化研究室 / 166

七、艰难岁月 / 169

1. 罗致师资 / 170

2. 保护进步师生 / 179

3. 黎明之前 / 194

4. 离开云大 / 206

八、先生之风　山高水长 / 212

1. 熊庆来奖学金 / 214

2. 纪念熊庆来百年诞辰 / 221

3. 熊庆来与云大精神 / 225

尾声　云大人的熊庆来情结 / 238

参考文献 / 241

引 言

　　1937年8月1日上午，省立云南大学新任校长熊庆来正式到校视事，成为云南大学第4任校长。

　　云南大学的前身是创办于1922年的私立东陆大学（1922—1930年），1930年改为省立东陆大学（1930—1934年），1934年改为省立云南大学。

　　在赴云南大学任校长之前，熊庆来已是享誉国际的著名数学家、教育家，在北平担任清华大学算学系教授兼系主任，并曾代理过理学院院长，事业颇有建树。他参与创办了东南大学、西北大学、清华大学这3所大学的数学系，培养了数十名堪称中国科学精英的数学家、物理学家。

　　清华大学算学系在熊庆来长达9年的引领和踏踏实实的卓有成效的努力下，成了全国有影响的学术中心，培养了大批优秀人才，为中国数学事业的发展做出了不可磨灭的贡献。诚如熊庆来的学生、国际著名几何学大师陈省身精辟指出的："迪师（熊庆来字迪之）为人平易，同他接触如坐春风。他在清华一段时期，不动声色，使清华数学系成为中国数学史上光荣的一章。"[①]

　　在清华大学，熊庆来不仅事业如日中天，而且生活条件优裕，家庭和美，各方面都顺遂如意，但他为了报效桑梓，放弃了优越的工作条件和生活条件，接受了云南省政府主席龙云的诚聘，从北平返回故乡云南，肩负起云南大学校长的重担。

　　熊庆来是云南红河州弥勒市人，1913年秋考取云南官费生留学法国，先后就读过格洛诺布大学、巴黎大学、蒙柏里大学、马赛大学等4所大学，获得高等算学、高等微积分学、理论力学、理论天文学、高等物理等5个高等学历证书，获法国理科硕士学位。

[①] 陈省身：《忆迪之师》，载《熊庆来纪念集》，云南教育出版社，1992。

他 1920 年 10 月回国，1 年后被南京东南大学聘为算学系教授兼系主任，参与创办算学系，并兼任南京高等师范学校教授。1925 年秋他应国立西北大学之请赴西安创建数理化系并担任系主任。1926 年秋，熊庆来应聘到北平参加创办清华大学算学系，从 1928 年起担任算学系系主任。1931 年代理清华大学理学院院长，创办了中国第 1 个数学研究机构——清华算学系研究部，招收了第 1 名研究生陈省身。同年，他发现并开始破格培养华罗庚。1932 年 7 月 9 日，熊庆来作为第 1 次出席国际数学家大会的中国代表，赴瑞士出席第 9 届国际数学家大会。会后赴法国，利用清华的学术休假期，从事科学研究 2 年，专攻函数论研究。于 1934 年 6 月获巴黎大学授予的法国国家理科博士学位，7 月返国，其博士论文《关于整函数与无穷级的亚纯函数》中所定义的无穷级，被国际数学界称为"熊氏无穷级"，又称"熊氏定理"。该定理对后来我国和其他国家函数论的研究都产生了颇有分量的影响。同年，熊庆来出版我国自编的第 1 本高等数学的教材——《高等算学分析》，1936 年与苏步青等人一道，创办了我国第 1 份数学学报——《中国数学会会刊》，任编辑委员。

就在熊庆来处于事业颇有建树、生活条件优裕、家庭和美的 1937 年春夏之交，他面临了人生的一次重大抉择——云南省政府主席龙云相继发来几份电报，敦聘他担任云南大学校长，希望他回昆明为桑梓服务。

熊庆来桑梓情深，决定响应家乡的召唤，接受聘请，返回故里服务于云南大学，为家乡培养人才竭尽全力。从此时开始，云南大学的历史，掀开了新的一页；熊庆来的人生历史，也掀开了新的一页。从 1937 年到 1949 年这 12 年，是熊庆来 44 岁至 56 岁这一段年富力强的时期，也是他生命力最充沛的一段黄金时期。这 12 年中，他饱尝了主管一所大学行政工作的酸甜苦辣，献出了他的智慧和精力，付出了艰苦非常的辛劳，忍受了许多委屈和误解。他鞠躬尽瘁，把自己对桑梓的热爱和报效之情，以及一片拳拳之心，都无保留地献给了家乡的最高学府——云南大学，献给了云南的高等教育，献给了故乡的莘莘学子和父老乡亲。

引 言

从此时开始,直到1949年,熊庆来在云南大学任了长达12年之久的校长,成了云南大学历史上任期最长的一位校长。这12年,在很多云大同人的心目中,被认为是"云南大学的黄金时代"。

一、 云南大学厚重的历史

云南大学坐落在昆明北门之内的商山上,是清朝时贡院旧址。商山南麓接翠湖,东面邻圆通山。校园内,茂林修竹,古木参天,建筑宏伟,环境优美。学校的大门开在青云街西口,飞檐斗拱。横额上自右至左,镌刻着端庄的四个楷字"为国求贤"。

当熊庆来偕郑崇贤秘书长和两位教授进了云大大门,沿着寓意"九五飞龙在天"的95级石阶走进巍峨的会泽院时,已有职员等候在那里。见面后,职员引导他们几位上到2楼中央的会议室。将要卸任的何瑶校长已和文法院院长邓屏洲,以及几位主要教职员在会议室中等候作交代。稍许,教育厅厅长龚自知受省政府特派,也亲临云大监盘。

何瑶将文件和印信向熊庆来移交完毕之后,全体人员下到会泽院正门平台上合影留念。然后,何瑶便向龚厅长和熊庆来握手道别,先行告辞了。

熊庆来与龚厅长在其他几位职员陪同下,一起登上了会泽院主楼阳台,将昆明全景尽收眼底。远处是错落有致的民房,近处是波平如镜的翠湖。还有那掩映在柳树绿荫中的亭阁,那花团锦簇的湖心亭……鸟瞰着如此优美的湖山秀色,熊庆来更想到了肩上责任的重大,想到三迤父老的厚望,想到自己日后新的道路……

他对云南大学的历史是了然于心的。云南大学最初创办时,他就曾经是要投入这项事业的,只是后来因为其他原因他离开了云南。虽然离开了云南,但云南大学后来每一阶段的发展,他都是始终关注着的。并且对云南大学几位前任校长对他提出的有关需要帮助和支持的事项,都是竭尽全力倾心相助的。

当熊庆来将要翻开云南大学历史上这新的一页时,云南大学经过前15年的艰苦努力,学校已粗具规模,拥有文法、理工2个学院,设有教育、法律、政治经济、中国文学、土木工程、矿冶、数理共7个系和1个专修科

（医学）。全校共有 11 位专任教授和 28 位兼任教授，8 名讲师，3 名助教和 1 名实习指导员。在 39 位教授中有本省籍 29 人，8 名讲师中有本省籍 5 人。在校学生 302 人。董泽、华秀升、何瑶等前 3 任校长和多位董事、同人的苦心经营，业已奠定了这所边疆高等学府的基础。

诚笃谦逊的熊庆来尊重历史，尊重前任，对唐继尧、董泽、华秀升、何瑶、张邦翰等奠定的"不拔之基"表示了由衷的敬意，认为自己是在他们奠定的"良好的基础"上继续发展云南大学的基业的。他在回顾云大的历史时曾说："云南前故省长唐蓂赓（唐继尧字蓂赓）先生创办之东陆大学，成立于民国十一年十二月八日，经当时各董事及负责诸先生之群策群力，惨淡经营，学校不拔之基予以奠定。"

此时，置身于巍峨壮观的体现东陆大学开创者们雄心壮志的会泽院，熊庆来更感到了云南大学历史的厚重——

1. 云南要有自己的大学

随着辛亥革命的胜利和民国的建立，云南各界有识人士便不断地在主张成立云南自己的大学，以培养本省人才，开发云南，建设云南。他们对云南因缺乏各方面的专门人才而难以发展的落后现实有着切肤之痛。

当时的云南社会现实是——

自从 1910 年滇越铁路通车后，法帝国主义利用掌握在手中的路权，贪婪地控制了云南对省外、海外的交通运输、邮电通信以及进出口贸易。接着又在云南开设银行，控制云南的金融、外汇、财政经济，垄断文化、科学、卫生事业等方面的物资设备及其供应。这样一来，云南的政治、经济、文化都被法帝的魔爪所操纵。

帝国主义的经济侵略，肢解了云南的经济，使云南各族人民在封建主义与帝国主义的双重剥削下日趋贫困，同时，也刺激了民族工商业、尤其是民族有色金属采掘业的发展。到 20 世纪初，云南地方民族资本主义已潜滋暗长，作为一股新兴的经济和政治力量，出现在云南舞台上，并在"重九起义"前后有了积极的表现和影响。

为适应云南民族资本主义的发展要求，当时以都督蔡锷为首的地方当局，努力地对云南的政治、经济、文化做了一些改革。在经济方面，着重兴办实业，支持正在兴建之中的商办耀龙电力公司继续进行，支持个旧矿商成立个碧铁路公司，修建个（旧）碧（色寨）铁路，又先后开办了"官商合办东川矿业公司"和"个旧锡务公司"。

可是，这些公司缺乏自己的技术力量，在设备、物资等方面都要依赖帝国主义者，故而在兴建和投产过程中，处处都受到帝国主义者的支配和严重剥削。如个旧锡务公司生产的大锡不能直接进入国际市场，而要先经滇越铁路运到香港，由香港的锡店加工成"洋条"（精锡），才能进入国际市场。这样一来，法帝国主义者不仅在铁路运输中进行盘剥，还在货物过境时征收经过越南的过境税。而且，法帝国主义者在云南开设的东方汇理银行还以"跟单"押汇等形式进行剥削。如此道道盘剥，从骨头里榨油。

又如东川的铜，第一次世界大战期间，曾一度外销。大战之后，因炼不出"精铜"，而被排斥于国际市场之外。东川矿业公司聘日本技师改建炼铜炉，最终仍不适用，炉子闲置，"精铜"出不了，生产不断下降，股票逐渐贬值。

耀龙电力公司修建螳螂川水电站，交给德商礼和洋行承包。个碧铁路公司由外籍工程师尼弗里士包修个碧铁路。两者也都遭到与个旧锡、东川铜同样的命运。就因云南自己缺乏这方面的专家，不得不在设计施工、器材选用等问题上，都听任洋人洋商的决定和控制。螳螂川水电站运行不久，第一次世界大战便爆发了，由德商西门子公司负责供应的各类电力器材无法运入，使电站和电力公司面临"断炊"的困境，深感被人扼住咽喉的痛苦。个碧铁路施工中，尼弗里士主观高傲，一意孤行，路轨的选材，线路的选择，都由他一人专断。结果，因他选用的路轨太窄，小于米轨；选择的线路在许多地方弯度和坡度都过大，导致通车后多次发生翻车事故。整个工程不仅成本高，而且不安全，行驶速度太慢，以致被民众讥为这是

一、云南大学厚重的历史

"比赶鸭还慢"的火车。

面对这些令人难堪、让人屈辱的事实,云南地方的民族工商业者都深深感到帝国主义经济侵略的压榨及控制,使他们难以在生产和市场上独立正常地发展。他们都迫切企望摆脱帝国主义强加在自己身上的这些束缚。

时任云南代省长的周钟岳就为此痛切地说道:"现在的时代,有许多事非专门人才不能办理。我们缺乏此项专门人才,所以规模稍大的事,都不能举办;即或勉强办理,也容易失败,如锡务公司、东川铜矿公司、个碧铁路公司、电灯公司等,无一样不吃亏。"这番话很有代表性,反映了当时代表云南民族资本主义利益的一些地方当权人士和社会人士,已有了培养地方高级专门技术人才的紧迫感。

总体来看,云南地方的各界有识之士,鉴于下面 5 个原因,深感云南实有创办大学的迫切需要。这 5 个原因是:

> 我国西南省份开化较迟,云南省自明代归入版图、设置行省以后,中央政府恒视为边防要区而不重文治,致其人民识字者少,至今智识幼稚,百业不振。盖皆由于教育之窳败,文化之不兴所致。故为人民教育与文化计,不能不建立模范大学,以策励而振导之。此其一。

> 云南地位西南,与印度缅甸相接,西北接藏卫,北连四川,东毗黔桂,自昔已为欧亚间行旅之所出。如近年议筑之滇缅、钦渝二铁路告厥成功,则欧亚往来可以不经太平洋而直达,其为交通上之枢纽,不言而喻。然至今省内造路人才尚属缺乏,事莫能举,甚为可惜。故为世界交通计,不得不赖有大学以造就路政人才。此其二。

> 云南矿产之富,甲于全国,如金、银、铜、锡、铅、铁、煤之属,几于全地全之。清代设立专官征收金银铜铅等库,卓有成效。近年如个旧之锡,质量至佳,为当世所艳称。而环顾省内矿

业人才亦极缺乏，以至矿厂停歇十多八九，工具简陋，规划粗率。为开发本省之产业计，亦不得不赖有大学以造就矿业人才。此其三。

云南僻处西南，地势最高，交通既多困难，各项智识之输入自然不易。故举凡农工商医以及政治经济法学等各项智识技能，两皆幼稚。以论农业，除由禾田所收之粟可供本省食料外，如棉作、丝作等业均不发达。工业除手工作品外，机械工作几等于零。商业除一、二经营进出口货之商店外，率多零星小贩，而日用所需之纱布、纸烟、灯油等业为外商所操纵。且近年法币流行省内，以致本省富滇银行纸币价值反一落千丈。商业之不振，可见一斑。医学智识更为幼稚，除旧式医生外，学识重富、经验优良之医士极少。医院除军医院、市立医院外，普通医院迄今未成立，以致英法各国人民之侨居省城者，反各立医院，以救活华人疾病。至政治经济学法各项人才智识均为幼稚，故不论政府与人民欲办一事，往往捉襟见肘，时露困难之状。麋论自民国成立以后共和政体之工具如立法、司法、行政各机关均不能贯彻初衷，即小而至于地方自治及司法分立等项亦不能彻底举办。是又不得不赖有储才学校的创导之者。此其四。

且近年省内中学毕业生为数不少，因省外学校距离遥远，往返经艰，坐失升学之所，以致人才埋没者，不可胜数。其不得不有一大学校以容纳之者。此其五。[1]

有鉴于此，早在民国初期，一些人士便有了滇省创建大学之议，辛亥革命之后不久，云南地方当局有励精图治之心，从培养人才以利建国出发，

---

[1] 《中华教育文化基金董事会调查员朱庭祜君视察东陆大学报告》，见董雨苍《东陆大学创办记·附录》，载政协云南省委员会文史资料研究委员会编《云南文史资料选辑》第七辑，云南人民出版社，1965。

也选送了一批云南优秀学子分赴欧洲一些国家及美、日公费留学。由于云南当时没有大学，选送国外者，也有一些在学历上不符合教育部的规定，常常费多效少。这一点，也进一步推动了滇省自办大学之议。1915年2月，云南督军公署就派出代表携带拟就的滇省自办大学计划去参加全国教育行政会议。研究结果，会议同意在云南筹办大学。可是，后来云南成为首义讨袁之省，军费支出浩大，财力有限，省办大学之事遂被搁置下来。

1918年，西南川、滇、黔3省联合会议建议集3省之力，联合在云南建立1所西南大学，为公立性质。并商得伍秩庸博士等同意，"对于组织一切愿为翼助"。但因为当时"西南省份内乱方殷，政治既不能统一，则财力亦难于集中，是以迁延莫举"，西南大学没有办成。

次年，云南的社会贤达如尚志社的龚自知等人，再次请愿省议会成立省立大学。当时主持滇政的云南省长唐继尧欲育才兴邦，鉴于西南大学不容易成立，下决心在云南筹建本省的大学，设为私立性质。其创办时经费由创办人与省内各方面资助。督军公署、省长公署曾会衔省议会，云："大学之成，必期于成。已在酌定，一切办法，俟稍就绪，再行饬财厅筹发经费，并咨贵会备案。"

1920年5月，云南地方中上层人士及知识分子的喉舌《民觉报》根据省长唐继尧当时提出的"废督裁兵"之说，发表了"停办'讲武学校'，把它的经费拿来办一所完整的'云南大学'"的言论，反映了云南社会当时对创办一所省立大学的迫切要求。

这时，由云南地方当局在辛亥革命后两三年间陆续派往美国的滇籍留学生董泽、杨克嵘、陶鸿焘、卢锡荣、周恕、肖扬勋、何瑶、段纬等人已相继学成返昆。他们年轻热情，胸怀振兴祖国、改变家乡落后面貌的抱负。在国外学习期间，他们勤奋学习，刻苦钻研，成为精通所学专业的学有所成者。而且，他们在国外"时相聚首，谈及欧美各国繁荣富强的情况及日本明治维新兴盛的成果时，每每想起祖国兵祸连年，国是日非，免不了悲愤异常。一致抱定决心，欲毕业归国后，为建设祖国各尽能力"。[①] 并"罔不以滇省筹办大学为作育人才救济时艰之拟议"。他们一致认为，要想强国富滇，人才是最重要的因素。自己的家乡还没有大学，应该尽快创办大学，以培育人才，改变落后面貌。他们还把这些想法写成书面建议寄给云南都督唐继尧。

他们归国返滇时，正逢唐继尧主张"废督裁兵"，振兴实业和交流东西文化。看到社会各界对于兴办大学的迫切愿望，这批留学生更受鼓舞，主张云南自办大学更为积极。他们向唐继尧提建议、出方案，并成为筹建大学的骨干。特别是留美归来的董泽多次与唐继尧讨论创办大学的有关问题，唐继尧明确地给予鼓励和支持，并许以在经济上加以资助。

此外，云南地方的中、小学教育，经辛亥光复后蔡锷为首的军政当局的整顿、扩大而有所发展，到1920年时，全省已有了相当数量的具有中等学校毕业文化水平的青年学生。这些青年大多渴望深造，但苦于本省没有高等学校，要想深造，必须千里迢迢远行省外或国外，且需要相当的经济力量支持，一般中、小资产家庭都难以承担。即使有经济力量支持者，又受到云南中学水平较低的影响，相当一些人难以及时考入大学，往往需要一段时间的艰苦补习，以致常有人在花费时间与财力之后，仍无法考入大学而返回云南。因此，本省自办大学就成为这批求学青年的迫切要求。这批相当数量的青年学生，不仅成为云南自办大学的拥护者，也是大学建成之后的学生来源。这批青年学生和返滇的留学生一道，成为积极倡议、推动本省自办大学的一股社会力量，同时也为大学提供了初期的学生与师资的来源。

可以说，到1920年时，云南自办一所大学的各方面条件均已初步具备。唐继尧乃于10月致函参议王九龄和秘书官董泽，请他俩主持筹备大学

[①] 董雨苍：《东陆大学创办记》，载政协云南省委员会文史资料研究委员会编《云南文史资料选辑》第七辑，云南人民出版社，1965。

创办一事，选址翠湖水月轩为筹备处，积极物色师资，筹集经费，考虑校址与设备等一系列问题。办学计划中，唐继尧自任校长，王九龄为副校长，董泽为教育长，学校拟称"东陆大学"。

董泽多年来对本省的教育问题就一直特别关心，怀着一颗为桑梓效力的赤子之心，力主云南自办大学。现在，得到唐继尧的支持鼓励之后，他积极奔走，多方延聘有识之士。

当时已学成归国的杨克嵘、陶鸿焘、卢锡荣、张邦翰、杨维浚、周恕、柳希权、毕近斗等赴欧美、香港留学生都热心参与其事，筹备处还及时给尚在国外的滇籍学生致函，邀请他们早日返滇为东陆大学贡献力量，服务桑梓，培养云南子弟。

可是，1921年春，云南却发生了"倒唐"风波。

唐继尧在"重九起义"、"讨袁护国"运动和"护法"运动中，均功著一时，但他渐以民国功臣自诩，野心膨胀，对待部下日益骄横，拖延军饷，引起严重的不满情绪。1921年初，滇军一军军长顾品珍突然倒戈，一夜之间占据了昆明，控制了省府各机关，宣布"倒唐"。唐继尧不得不仓促出走，从昆明坐小火车南下河口，经越南海防转赴香港，董泽也随唐继尧去香港。唐继尧一走，离了他的声望、影响、支持和经费，创办大学一事自然成了一句空话，创办东陆大学之事流产了。

1922年春，云南的政局又发生了变化。1年前出走香港的唐继尧又东山再起，率兵回滇，重新执政。而且，他在香港耳闻目睹，受到了帝国主义统治香港方式的启发。重返云南后，他决意采取西方国家的某些统治方式和现代科学技术来治理滇政。

于是，在花了几个月时间清除异己，网罗亲信，巩固了政治上的统治地位之后，唐继尧开始着眼于文化教育、科学技术事业的发展。他除请来了一些洋专家帮助建立航空学校、训练空军、办无线电之外，又旧事重提，再命董泽和王九龄继续筹建大学，组成筹备处。

董泽在香港期间，也时时惦记着大学的创办事宜，并到香港大学考察学习。经此番考察之后，董泽更坚定了创办大学的信心。受命负责筹备处后，他迅速聘请了志同道合的杨克嵘、杨维浚、陶鸿焘、童振藻、邓绍先、张邦翰、邹世俊、王用予、刘国澍、陈肇歧、惠我春、柏励、施俊霖、张泽苍、陈松岩、何光周、严继光、霍实子等18人为筹备员，① 正式开始了大学的筹备工作。筹备员中大部分都是从欧美一些国家、日本以及香港归来的滇籍留学生。

筹备处首先以北京政府《大学令》为蓝本，根据唐继尧的办学目的，制订了《东陆大学组织大纲》，筹措经费。8月，唐继尧批准了该大纲，并令省府划拨"贡院"旧址为校址，又带头捐款作筹备费。筹备处接着向社会募捐，得到社会各界人士的热心支持。

对学校的名称和性质，经多次讨论后，名称定为"东陆大学"——取唐继尧自号"东大陆主人"之"东陆"为名，以纪念唐继尧倡办大学之盛意，性质定为"私立"——主要是"鉴于民国成立以来，十年九乱，国事纷纭，教育事业常被军政当局看作可有可无的事，且每因经费影响而至倒闭。如果定为公立，必受政府种种限制；且经费由政府负责，就不便向社会募捐，有碍于大学的发展。最后决定仿照欧美私立大学的办法，定为私立，使经费独立，能够达到自由发展的目的"。

12月8日，省府批准东陆大学成立，启用印信，聘任董泽为校长，唐继尧、王九龄为名誉校长。接着，就是布告招生（先只招预科）、考试、录取、聘请师资、设置科系、安排课程内容、建立学校各部机构……

东陆大学以"发扬东亚文化，研究西欧学术，造就专才"为宗旨，所有科系设置、课程内容都是为适应云南政治、经济、文化、教育的需要来安排。学制上仿照欧美制度，采用学分制，课程上设置必修与选修课。但是，因草创之初，没有成熟的方案与计划，亟须多方借鉴，以博采众长。

---

① 《云南大学志》编审委员会：《云南大学志·大事记》，云南大学出版社，1997，第6页。

董泽遂分别向北京大学蔡元培校长，东南大学郭秉文校长、刘伯明副校长和时任东南大学数学系系主任的熊庆来致函"求援"，请他们代为留意物色教师和提供预科所授各项讲义与各种教科书，并"随时匡教"。

筚路蓝缕，董泽率领筹备处的全体人员历经5个月左右的时间，克服了许多意想不到的困难，于1922年12月8日正式宣告成立东陆大学。经筹备处投票选举，董泽以最高的票数当选为校长，王九龄当选为名誉校长。

1923年4月20日，东陆大学隆重举行会泽院奠基及开学典礼，省长唐继尧、各机关长官、各国驻滇领事、各学校、各公共团体代表共数千人参加了这次盛典。航空处的飞机凌空散发祝词传单："大哉东陆，为国之珍；群英济美，善觉莘莘。学基始奠，文质彬彬；猗欤休欤，中华主人。"昆明市民兴奋地捡拾传单，先睹为快。奠基礼上，董泽校长致奠基辞，唐省长亲临奠基。奠基礼后举行开学礼，首先由创办人唐继尧省长致训词，然后由董校长报告大学筹备经过。之后，英国、美国、法国、日本各国领事及越南河内大学代表暨省议会张议长、航空处刘处长、枢要处周处长、中东胡巡宣使相继发表演说。

创办人唐继尧在训词中阐述道："自己对于创办东陆大学其原因有：（一）国家不幸，大乱迭兴，靖护诸役，数次起兵，以'正义''人道'相号召，即欲以此纠正人心，治国平乱，不料结果均无甚美满。于是憬然于国家之败坏，由于无多数优秀人才奋斗其间，致正义无由伸张，民治无由发达。迨民八年，军事收束后，乃觉悟培养人才之不可缓。（二）欧战以还，思潮勃兴，至理名言，阐发无遗。但各处环境不同，主张亦因之有异，适此者，未必尽适于彼。研究所得虽多，但取材能力殊弱，削足适履，致旧文化无由发扬。拟以固有文化精神，吸收新文化，成一折衷适于国情者，非谋建设一最高学府以研究之不可。（三）废督后实行民本政治，如实业、教育、交通及一切庶政，在在需用专门人才，方克有济。此项专门人材，更非由大学以造就不可。（四）本省无相当之学校以升学，如中学毕业后，多数辍学，欲向省外国外谋升学，又苦于交通经济之种种障碍。今设此大学，向上颇便，人材易出。基于以上四种理由，故积极筹备焉。初意，本拟联合固有之各校，如法政、农业、工业、师范等合办一完备之大学，继因政变，遂尔搁浅。前游在外，环顾各地情形，知筹办大学更不可缓。故回滇后，即令董校长继续筹办，并由政府拨款 10 万为之补助。董校长及职员诸君受托以来，日夜热心，幸抵于成。今后教育，希望诸君以德育为主。今之世乱极矣，揆其原因，实由旧道德堕落，新道德又不能范围人心。欲图挽救，专赖此一般青年。故校章第一条曰：'发扬东亚文化，研究西欧学术'，望诸君勉力实行之。"①

自此开始，云南有了自己的大学。此后，这所大学在民国时期经历了四次改组，经历了私立东陆大学（1922—1930 年）、省立东陆大学（1930—1934 年）、省立云南大学（1934—1938 年）、国立云南大学（1938—1949 年）4 个阶段。每个发展阶段中，学成归国的留学生都发挥了重要作用，推动学校不断地健康发展，培养了大批人才，为改变云南文化教育和社会发展的落后面貌做出了宝贵的贡献。

私立东陆大学筹建之初，《东陆大学组织大纲》便明确规定教师资格为，"一、曾在外国大学毕业者；二、曾在本国大学本科毕业者；三、有精深著述，经本大学教授会评定认可者；四、外国著名学者"，把归国的留学生摆在优先选聘的地位。校长董泽按此大纲的规定，先后诚聘了 20 余位归国留学生到校任教，在私立东陆大学的 53 名教员中，留学归来的有 27 人，占教员总数的 51%。

据《云南大学志·总述》中记载：私立东陆大学时期：

在筹建时参加筹建，建成后为主要职员、教师的有：

董泽：留日、美返滇。建校时是主要筹建人，学校成立后任校长到 1930 年。杨克嵘：留美返滇，筹建大学时的筹备员及建筑

---

① 《云南大学志》编审委员会：《云南大学志·大事记》，云南大学出版社，1997。

一、云南大学厚重的历史

事务所总理,负责设计实习工厂,1925年实习工厂建成后任该厂主任,1927年任工科主任并兼任机械制图课教师。留美返滇、参加筹建并任主要职员、教师的还有:萧扬勋、赵家通:他们在学校筹建时负责筹建预科,并任建成后的预科正、副主任。萧在本科成立时任工科主任,兼"用器画"教师,赵继萧任预科主任并兼图书部主任一年。余名钰:筹建时设计理化室,建成后任理化部主任并兼化学教师。杨维浚:筹建时负责督工修葺旧宇为宿舍等,建成后任庶务长。周恕:筹建时和建成后的会计长,1926年病逝。严继光:筹备员,后聘为历史系主任,历史系未办成,任预科教师。还有留法返滇的张邦翰:建校时的筹备员,兼建筑事务所工程师,会泽院的主要设计人。到香港学习返滇的毕近斗:筹建时任筹备员,① 建成后被聘为教师。

至于学校建成后担任主要职员、教师的留美返滇生则有:卢锡嵘,1923年聘为副校长,并兼编辑部主任一年,1926年离校。缪嘉铭(云台),1924年聘为经济部主任。华秀升(时俊),1925年任文科主任,兼英文教师,1929年兼副校长。范师武(晋臣),1928年聘为训育部主任,兼经济学教师。袁丕佑,为1925年到1930年图书部主任。何瑶(元良),1926年到1930年的会计长,兼数学、热机学教师。留日返滇的有:萧寿民,1925年到1930年的编辑部主任兼经济学教师。邓鸿藩,1928年到1930年的预科主任。

返滇留学生被聘担任教师的,还有留美的李炽昌、段纬、岑立三;留日的李跃商、周锡夔、李乾元;留法的柳希权(法唐);留英的商娥生;从香港回来的李国清等。

---

① 《云南大学志·大事记》中记称:"由董泽任筹备处长,聘请毕近斗任会计。"见《云南大学志》编审委员会编《云南大学志·大事记》,云南大学出版社,1997,第6页。

除认真选聘多位归国留学生外,董泽校长还礼聘了国学大师、云南科举史上唯一一位"经济特科状元"袁嘉穀担任国文教授,并引进了四位外籍教师讲授英文、法文。

如此有实力的师资阵容,取得了很好的办学效果,1927年中华教育基金会董事会派员视察东陆大学后,对东陆大学短短几年的办学成绩给予了充分肯定的评价:

> 就同类机关如上海南洋大学、南京东南大学、天津南开大学等比较之,该大学所有以往成绩与效率居优胜地位,以时间之速,与办理之认真,至有今日所知之效果,可谓难得可贵矣。①

2. 云南大学的名誉校长和前三任校长

(1) 名誉校长唐继尧

唐继尧(1883—1927年),字蓂赓,号"东大陆主人",云南会泽人。父亲唐学曾是举人,家境虽不富裕,但重视子女教育,经常鼓励唐继尧:"唐氏世德之后,必有达人,食报当不远也,汝曹勉乎哉!"唐继尧自幼聪颖好学,在这样的书香家庭里,受到了良好的教育和传统的儒家思想的熏陶,读书勤奋,打下了旧学的基础。他15岁应童子试时,名列前茅,考取秀才,胸怀抱负,志向远大,可惜乡试落第,遭遇了人生的第一个挫折。

1904年,在国势艰危的情况下,清政府下令各省选派学生赴日本留学,唐继尧被当地官府推荐报考。他顺利考上,满怀救国理想,东渡日本。

1905年,孙中山领导的中国同盟会在日本成立,唐继尧便成为最早加入同盟会的会员之一,追随孙中山,以"驱除鞑虏,恢复中华,创立民国,

---

① 董雨苍:《东陆大学创办记·附录》,载政协云南省委员会文史资料研究委员会编《云南文史资料选辑》第七辑,云南人民出版社,1965。

平均地权"为革命目标，投身于革命实践中。1906年，唐继尧以第一名的成绩毕业于振武学堂，在炮兵联队见习期满后又进入日本士官学校炮兵科深造。

留学日本期间，唐继尧在1905—1908年这几年间写下了187则（约2.5万字）真实记录自己思想感情的随笔，集为《会泽笔记》，还写下了一些诗作。这些笔记和诗作都充分流露出青年唐继尧以天下兴亡为己任的远大抱负和忧国忧民的爱国情怀。如"男儿应使一腔血洒为万顷甘霖，得润苍生""我良知最清明者，为爱国救民四字""当此国家危难之时，吾辈岂可存丝毫自私之念，而不精诚团结，以谋挽既倒之狂澜乎？"等等。

唐继尧的理想是"不速使中国富强，凌驾欧美，俯视列强，枉为20世纪之中华男儿，生何如死！""男儿应发奋图强，使国家复兴"（《会泽笔记》之第44则），但身居异国求学深造的唐继尧，此时尚处于报国无门的境地，在《会泽笔记》之第159则中，他点化岳飞《满江红》，写下了"甲庚耻，犹未雪；英雄恨，何时灭！"的词句，以抒发自己的满腔悲愤。在《会泽笔记》之第47则中，他强烈表达了洗雪国耻的愿望："故吾不生则已，吾生必尽雪之。"

类似这样大胆表露自己坚决发愤报国雪耻的强烈爱国感情，在《会泽笔记》中随处可见。

此外，唐继尧在留学期间还写下了一些诗作，抒发自己忧国忧民的炽烈爱国情怀和奋发图强的青春热情。这些诗作豪情万丈，激昂慷慨，充满为国家为百姓建功立业的渴望！

1909年初，唐继尧学成归国。返回云南前，他先去遍游东北，凭吊日俄战场，又到北京，再到保定观秋操。回到云南后，他先任督练公所提调，接着被聘为云南陆军讲武堂教官，与李烈钧、方声涛、赵康时、沈汪度、张开儒、庾恩旸等留日毕业生一道，在讲武堂培养了大批军事干部。1911年，唐继尧任陆军第十九镇卅七协七十四标第一营管带（即营长）。在推翻帝制的斗争中，28岁的唐继尧便参与策划、领导了云南重九起义。辛亥革命后，唐继尧接替蔡锷成为云南第二任都督。

1915年夏秋之际，袁世凯复辟帝制的阴谋，已是"司马昭之心路人皆知"。此时，唐继尧借在黑龙潭"养病"之机，暗中筹划反帝之策。他赋诗明志：

江山放眼谁为主？大地茫茫任我行。
事业英雄宁有种，功名王霸总无情。

千章老树饶生意，百尺寒潭订旧盟。
举世由来平等看，誓凭肝胆照苍生！

当年12月，蔡锷自北京回云南，唐继尧召开会议，与蔡锷、李烈钧、任可澄、罗佩金、张子贞、黄毓成、顾品珍、殷承瓛、杨杰等38人誓师讨袁。

接着，云南宣布独立讨袁。讨袁军成立军务院，唐继尧被推为抚军长，通电全国讨袁，拥护黎元洪为大总统。唐继尧首义护国，为再造共和建立了功勋。此后，唐继尧先后任贵州都督、云南督军兼省长。

唐继尧主政云南14年，励精图治，在云南的社会发展、军事、政治、经济、文化教育各方面多有建树。

唐继尧虽为军人，但他并非一介武夫，他很注重文治。1914年3月，他采纳赵藩、陈荣昌、袁嘉穀等滇中名儒的建议，筹拨万元巨款，编纂包罗历代云南学者的各科著述《云南丛书》，以"举有史以来滇贤之巨制，网罗荟萃，群珍毕集，具一省之文献"为编纂宗旨，以"欲知滇者、考滇者，舍此而莫由"为出版目标，收录了以云南学者为主的各学科的重要著作，为云南保存了一批珍贵文献资料。唐继尧聘请赵藩为总纂，陈荣昌为名誉总纂，聘孙光庭、李坤、袁嘉穀等为编审员，由云龙、周钟岳、唐尔镛为总经理，成立"《云南丛书》辑刻处"这一专门机构，下令全省各地对云南文献进行大规模收集、整理、校勘、印刷出版。同时，他有"儒将"之称，

一、云南大学厚重的历史

于诗词、书法、绘画均有造诣，尤善画梅兰竹菊抒其志。

唐继尧性格温和，儒雅稳健，平易近人，有亲和力，其好友庾恩旸曾如此由衷赞赏道："会泽性和蔼，温文尔雅，大有巾扇雍容之度，人之相与者，靡不亲之敬之而恒出于不自觉。"董泽的长子董坤维曾在《我的舅父唐继尧》一文中，以亲历者的角度如此说："即使身为执掌全省以致数省军政大权的封疆大吏，统帅千军万马的统帅，对人却始终温良谦恭，从不疾言厉色，颐指气使。同僚下属和他相处，如沐春风。每逢家中元旦、中秋等节日，他都离开家人去和厨师、侍卫等一起欢度。聚餐时总要请年纪最大的厨师坐在上座，举杯感谢他们长年为自己家人付出的辛劳，对他们不能和家人团聚表示歉意。"

唐继尧重视教育，以"经邦建国，教育为先"为其治滇方略，"以培植人才为建国要图"，于1922年12月创办了私立东陆大学（云南大学前身），任首届董事长，并亲为东陆大学制定了"正义，自尊，致知，力行"的校训。在开学典礼上，唐继尧致训词，开门见山地阐述创办东陆大学之原由，即——"培养人材，以筹办实业，伸张正义，发展民治，治乱安民"。东陆大学的创办，改变了云南没有大学的落后状况，为云南培养了大批人才。

1921年1月，军长顾品珍发动政变，2月唐继尧被迫通电辞职，避往香港。1922年唐继尧到广西，策动参加孙中山北伐的部分滇军回滇，联合滇南土匪武装，向顾品珍部发起突然袭击，击毙顾品珍，重掌云南军政大权。

唐继尧执政后期，从部属到民间都怨气甚大，"政治上逐渐衰退，沉湎于舒适的家庭生活，疏于军政事务，以致一些政府机关腐化，军务松弛，加之用人失当，处事欠公，导致部属离心离德"。[①]

1927年春，"四大镇守使"——昆明镇守使龙云、蒙自镇守使胡若愚、昭通镇守使张汝骥、大理镇守使李选廷——联合发动"兵谏"，迫使唐继尧交出兵权，让他做一个有名无实的省务委员会总裁。被下属联手撵下台这

[①] 一石：《兴教东陆　创业南疆》，《春城晚报》2000年3月连载。

事对唐继尧打击很大，他病倒不起，"愤懑吐血"，不到3个月就去世了，于5月23日病死于昆明，终年44岁。云南当即举行公葬。

唐继尧墓气势壮观。墓碑正中刻写着"会泽唐公冥墓"，两边对联是："功业须当垂永久，风云常为护储胥。"

1935年，国民政府感念唐继尧护国之功，明令褒扬，于1936年改公葬为国葬，补行国葬仪式。

作为一位在中国近代史上名扬天下的风云人物，唐继尧至今仍是一位毁誉参半的重要人物。

（2）名誉校长王九龄

王九龄（1880—1951年），字竹村，号梦菊，云南云龙县石门镇人。自幼天资聪慧，勤奋好学，虽家中贫寒，但做私塾教师的父亲给予了他良好的教育。10岁时因父亲去世，不得不辍学，靠借书自学增加知识。科考补为廪生，各地创办新式学堂后，到昆明考入云南高等学堂，成绩优异，被选送日本留学深造，毕业于东京法政大学。留学期间，加入同盟会。后奉同盟会指示回云南开展活动，因有人告密，王九龄不得不取道缅甸，再渡日本。

1906年，王九龄回国，积极参与昆明留日学生杨振鸿等人建立的反清组织"兴汉会"。辛亥革命前夕，他与同盟会员杨大铸、黄嘉梁、王湘等投入了反帝、反清的革命活动。1911年1月，英国出兵侵占云南西北要地片马，2月，英国、法国强迫云南总督李经羲将个旧等七府矿山售予法国兴隆公司。法国借口保护铁路，陈兵云南边境，软弱无能的清政府处处退让。王九龄与杨大铸等人利用国民大会，组织市民游行，开会演讲，提出"片马小至关乎一地，大至关乎全国灭亡、瓜分之祸"，号召国民奋起反抗，由此掀起了一场拒英法、护权、护矿运动，这一运动得到全国人民一致声援。

中华民国成立后，王九龄入职云南军都督府，先后供职于政务处和军事、外交、财政等司，任云南省政府委员、省财政司副司长。其间曾先后被任命为呈贡县和景东直隶厅县佐（因故未到任）。1920年，任云南省造币厂会办、厂长兼靖国军总司令部参议官、军法处处长。1922年，出任云南省禁烟局督办、靖国军军饷主任、省财政司司长、富滇银行行长。

1920年与1922年，他与董泽一起两度筹办东陆大学（云南大学前身）。1922年12月8日，东陆大学成立。王九龄与时任云南省省长的唐继尧一同当选为东陆大学首届名誉校长。王九龄成为第一届董事会（1922—1927年）3名董事之一，之后又连任第二届、第三届董事会董事。

1925年3月，段祺瑞在北京成立执政政府，任命王九龄（时任云南省财政司长兼仕学馆副馆长）为执政政府教育总长。这时正值以北京女师大为首的学潮风起，王九龄的上任引起北京各学校师生的强烈反对。4月底，王九龄托辞离职，章士钊继任暂兼教育总长。

1927—1948年，王九龄先后担任云南省省务委员、云南省总检察厅总裁委员、云南省盐运使、云南高等法院委员、蒙自海关监督、省议会联署议员、云龙县顾问、云南省佛教会理事长、佛教院董、省参议会第一届三次会议议员等职务。晚年息政退隐，潜心佛学研究。1949年，王九龄任云南人民和平促进会理事，为云南的和平解放做出了贡献。

1950年，他以宗教界人士身份参加政协云南省第一届委员会议，并将一生所收藏的文物古籍捐赠给省人民政府，将位于翠湖北路的住宅大院（四合五天井式楼房41间），低价转让给云南大学。1951年9月，王九龄在昆明病逝，享年71岁。

(3) 首任校长、云南高等教育先驱董泽

董泽（1888—1972年），字雨苍，白族，云南大理州云龙县人，祖父及父亲两代在当地都以急公好义相当知名，热心社会公益事业，曾捐资建成县境内澜沧江上第二座桥——功果桥。董泽自幼聪颖好学，幼年就读于本地私塾，少年时到大理府院念书，后来到省城昆明考入省农校。1907年18岁时以优异成绩考取留日公费生，赴日本进入同文书院学习。

在日期间，董泽看到王阳明学说对日本明治维新产生的巨大影响，因而深受王阳明学说，特别是"知行合一"说的影响，宣称"俯首崇拜王阳明"。置身明治维新后强大起来的日本，董泽感悟良多，尤感教育变革实乃富民立国之根本。后来，董泽接触了孙中山的民主思想，毅然加入了同盟会，积极投身到民主革命活动中。

1911年辛亥武昌起义首发，董泽闻讯后迅速回国，赶到南京加入攻打南京的苏浙联军总司令徐绍桢的队伍中。接着，闻知云南成功举行重九起义，云南军都督府成立，他即返回云南追随蔡锷将军，担任都督府秘书，深得蔡锷器重。尤其是蔡锷有一次到基督教青年会微服私访，见到董泽在那里作时事演讲，饱含爱国感情，才华横溢，因之对他更加器重，热心保荐他赴美深造。临行前，蔡锷还特意赠送自己的一帧戎装相片给董泽，并在照片上题字"董君泽志愿宏大，学性卓荦，今有美洲之行，特赠近照留念。蔡锷"。

1912年，董泽由云南军都督府保送到美国哥伦比亚大学攻读政治、经济及教育学。置身于文明程度颇高的美国，董泽和稍后相继到美国的云南留学生杨克嵘、陶鸿焘、卢锡荣、肖扬勋、周恕、何瑶、段纬等人常在一起纵论时事。看到欧美各国繁荣昌盛，想到自己的祖国却是当权者们争权夺利，知识阶级颓然不振，国势日非，家乡云南应该尽快创办大学，以培育人才，改变家乡的落后面貌。这一群爱国爱乡的云南热血青年，心中都异常忧愤，大家决心要为日后建设祖国多做贡献。

1915年，袁世凯盗国称帝，董泽中辍学业，回国参加倒袁护国运动，担任护国军都督府秘书官及护国军驻香港联络员。护国运动胜利后，董泽于1917年再度赴美深造。他始终关心着祖国和家乡的建设，利用课余悉心考查研究列强的军事概况，谋求祖国的富国强兵之道。看到航空在战争中所起的重要作用，董泽于这一年11月致函云南都督唐继尧，建议筹建云南航空学校。

他在信中说："……窃观祖国形势，一旦统一极难，唯先求一、二省之富强，为全国之模范，然后讲统一之策，如是进行，尚觉顺易……夫欲居模范之地位，筹统一全邦之资格，须先养有建国之实力，武备、教育、政治、实业、铁道即建国之实力也。为吾滇立定建国方针，以上实力自不难渐次发展，期以十年，远图可成矣……观此次欧战，飞艇（当时飞机之别称）奏效甚大。此种军备，吾滇尚缺如也。吾滇留美航空生二名，现尚在预备时代，学成归滇，尚待时日，而时局之危急，需材之孔殷，非速兴办此项学堂，培养此项人才不可……"鉴于云南历经护国运动、护法战争不久，财政紧绌，董泽建议向爱国侨胞募捐筹建云南航空学校。董泽在信中还拟就了详尽的建校方案。这封洋溢着爱国爱乡深情并具有远见卓识的信，深得唐继尧的认同，唐当即委任董泽为募捐特派员。

1920年，董泽获硕士学位，归国返滇，任唐继尧的秘书官。他与一起学成归国的云南留美学生都热心倡议在云南创建大学，愿意为筹建大学尽力。董泽为此多次拜访都督唐继尧，得到唐的赞同和支持。唐继尧委托当时的省教育司长、留日毕业生王九龄与董泽共同主持筹建大学的事宜。1921年，云南发生政变，董泽和唐继尧的几名下属随唐避居香港。

1922年，唐继尧重回云南主政，委托董泽全权筹办大学。董泽马上主持成立了大学筹备处，聘请志同道合的杨克嵘等18人为筹备员（其中大多数是从欧洲一些国家，以及美国、日本、我国香港归来的云南籍留学生），正式开始了大学的筹办工作，草拟《东陆大学组织大纲》和《东陆大学进行计划概略》。

在《东陆大学进行计划概略》中，董泽以务实的精神，明确反映了云南的实际需要："中国频年多难，学务废弛。大学教育不发达，遂致人才缺乏，文化未兴，感以痛苦，西南各省为甚，而滇省尤为甚。联帅唐公恻然忧之，故拟在滇中设立一大学，为培养人才，昌明学术之远图。"

他们援引欧美惯例，以倡办人唐继尧的别名为校名，定名为"东陆大学"，董泽在《东陆大学组织大纲》中对此作了说明："本大学不仅为造就本省本国人才，并为东亚学子研究学术，昌明文化起见；且纪念唐公蓂赓倡办盛意，因节取东大陆主人外号（唐继尧号东大陆主人），特定名为东陆大学。"大纲还明确了大学的宗旨："本大学以发扬东亚文化，研究西欧学术，造就专门人才，并传播正义真理为宗旨。"这个大纲，充分反映了创办大学的宏观思想，远见卓识。

筚路蓝缕，董泽率领大家克服了许多意想不到的困难，在资金短缺、力量薄弱的基础上，经过不长时间的筹备，于1922年12月8日正式宣告成立东陆大学，董泽以最高的得票当选为校长，王九龄当选为名誉校长。

董泽的办学思想从一开始就十分明确，并具有开放精神与全球意识。他在开学典礼演说中这样阐述大学之发展目标和重要地位："国与国间之了解，全在学术，欧战以后，在国际上之相互了解，相互扶助者！"正因如此，"东陆大学，非一人之所专有，更非云南的，中国的，实世界的也！"董泽格外注重办学要适应云南建设需要，培养多方面的专业人才。他强调指出："本校之创办，纯为国家培植人才，为地方发展文化。""云南物产丰富，将来交通发展必形成我国西南之工业中心，盖可断言。若然，则需要各种人才，曷可限量。""本校之教育宗旨，以实用为依归，故所授课程，务以实际，不尚玄谈。"董泽以兼容并蓄的态度、学术自由的精神办学，重视活跃学术研究，倡导民主办学。他借鉴欧美大学的成功经验，实行学分制和选课制，重视实际操作。在办学最初几年中，经费困难是最大的问题，董泽曾为此不辞劳苦地远赴南洋各地向华侨劝募捐款。

董泽担任私立东陆大学校长直到1930年，在他含辛茹苦的努力下，学校的各种教学条件都逐步有所改善，师资力量也逐渐增强，各方面都不断取得进步。1927年，中华教育文化基金会董事会派朱庭祜对东陆大学进行调查，后来在调查报告中对东陆大学予以了高度评价。

在此后的漫长岁月中，由董泽等开创的云南高等教育事业不断发展，为云南建设培养了一批批人才，逐渐改变着云南的落后面貌。

在担任东陆大学校长的同时，董泽还担任着云南教育司司长。针对当时云南普通教育停滞不前、规模不大的情况，他以极大的热情，大刀阔斧地整顿全省中、小学，增办中学，还创办了云南第一所美术学校，在全省教育系统建立行之有效的奖惩制度，开创了云南教育的新局面。

董泽精力充沛，一身兼任数职，1921—1925 年期间，他还同时兼任着云南财政司司长和富滇银行总办（行长）。他注重加强税收制度，控制资金流向，开源节流，逐渐改变了云南财政入不敷出的状况。1923 年 9 月起他又兼任云南交通司司长，拟定了云南交通开发的远大蓝图。他筹划修筑公路，于 1925 年 10 月建成从西站至碧鸡关一段，并正式通车，结束了云南没有公路的历史。让云南从此开始有了汽车。

1933—1945 年，董泽被聘为云南省政府顾问，抗日战争期间曾任财政部贸易委员会驻云南办事处主任。

(4) 第二任校长华秀升

华秀升（1895—1954 年），又名时杰，字行直，蒙古族，云南通海县人。幼年在私塾接受启蒙教育，1911 年以优异成绩考入清华学校（留美预备学校，清华大学前身），在校学习的 8 年间，勤奋努力，成绩优秀，英语水平尤佳。1919 年，华秀升与多名学生因参加五四运动被捕，经北大校长蔡元培等多位知名人士交涉营救而获释。北大、清华等校师生集队迎接华秀升等被捕学生出狱返校，并合影纪念。同年毕业后，华秀升被保送赴美留学，先考入密苏里大学攻读政治经济学，取得学士学位后，又考入佛罗里达大学商学院研究部主修历史和政治，1922 年获硕士学位，同年考入哥伦比亚大学商学院，攻读经济学博士。后因父亲病逝回国奔丧，应东陆大学之聘担任教授，1926 年，兼任东陆大学文科主任。华秀升讲授经济学兼理工科的英语课程时，自编教材，并以纯正流利的英语口语深受学生的欢迎。

执教东陆大学的同时，华秀升受云南省政府任命，兼任云南高等专科师范学校及云南美术学校两所学校的校长。

1928 年，华秀升任东陆大学副校长，1930 年任代理校长。时值东陆大学由私立改为省立，头绪纷繁，华秀升作为"省立东陆大学筹备委员会"重要成员，负责私立东陆大学的校产、校具的清理造册和移交等事宜。

执掌校务后，华秀升为解决办校经费不足的问题，多次以校长名义四处募捐。如1931年在《云南省立东陆大学募集奖学基金启事》中云："人才消乏，举世同慨。于兹革命建设时期，事业的推进什百倍于曩昔，则人才之需要亦什百倍于曩昔。于是人才之供给，遂成当前之重大问题……诸君热心公益，志宏乐育，尚祈慨然捐助，俾资奖进，为教育解决问题，为国家培育人才，异日俊实辈出，效劳建设，岂图个人之幸，国家社会交蒙其利矣。馨香沐手，毋任翘企。"启事发出后，得到社会各界积极响应，初期便募得5.36万余元。①

华秀升为谋求学校的建设发展，励精图治，"在他长校期间，实行了一些改革措施，包括取消训育部，只设学监管理学生生活；积极倡导不同学术思想争鸣，活跃学校的学术民主气氛；同意学生恢复自治会，由学生自选自治会主席；考核学生的学业成绩；加强学生体育锻炼，提高身体素质；亲自到北京、上海聘请著名教授来校任教等。这一系列有益于提高教学质量的改革措施，受到师生的欢迎和教育界的好评，提高了东陆大学的声望。1931年，日本侵占我国东北的消息传来，华秀升领导东陆大学师生当即恢复了1928年因抗议日本出兵山东时而组织的救国会，在师生中组织义勇军进行军事训练，把正准备出版的学术性刊物《东大月刊》改为《东大特刊·抗日专号》出版，并亲自撰写'刊头语'，阐明出专刊的目的是'拿笔杆子来尽我们当国民的义务'。"②

华秀升在东陆大学极热心倡导体育运动，注重学生的体育锻炼。他主持在校园东侧荒地上开辟了云南省首个符合国际标准的体育运动场——东陆体育运动场（今云大东一院体育场），内设足球场、网球场和篮球场。

---

① 见袁天慈《励精图治 为国育才》，《云南日报》2016年5月15日。
② 360百科"华秀升"词条。

1933 年，华秀升被任命为云南省审计处处长、会计处处长，离开了省立东陆大学。

（5）第三任校长何瑶

何瑶（1894—1968 年），云南石屏人。1913 年从英法文专修科毕业时，成为云南送往欧美留学的首批留学生之一员。他与段纬两人原拟送往德国留学，遂先赴青岛补习德文，后青岛为日军进攻占据，于 1915 年改到同济大学医工专门学校学习，终因欧洲大战关系不能往德国留学，后乃转送美国留学，于 1917 年到美国普渡大学机械工程系学习。

何瑶 1921 年获机械工程学士学位，之后几年在美国各地实习考察，1925 年回国后应聘到东陆大学（云南大学前身）任教授，1926 年至 1930 年间历任东陆大学会计长兼数学、热机学教师、理工学院院长，1932 年秋任东陆大学代理校长。

何瑶任校长期间，爱国师生积极组织抗议日本帝国主义侵略东北的九一八事件的宣传活动和反帝、反封建、反法西斯的多次爱国民主运动，何瑶都热情支持师生的爱国民主运动，并站在运动前列。

1934 年 12 月，何瑶主持了由云南省教育厅和云南大学等五家单位共同发起的"云南第一天文点"复测活动。早在元朝时期，云南滇池观察所就位列中国 27 个天文观察所之一。到清康熙年间，为完成《皇舆全览图》，又在云南设观测点 30 处，但已无准确标志可寻。在云南大学校园内，有一个 300 多年前的大地观测点。这次复测，确认了这一原测经纬度的点位。经计算，此地经度为东经 102 度 41 分 58.88 秒，纬度为北纬 25 度 3 分 21.19 秒，精确度达 0.01。为我国第一次用新法测绘最早、最准确的昆明经纬度。这是我国除北京观象台外，唯一原测经纬度的点位，也是我国进行天文大地测量的实物例证；并且是我国首次开展大地测量仅存之实证，是关乎云南、关乎国家文化历史的具有珍贵科学研究价值的测绘遗迹。复测活动后，把此观测点定名为"云南第一天文点"，并"特立石标为志"。在天文点石台基南侧，何瑶用篆书题有"云南大学天文点"7个大字，北侧刻有记述对天文点进行复测之发起和经过的碑记。此天文点于1993年被云南省人民政府公布为"省级文物保护单位"。

何瑶长校期间，经历了从省立东陆大学改为省立云南大学的两个时期。他注重贯彻学校一贯的"研究高深学术，造就专门人才为宗旨"的方针，并对院系设置先后进行了几次调整。先是增加了法律系、数理学系和教育学院，1934年从省立东陆大学改为省立云南大学，又成立了理工学院、组建文法学院、医学专修科，在教育系下设立图书馆学课程，开设了专门的军事管理课程，并主持恢复了停办5年的云南大学附中。

1935年5月10日，蒋介石为了督促围剿长征中的红军，由贵阳飞来昆明巡视，同时也来亲察云南省政府的实情，并增强自己在边陲的威信。5月15日上午，蒋介石召见昆明中等以上学校校长、教务长、军训主任训话，提出以军训教学生做人基础；下午召见云南大学校长何瑶，训勉云大"应注意理工人才之培养，为开发富源，把云南建设成为我国工业中心区而努力"。蒋介石听取了云大经费情况的汇报后，当场感叹"太少"，表示日后会嘱请中法庚款补助云大。"何瑶受此鼓舞，该年12月即缮具了5年计划书及请求补助经费概要，面交来云大视察的国民政府教育部视察西南教育专员陈礼江转教育部。这个扩充计划书共分5项，计划至1940年，理工学院除现有采矿冶金系、土木工程系、数理系外，添办机械工程系、化学工程系、地质系；文法学院加强教育系；医学院停办专修科，成立医科。应行建筑之校舍有志成院（理工学院）、学生宿舍、医学院、体育馆、附属中学、图书馆、食堂、教职员工宿舍，共计需国币125万元；应行购置善为设备费需97万元。此外还提出提高教职员待遇与增加经常费等要求。"[①] 这个计划由于受到当时条件的限制，难以实施。但从中可看出何瑶的事业心和抱负。

---

① 邓秀华：《蒋介石与云南大学》，《云南档案》2009年第12期。

1936 年，重视教育的云南省主席龙云于 2 月 18 日和 7 月 8 日，两次专门电函蒋介石，向中央请求把省立云南大学改为国立，以期云南大学有更大的发展空间。何瑶在龙云主席和省教育厅的领导下，为争取将云大改为国立，努力做了一些基础性的准备工作，为后来云大 1938 年改为国立打下了一定基础，对云南大学改为国立有一定贡献。

遗憾的是，何瑶在 1937 年 4 月遭遇了"倒何"风潮。因为一些学生不满学校严格的管理制度，部分教师因薪酬待遇低而不安心任教，于是部分师生群起，要何瑶下台。这次"倒何"风潮，让龙云很受震动，同意何瑶离职。

二、熊庆来的家国情怀

1937年8月1日上午，熊庆来正式到云大视事。

1936年至1937年是清华大学的鼎盛时期，是清华算学系的鼎盛时期，也是熊庆来事业如日中天、家庭生活美满的最好时期。他愉快地享受着培育人才与学术研究的喜悦，以及家庭幸福生活之乐趣。而此时的云南，还是一个边远闭塞的省份，在一般人心目中，是一片蛮荒之地。山高水远，交通极不便利。从内地去昆明，得办出国护照，绕道香港与越南海防，然后经滇越铁路从河口过开远再进到昆明。在云南办大学，别的且不说，仅是延聘教授一项就极为困难。各种条件之艰苦也是可想而知的。

可是，熊庆来为什么要放弃清华大学那么优越的工作环境和那么优裕的生活条件呢？他为什么对办好家乡的云南大学会倾注那么高的热情、甘于承担起那么沉重的责任呢？

回顾一下熊庆来前半生经历中的下述两个重要因素，就可以找到答案了。

第一个重要因素是他从小接受的中国传统文化的教育和熏陶，对家乡的感情非常深厚，桑梓情深。

第二个重要因素是他在法国留学8年期间，深刻感受到了西方文明的发展、西方科学的进步，对比之下，为祖国的落后而痛心疾首。科学救国、教育救国的理念在他的心里扎下了根，激励着他为建设国家、建设家乡而牺牲自己的个人利益。

1. 中国传统文化培育出的深厚桑梓情

熊庆来是云南红河州弥勒市息宰村人，他在这个偏远闭塞的仅有八九十户人家的小村子度过了童年时光，直到13岁时随任儒学训导的父亲外出滇西，才离开了这块红土地。他在私塾里刻苦读书，开始读《大学》《中

二、熊庆来的家国情怀

庸》《论语》《孟子》了，后来读《诗经》《易经》《礼记》《春秋》等。虽然不能完全读透，但在先生和父母常讲的古人刻苦读书的事迹激励下，奋发学习难读难懂的四书五经，在这个偏僻的息宰乡村，接受了很好的启蒙教育。

熊庆来在完成了启蒙教育的同时，也在内心深处悄然地初步建立了他做人的基本间架。像他这样性情笃实的人是很可能被那种封建思想的旧教育框住的，然而熊庆来却没有被框住。他在"子曰诗云"中悄然建立起来的做人的基架，并没有在他日后成长为爱国的科学家和诚实的教育家的道路上，竖起什么障碍。

辛亥革命之前，已经到昆明在云南高等学堂读书的熊庆来，受到革命浪潮的感染。革命热情激荡着云南民众的心，激荡着高等学堂这些热血青少年的心。在努力求学的同时，熊庆来也和同学们一道，对孙中山先生革命的消息很关心。大家经常议论着，互相传递着所听到的消息，为革命的发展而鼓舞，盼望着孙先生革命的胜利，盼望着尽快推翻清政府，憧憬着革命胜利后的前景。

1911年10月10日，武昌起义的枪声打响了！消息传到昆明，熊庆来和同学立即"咔嚓、咔嚓"剪掉了盘在头上多少年的那条长辫子，表示了同清政府这个腐朽的封建王朝政权的彻底决裂。熊庆来对孙中山非常敬佩，很赞同孙中山的"世界大同"思想。熊庆来还和同学们一道上书都督府，请愿北伐。后来虽未得到准许，但他们的进步热情亦可见一斑了。

辛亥革命后，中国人向西方学习科学与实业的心更切。云南当局根据形势的发展，为培养人才，建设云南，决定裁云南高等学堂，设英法文专修科，并从原高等学堂学生中考试选拔了30多人编入英法文专修科学习，以备送往欧美留学，造就专门人才。原高等学堂未考取的其他学生并入云南师范学校优级选科。

熊庆来以优异的成绩考入了英法文专修科，编在法文班。法文班共有16人，英文班21人。英法文专修科的学习期限2年，由1912年春季开始，至1913年秋毕业。学习期间，伙食费由公家供给。学习课程以英文和法文为主，兼学国文和数学，而且注重军事训练，管理非常严格，"课程虽不高深，但甚切实"。专修科的37名学生，中途有退学或转学的，到1913年毕业时，只有20多人了。熊庆来学习努力，成绩优异，进入法文班不到1年，就可以与任教的法籍教师作一般的法语会话了。

此时，民国初建，以蔡锷为首的军政当局尤为注重培育人才。1913年，云南教育司主持留学考试，选拔学生到欧美留学。全省几百人应考，经过严格的考试后选取13人。熊庆来名列第3。13人中，送任嗣达、卢锡荣、杨克嵘、周恕、缪云台、范师武6人赴美国，学习政治、工业、农业各科；送李汝哲、姜荣章、窦志鸿、秦教中、柳希权5人赴法国，学习法政、兵工；送熊庆来、杨维浚2人赴比利时，学习矿业。考取赴欧美留学的这13人全是英法文专修科的学生。

在熊庆来这批留学生之前，云南历史上送往欧美的留学生有宣统年间选送比利时留学的柳灿坤、杨宝堃、张邦翰3人。

多年后，熊庆来写自传回忆起当年出国留学时的情况，仍记忆深刻："其时民国建造伊始，当政者似莫不有励精图治之心，培育人才尤加注意，当余与同学出滇时，省长罗佩金氏训话殷恳至三四小时之久。"

熊庆来和当时出国留学的这批同学，心情激动异常，想到桑梓的栽培之恩、地方军政首长的殷切期望、家乡令人痛心的落后现实，深感肩上责任重大。熊庆来立定志向：出国后一定要刻苦攻读，学好本领，掌握科学技术，用科学来救国，以报效桑梓，改变云南和中国的落后面貌！

熊庆来性格内敛，行事稳重，平素讲话不多，做事不张扬，然而在他内心中却是"桑梓情深"。一种来自传统的道德感时时在督促着他，激励着他，"为桑梓服务"在他来说几乎就是一种不可抗拒的召唤！

2. 西方文明熏陶出的"科教救国"理念

留学8载，除了取得专业学习上的这些成绩之外，对于熊庆来来说，

二、熊庆来的家国情怀

更重要的收获，也是更有深远意义的收获，是深深地受到了西方文化的熏陶，坚定了"科学救国"的思想与信念！

20世纪初的法国，正是科学迅速发展、沿着19世纪后期的道路突飞猛进的时候。在熊庆来抵达比利时、法国的前一年——1912年，法国的大数学家普旺卡烈刚逝世。拯救了法国酿酒业和养蚕业，给国家带来繁荣的著名微生物学家、化学家巴斯德逝世也还不到20年。他们的声望与精神都在法国全体人民中产生着巨大的影响。居里夫妇也是刚于两三年前发现了镭并获得诺贝尔化学奖。这些伟大成就和居里夫妇的科学精神正在法国人民的心中激荡着。

置身于正为巴斯德、普旺卡烈、居里夫妇的卓越成就和科学精神所激荡的国度里，耳濡目染，熊庆来无时不受到强烈的熏陶和感染。在这些科学成就的背后有着一种深厚的人文主义背景，熊庆来深受其影响。这种影响和熏陶执着地深入到他的心里——甚至可以说，深入到了他的骨髓和血液之中。

在留学结束离开法国之后的漫长岁月中，熊庆来多少次地对子女、对亲友、对同事、对学生讲巴斯德，讲居里夫妇，讲普旺卡烈。尤其是对巴斯德，他不厌其烦地一遍又一遍地讲，在各种场合都讲，而且讲得那么深情，那么专注。巴斯德科学救国的精神及其实践给予熊庆来的影响实在是太大了。他牢牢记住了巴斯德，下定决心以巴斯德为自己效学的典范，用科学来拯救自己的祖国，来建设自己的祖国，建设自己的家乡。

路易·巴斯德1822年生于法国东部的多尔镇。他家从他祖父以上的世世代代都是农奴，巴斯德的父亲是一个制革匠。巴斯德幼年读书时的成绩并不好，后来懂得了穷人求学不易，才下决心努力学习。但是由于家境贫寒，他一度被迫停学，以后继续上学也是半工半读。

21岁时，巴斯德考入了巴黎师范学院，在那里听到了著名化学家巴拉尔和杜玛的讲演。这些学术讲演激起了巴斯德立志于科学的热望，促使他决心从事化学研究。他的努力给老师们留下了深刻的印象，毕业后被留作助教。他拼命用功，甚至休假期间也不离开实验室。他也希望人人都像自己一样尽心用功，他给自己的妹妹们写了一封长信，谆谆勉励她们。

"亲爱的妹妹们，立志是件大事。"他在信上写道，"因为行动和工作总是紧跟着意志的，而工作差不多总是由成功做伴的。这三者，工作，意志，成功，使人们不虚度一生。意志打开通向灿烂而幸福的成功之门；工作通过这些门户，而在这旅程的终点，成功嘉奖了一个人的努力。"

1848年到1849年这两年间，26岁的巴斯德在第戎公学任物理学教授。这期间，他在科研道路上取得了第一次胜利——成功地解决了酒石酸同分异构问题，并弄清了消旋酒石酸的产生原因。后又利用发酵的方法制取了纯净的左旋酒石酸。这是化学史上研究物质光学活动性的一个新起点，也是一项超越前人的新成就。

但是，发酵究竟是由于微生物的作用，还是仅仅是一种特殊的化学反应，那时没有谁能作出肯定的回答。巴斯德决心进一步揭开发酵现象的秘密。他以牛乳做试验，经过上百次的试验，终于从牛乳的发酵液中发现了一种灰白色的物质，即酵母。在显微镜下观察到酵母中含有大量的杆状微生物，即发酵微生物。在继续研究了其他各种类型的发酵以后，巴斯德得出了一个重要结论：不同的发酵是由不同的微生物所引起的。没有微生物的存在，发酵也就停止了。这一成果为当时的生物学研究开辟了一条崭新的道路。

这段时间，巴斯德先后担任过斯特拉斯堡大学化学教授、任利尔大学教授、巴黎师范大学教授。

法国是一个盛产葡萄酒的国家，但是传统的酿酒方法却始终不可靠，常常有大量果汁莫名其妙地不发酵，造成巨大损失。酿酒师也还不知道高温灭菌法，以致酒类长期放置便会发酸，因而影响到出口，造成数百万法郎的损失。巴斯德非常关心法国酿酒业的发展，他经过多次研究之后，发明了加温灭菌的方法，把这个方法引入酿酒工艺中，解决了当时酿酒业长期无法解决的酒类变质问题。法国酿酒业因此得到了飞跃的发展。

二、熊庆来的家国情怀

1865年欧洲流行一种蚕病，使原本很繁荣的年产值达1亿法郎的法国养蚕业发生了严重危机，可以说已濒于绝境。巴斯德经过潜心研究，发现了病原体，并找到了防止感染的方法。这一发现成功拯救了法国当时即将全军覆没的养蚕业，使之得到迅速恢复。

1870年法国与普鲁士开战，法国惨败，拿破仑三世被俘。战胜国普鲁士向法国索取50亿法郎的赔款。普鲁士以为，索取如此庞大的巨额赔款，法国将在若干年内一蹶不振。然而出乎意料的是，法国仅仅在短短的1年之内，就全部付清了这一大笔巨额赔款，从而使全世界都为之感到震惊。

法国从哪里筹集到这笔巨款呢？这要感谢巴斯德已经完成的研究工作。他拯救了法国酿酒业、养蚕业，给法国带来了繁荣，带来了巨大的财富。

巴斯德的重大发现还远远不仅限于解决了酿酒、养蚕的问题，也远远不仅值50亿法郎的价格。

巴斯德对整个人类做出的一项巨大贡献，是1880年发明的传染病预防接种法。在巴斯德之前，若干个世纪以来欧亚两大洲都一度有大瘟疫流行。当时由于不知病原，医生们束手无策，死亡数字非常惊人。巴斯德在研究鸡霍乱时，发现病原菌在放置一定时间之后，毒性会大大减少，可以注射到健康动物体内使之产生免疫作用。经过长期研究，做了无数次试验，巴斯德把这种方法成功地运用到人的身上，帮助人类解除许多危险的传染病威胁。人类与疾病的斗争，进入了全新的阶段。"细菌病原说"无疑是历史上最伟大的医学发现之一。

1884年，巴斯德曾到丹麦哥本哈根演讲。当时，普鲁士国王威廉二世尚是25岁的王子，也在前排贵宾之列。演讲完毕后，主席为巴斯德介绍贵宾。到了威廉二世面前时，主席故意很快地回避过去，因为他知道巴斯德是极爱国的。经过那场普法战争后，两国仇恨很深。如果介绍了，双方都会感到尴尬。但是，威廉二世竟主动跨上前一步，真诚地说道："我要向一个为人类创造幸福的人致敬！"这不啻说明，巴斯德的研究成果，不仅偿还了50亿法郎的战争赔款，更重要的，是争回了国家的骄傲！

巴斯德的父亲所期望于儿子的是当一名中学教师。他曾是拿破仑军队的一名低级军官，解散以后在法国东部茹老山阿尔波亚小城里做制革匠。他对儿子说："啊，要是你能在阿尔波亚当上中学教员，我就是世上最幸福的人了！"可是，巴斯德的努力好学与刻苦钻研所取得的成就，大大超越了父亲的期望。巴斯德不但当上了大学教授，而且用科学挽救了法国酿酒业和养蚕业，用科学拯救了法兰西！并且，用科学为人类做出了影响深远的辉煌贡献！

熊庆来时时用巴斯德的故事，激励青年学子、中青年同人、自己的子女奋发有为，科学救国，教育救国。20世纪40年代任云南大学校长室秘书的赵康节多年后回忆起熊庆来在云大的情况时，记忆犹新的是："熊先生当年经常对我们说：'现在救国固然需要科学，而将来建国更将依靠高深的科学。没有科学，谁也不可能把中国建成现代国家。法国人口向来只有四五千万，在欧洲和世界的剧烈角逐中，仍能立足于富强国家之林，它的最重要的支柱就是文化和科学，而科学又是近代文化的核心。'……他一向倡导'科学建国'这件事，是当时人所共知的。"

在全国人大常委会副委员长严济慈晚年所写的一篇回忆文章中，对熊先生这方面的回顾很精辟："熊庆来先生的科学生涯又是与他高尚的爱国精神分不开的。他是一位正直、朴实的学者，更是一位热忱的爱国志士。他先后3次出国，都是怀着科学救国的宏愿。在他看来，科学家的工作是与国家的命运休戚相关的。他毕生推崇伟大的法国学者巴斯德以自己的科研成果使当时濒于危机的法国蚕丝和酿造业再度繁荣，帮助战败的法国度过经济难关的事迹，常常以此勉励自己，也教育学生为祖国复兴而勤奋学习。"

熊庆来对报效桑梓、报效国家的追求是一贯的。

到1920年10月时，熊庆来已经留学法国8年了，他本来打算再多留在法国2年，以便深造，日后报国能更胜任。他珍惜这来之不易的机会，多学科学，多学知识，以更好地报效桑梓，报效国家。

二、熊庆来的家国情怀

正在此时,云南教育当局发来信函,告知他云南省长唐继尧现准备创办云南自己的大学,培养云南子弟,急需师资人才,望他以其所学回滇服务,报效桑梓。时隔不久,云南教育当局又再次来函催促,盼他不负三迤父老之厚望,尽快回国,为云南首办大学施展才干。

云南教育当局的催促,帮助正处于犹豫之中的熊庆来下定了决心——启程返国!

这一年,熊庆来28岁。

一想到即将要在这西南边陲建起一座培养边疆人才的大学,而自己就要投身到这"百年树人"的事业之中,熊庆来很兴奋。

对于熊庆来来说,"为桑梓服务"的召唤简直就是一种不可抗拒的声音。对乡土的一种近乎本能的热爱,促使他风尘仆仆地从法国赶回来了!

可是,由于省长唐继尧出走香港,主持筹备创办大学的董泽也随唐去港,创办东陆大学之事流产了。唐继尧一走,离了他的声望、影响、支持和经费,创办大学一事自然成了一句空话。熊庆来返滇为本省大学服务的热望亦难以实现了。

为云南教育的长远考虑,熊庆来提出先办一个留学预备学校,以提高学生素质,为云南青年出国留学打下良好基础的建议,他认为这样便于学生出国后能及时进入专业学习,收到事半功倍的效果。遗憾的是,这个有创见性的建议未被有关方面采纳。

在当时的中国,近代数学领域基本上还是空白,在文化事业落后于内地各省的云南,就更是一块荒芜之地,根本没有研究近代数学的条件。熊庆来生出一种报国无门的失落感。

于是,熊庆来选择在云南甲种工业学校教了一学期的书,尽管他很努力、很认真,可是学生的基础太差,对他的教学方式难以接受,他的热情没有得到学生合适的回应。渐渐地他有些失望了,他意识到,"看来仅有热忱还是不行的,这种类型的中等学校兴许不太适合于我……"就在此时,熊庆来意外地收到一份聘书——校址在江苏南京的国立东南大学的校长郭秉文，聘他去担任算学系教授兼系主任。这份职务是何鲁向校长郭秉文推荐的。

何鲁随聘书寄来了一封写给熊庆来的信。何鲁是熊庆来留法时高他一个年级的一位中国留学生，也是学数学的。尽管两人性格上有很多不相同之处，但相处甚好，成为异国土地上的挚友。

何鲁早熊庆来一年多回国。回来后应南京高等师范学校（以下简称"南京高师"）校长郭秉文之聘，进入南京高师任教，教算学。南京高师在全国颇有些名气，曾有人把北京大学与南京高师并提，认为两校齐名。1921年，东南大学创立，何鲁担任东南大学算学系（今数学系）教授兼系主任。不到一年，他又转到了法国人在上海租界内办的中法通商惠工学校。何鲁要离开东南大学，东南大学算学系就难以撑持了。当时在中国，像何鲁、熊庆来这样能搞高深数学的人实在是凤毛麟角！于是，何鲁向东南大学校长推荐了熊庆来。何鲁在寄给熊庆来的信中说，东南大学是可以施展才能的地方；校长郭秉文先生器重人才，求贤若渴。

郭秉文是19世纪20年代中国著名的教育家。1919年，郭秉文接任南京高师校长，第二年，东南大学筹备处正式成立，郭秉文任主任。1921年7月13日，教育部核准《东南大学组织大纲》，郭秉文兼任东南大学校长。他深知大学教育以师资为第一，办学之道最重要者在于广延名师。他竭尽全力延揽国内外著名学者及饱学之士到东南大学服务，一批学术精英先后回国，东南大学汇聚了一批各学科的杰出人才，盛极一时。

由于郭秉文的慧眼识才和诚心待才，他为南京高师延揽了很多优秀教师。鉴于他慧眼识才和诚心待才的美名，被他看中的人才，也大都感到是一种荣幸而欣然应聘。

读着何鲁这封诚恳的信，看着校长郭秉文先生签名的聘书，想一想自己目前所在的云南甲种工业学校的种种不尽如人意的情况，熊庆来思量再三，决定去南京，到东南大学去，为国家的高等教育贡献自己的一份薄力，争取做出一番事业！

三、临危受聘　执掌云大

1. 龙云敦聘熊庆来

"倒何"风潮发生后，龙云政府一方面令教育厅详查；另一方面在地方报纸上公开申斥学生呈文，严厉指出，"用人行政，政府自有全权""学生不准干预校务，早经悬为厉禁"。同时令校务委员会暂代行校务。

龙云从云南早先的"倒唐"等一系列的政治斗争中，看到过进步学生的力量，这时又从云大毕业生在公路建设中的成就看到大学生在经济建设中的作用。因此，他很重视云南大学的建设。他曾在一次对记者的谈话中明确说："大学是培养领袖及专门人才的地方。"这表明他认为大学不仅是政治人才养成所，也是经济人才养成所，青年人业务上若无真才实学，就不能负起建设重任。他深知校长的人选为办好大学的重中之重，所以，他对校长人选很重视。"倒何"风潮发生后，他一面派人查清事实，公开申斥学生；一面认真考虑接任校长的人选，多方听取意见，通过多种渠道加以物色。

这时，有多人向龙云举荐了熊庆来，其中有张邦翰、缪云台、龚自知、方国瑜，和龙云的夫人顾映秋。他们对熊庆来的学问、人品都非常了解，而且他们还都是龙云身边讲话有分量的人，都是深得龙云信任的人。

时任云南省建设厅厅长的张邦翰向龙云推荐了熊庆来。张邦翰是留学法国和比利时归来的，是最早参加筹办东陆大学的建筑工程师，也是当时以董泽为处长的东陆大学筹备处成员之一。他在欧洲留学攻读建筑，东陆大学的工程设计即由他主办。东陆大学的主楼会泽院就是他设计的，一派法式建筑风格，颇有崇闳雄伟之感，体现了张邦翰作为建筑学家的杰出才智。谈到自己的设计构思，张邦翰曾说："其建筑采中西法式，存古而不泥于古，尚新而不专骛于新。"莘莘学子置身于寓意"九五飞龙在天"（《易经·乾卦》）的 95 级石阶前，仰望这座高大的别具风格的建筑，会泽院傲然屹立的恢宏气势，心中不禁会生出一种"真不愧是云南最高学府"的赞叹。

张邦翰是很了解熊庆来的，在比利时和法国时，他们是云南先后派去留学的同学。归国之后，又多有交往。张邦翰了解熊庆来淳朴敦厚的性格和报效桑梓的热情，也了解他在东南大学、清华大学创办算学系并兼理学院长的才干和业绩，了解他在数学研究方面的造诣和在国内外数学界的地位及影响，了解他如何培养了大批优秀人才的努力……

张邦翰认为，熊庆来是云南籍人士中最恰当的云南大学校长人选，完全可孚众望。于是，他认真负责地向龙云推荐了熊庆来。

省经济委员会主任缪云台也向龙云推荐了熊庆来。

缪云台 1907 年考入云南方言学堂时，就与熊庆来是同学。1 年多后，方言学堂改为云南高等学堂，他俩又是高等学堂本科读了 3 年的同学。1912 年云南当局考选留学生，他俩都考上了作为留学预备班的英法文专修科。缪云台编在有 24 人的英文班。

1 年之后正式参加严格的留学考试，缪云台是英法文专修科考上的 13 人中的 1 个。缪云台学矿冶进了美国伊利诺大学，2 年后又转入明尼苏达大学，主修矿藏分布。1919 年学成归国，为家乡云南服务。他先后担任过云锡公司总经理、省府委员、农矿厅厅长、富滇新银行行长、省经济委员会主任。现在，当云南大学急需物色校长人选之际，他根据自己对熊庆来的了解，郑重地向龙云推荐了熊庆来。

省务委员兼教育厅长龚自知也向龙云诚荐熊庆来担任云南大学校长一职。

龚自知是一位有学问、热心云南教育事业的云南地方政权中的重要人物，是一位有远见的教育家，也是这次能参与选择云南大学新任校长人选的主要决策者之一。他青年时代考入北京大学文科预科，1917 年暑假回昆后，与早一年回昆的北大同学袁丕钧一起办起一份宣传新思想新文化的学术杂志《尚志》，龚自知任主编；后又担任《民觉日报》总编辑，显露了才华。以后担任过龙云的军部秘书长代省务委员会秘书长。

龚自知任教育厅长后，在龙云的支持下，排除各种阻力，实现了教育经费独立，为发展云南教育事业提供了财政上的保证，并建立规章制度确保教育经费得到合理使用。他对云南的教育事业作了很多努力。现在也正打算着手改进云大。他虽然与熊庆来没有直接接触过，但他也认为熊庆来是合适的人选。这除了他自己对熊庆来的情况注意了解过之外，还与方国瑜几次向他恳切建议聘请熊庆来回滇有关。

七七事变之前，旅居北平的云南学者甚少，理科学者唯有熊庆来一人，文科学者也就是方国瑜、徐绳祖二人而已。

方国瑜是云南丽江纳西族，1924年考入北京师范大学预科后，积极投身爱国学生运动。后来又参加了在京的云南学生左派组织"新滇社"，并主办《云南周刊》。1926年因一场大病休学回乡，由于云南战乱，交通受阻，被困于丽江。1929年秋北上复学，专心读书，潜心治学，想以此来实现自己的报国之志。几年后成了一位研究成果颇丰的历史学者，对云南地方史和西南民族史的造诣尤深。

方国瑜是1925年在云南旅平学会的一次活动时初次认识熊庆来先生的，当时方国瑜还是大学生。熊先生此时是从南京转道北平前往西北大学。1926年熊先生进入清华大学执教之后，方国瑜在北京师范大学和北京大学研究所国学门读书，课余还参加编辑《云南旅京学会会刊》（季刊）工作，便多有向熊先生请教的机会。方国瑜对熊先生的学问成就和高尚人品了解颇深，特别让他感动的是熊先生早先在法国留学时照顾纳西族同学李汝哲的那番深情厚谊。

在国内的云南方言学堂与高等学堂念书时，李汝哲就与熊庆来是处得最好的同学。出国后，当熊庆来从比利时转法国住到巴黎之后，又与李汝哲一同租住了摩蔼夫人的房子，同住一室，朝夕相处。

李汝哲是云南丽江纳西族留学法国的第一人。他秉性纯笃，慎行寡言，学习刻苦，成绩优异，颇得师长器重。考赴欧留学时，名列第一。到法国1年后，他攻读政治经济系，同时自修哲学、历史等科目。他对算学尤其有兴趣，遇到难题时，常常一连几天冥思苦想，题解不出来不罢休。他还潜心思考如何用算学方法去研究经济学，他"见识远大，对于文化，抱世界主义"。

但李汝哲体质素弱，经常生病。与熊庆来同住巴黎的这几年间，每次生病，都得到熊庆来的关心照料。1916年秋季，李汝哲升入大学三年级，因用功过度，开始咯血。但他仍手不肯释卷，照样努力，以至患上肺结核，咯血不止，病卧不起。其他学友有时来看望，房主人摩蔼夫人也殷勤关心，但更多的看护照料都是熊庆来主动承担了。几个月下来，为照顾李汝哲，熊庆来已形神交瘁。可他仍未稍有松懈，也不惧怕被此病感染。到年底，熊庆来因近几个月来照顾好友李汝哲而被传染上肺病，开始咯血，人也很快地消瘦下来。

当李汝哲的病情已相当严重，医生都认为无力可救了时，熊庆来已经被传染上肺病，身体已很差，医生劝他换个地方休养治疗，熊庆来却仍不肯离开。他希望李汝哲的病情还会有转机，仍不顾自己地细心照料好友。李汝哲常常为此感动得眼里噙满泪水。

最后，终因病入膏肓，无力再救，李汝哲不幸于1917年1月病殁，年仅26岁。熊庆来含着悲痛主持料理了好友的丧事，亲自殓葬，将好友的遗骸葬于巴黎的贝尔拉什斯墓地。料理完这一切之后，熊庆来才听取了医生的建议，到瑞士养病。

20世纪30年代初，熊庆来还邀约几位旧友集资在巴黎为李汝哲修墓，并亲自撰写了《李君墓志铭》，在北京刻于铜牌，以备嵌入墓碑，熊庆来又嘱咐方国瑜将《李君墓志铭》文稿载于《云南旅京学会会刊》。方国瑜深受熊先生这种不顾个人安危照顾同学，并在多年之后仍念念不忘同学情谊的高尚品德感动，写了一篇短文，发表时附于《李君墓志铭》篇末。方国瑜赞叹："迪之（熊庆来字迪之）先生，心胸开阔，为人难得！感人肺腑。"

三、临危受聘　执掌云大

多年来，方国瑜心中非常钦佩熊庆来先生——"先生之学问道德，为全国人士所景仰；数年间，任清华大学数学系主任教授，暨理学院院长。滇同乡留学北平，莫不以为表率。"

1936年，方国瑜应云南通志馆之聘，回到昆明。尔后又应省立云南大学之聘，兼任文史系教授。他同样是一位热爱桑梓、以振兴云南教育为己任的学者。兼任云南大学教授后，他看到云大亟待改进，便极坦诚地向龚自知及通志馆的秦光玉、周钟岳、由云龙、袁嘉穀诸位前辈恳切建议延聘熊庆来回滇执掌云大。对熊庆来高尚品德的钦佩，更是方国瑜向龚自知多次推荐而强调的主要理由。

龙云夫人顾映秋也向龙云介绍了熊庆来的很多情况，极力向龙云推荐熊庆来。20世纪20年代顾映秋在北平就读北平女子师范大学外语系，也因云南同乡关系认识了熊庆来先生，常来清华拜访熊先生，请教一些问题。当熊庆来得知她是顾品珍的侄女后，对她更加关切爱护。她对熊庆来的为人、品格、才干、学术地位等都特别清楚，一向对熊庆来十分敬重。她告诉龙云，熊庆来对云南家乡有深厚感情；为人诚笃宽厚；确有真才实学，在国内国际都有相当的学术地位；培养了一大批杰出人才；又是留法学者；也无任何党派关系；10多年来先后为东南大学、西北大学、清华大学创办过算学系，还代理过清华理学院院长，有办大学的实践和经验，更有办好大学的热情。

龙云经过郑重考虑后，认定熊庆来便是他心目中云大校长最合适的人选，遂下决心要把熊庆来聘回昆明任云南大学校长。为实现这个目的，龙云不仅通过张邦翰、缪云台、龚自知、方国瑜、顾映秋等人劝说熊庆来返滇服务，同时，龙云还尽量地利用一些与熊庆来有交谊的人去劝说熊返滇担任云大校长，体现出一片思贤若渴之心。

1937年4月初，熊庆来收到老友张邦翰（字西林）写来的一封信，郑重地向他转达龙云主席有意诚聘他担任云南大学校长的信。信中详细告知了云大"倒何"风潮导致何瑶离职的有关近况，谈到龙云和桑梓父老以及知友们对他的殷切期望。接着，他又先后收到友人缪云台、方国瑜与张邦翰信中同样意思的来信，从旁敦促，请他下决心回滇服务。

4月中旬，刚从北平去云南出差的友人赵康节也写来一信。他是受龙云主席之托代为敦促熊庆来应聘而写的此信，其中专门讲了龙云主席委托的经过和龙云很诚恳的一番话。

赵康节是作为国民政府组织的京滇公路周览团成员之一，4月中旬到达昆明的。抵昆次日晚上，龙云在威远街私邸接见周览团成员中的4位云南同乡：交通部代表柳发堂、国民党宪兵司令部代表胡毓英、实业部代表赵康节、云南公路总局代表钱阶。其中，赵康节1927年至1933年在清华读书的6年中，常向熊庆来请教，有较深的私谊。龙云夫人顾映秋在北平读书时，也曾去清华看过赵康节等云南同乡。

这次赵康节来昆，可能是顾映秋告诉了龙云，说赵康节与熊庆来相熟，有交谊。于是，龙云在对4位周览团成员各有勉励之后，特意对赵康节道："你知道本省只有云大这么一所大学，我一向有心要把这所大学办好。而要把它办好，首先是在校长得人。现在，这所大学的学生闹学潮，原来的校长呈请辞职。想当这所大学校长的人有好几个，我都认为不适合。想来想去，觉得请在清华的熊庆来先生回来担任这个职务，最为恰当。我已托张西林和缪云台两人写信去请。听说你和熊先生很熟，想请你也给熊先生去个信，代为敦促。"赵康节很快就给熊庆来写信专门谈了这件事。

从张邦翰、缪云台、方国瑜、赵康节各位的来信中，熊庆来看到龙云聘请自己回滇任云大校长的决心很大，情意颇为恳切；教育厅长龚自知也深有诚意；众友人又殷切劝返；顾映秋也敦请南归，熊庆来心中难以平静了，"惭幸交集"。但历来为人谦虚谨慎的熊庆来深知此事重大，是否应聘，一时难以作出决定。他请张邦翰向龙云转达辞意，同时开始就此事向相处甚深的学生知友严济慈、吴新谋，以及同事好友李书华、孙洪芬、翁文灏等人征询意见，听取他们的看法。

在前段时间分别委托过几人给熊庆来写信转达邀请之意后，5月下旬，

三、临危受聘　执掌云大

龙云主席正式给熊庆来发出一封敦请他担任云南大学校长的专电。

熊庆来收到龙云主席正式的专电后,心情是复杂矛盾的。他多年来对故乡云南的感情是非常深厚的,希望为故乡做贡献的抱负是强烈的,科学救国、教育救国的理想是坚定的,但此时他还是有些犹豫。也许是深感应聘的责任重大,也许是感到云南的现状比较复杂,也许是出于他谦逊的本性,觉得自己多年来致力学术研究,行政非自己所长,担心有负厚望。所以,虽然因家乡最高当局的殷切诚意和家乡父老对他的期盼而极为感动,内心深处已经生出愿意接受应聘、为家乡教育事业做一番贡献的念头,但他还是未能做出最后决断。他于5月31日给龙云复电,婉谢了龙云主席的敦聘,电文如下:

> 昆明。省府龙主席:责重轻才,惧不胜任,敢请物色贤者,于可能愿从旁尽力。
>
> 　　　　　　　　　　　　　　　熊庆来。世①。

此时的熊庆来,心情确实是有一些纠结的。一天之后,他感到自己回复龙云这通"世电"还不足以表达自己"惭幸交集"复杂矛盾的心情,想再加以较为详细一些的说明,于是,他于6月2日又再给龙云发出一封长电:

> 主席龙公钧座:
>
> 　　走②猥以轻才,渥蒙垂注,欲畀以主持省大之任,由西林先生函告。闻命之下,惭幸交集。窃走受桑梓厚植,义务所不敢辞,但以种种原因,未容拜命,曾请西林先生转陈,乃复蒙钧座托渠

---

① 熊庆来致云南省主席龙云电(1937年5月31日),云南省档案馆:1106-5110/35。"世"字是旧时电报的日期代码,指31日。清政府开通电报之初为节约用字,创造了一种纪日的方法,就是从金代编修的"平水韵"的韵目字中挑选出30个韵目字,分别代表某日。民国以后使用公历添上一个"世"字代表31日。这种情况在本书后文所引用的电报中都会同样出现。转引自熊秉衡、熊秉群《父亲熊庆来》,云南教育出版社,2015年。

② 走:古时自称的谦辞,"下走"之意,相当于"我"。

函劝,并亲电促及。词意殷切,鄙怀愈深感激。然反复考虑,觉省大在此困难情形之下,整顿必须长才。走自顾疏拙,且于省中情形复多隔膜,计难胜任,用敢仍伸辞意,恳钧座另任贤者主持,走如有可效寸能处,愿从旁尽力。由电谨覆,谅邀俯鉴,惧词简不达,用再渎陈,有负钧座期许及父老属望之厚意,罪憾实深。临颖无任惶悚。

  敬颂

勋安!

熊庆来　谨上
廿六年六月二日①

第二天,6月3日,熊庆来便接到龙云复电:

  北平。清华大学熊迪之先生鉴:世电诵悉。省大事此间同人迭经商酌,咸以为非兄莫属,务请乘此暑假返滇,以便面商以后一切进行,是所至祷,并盼先期见示。

龙云。江秘。印。②

龙云的几次来电,让熊庆来深切感受到了龙云办好云南大学的决心和邀请自己的诚意。在云南的挚友们的来信也让他感受到了故乡父老对他的真切期盼。多日来,他一直在思考,怎样才能改变边远地区的落后,改变国家教育、学术发展的不平衡,怎样做才能使云大走出困境。他想到自己身为云南人,作为云南培养的留学生,自己义不容辞。他同李书华、孙洪芬、翁文灏、周炳琳、严济慈、吴新谋等一些知友交换意见,共同探讨。最终,熊庆来逐渐酝酿出了一些想法。他认为:"鉴于当时国家教育学术的发展就地理言甚不平衡,边远省区尤少健全高等学校,倘有可能则将云大

---

① 熊庆来致龙云函(1937年6月2日),云南省档案馆:1106-5-110/38-41。
② 龙云复熊庆来电稿(1937年6月3日),云南省档案馆:1106-5-110/34。

三、临危受聘　执掌云大

经营成一大规模的大学，因之成一西南的学术中心，是一有巨大意义的事。"但他又感到，以云南一省的力量不容易办成这件大事，于是想到了两个办法：第一，谋求改省立大学为国立；第二，争取各基金会的补助。这样，就有助于办成这件"有巨大意义的事"了。

熊庆来的这个设想得到了翁文灏、李书华、周炳琳几位学术界人士的赞同与支持。这几位学术界有关人士都是熊庆来的至交。熊庆来曾担任过中华教育基金会、管理中英庚款董事会等的留学考试委员会及研究成绩审查委员会的委员，负责评阅试卷或审核数学研究成绩工作，所以他清楚基金会运作的有关情况，与这些组织的有关人士也都很熟悉，特别是其中的李书华、孙洪芬、翁文灏等几位，都是他的好友和曾经的同事。

李书华是留学法国的国家理科博士，曾先后担任北京大学教授、物理系主任，中法大学代理校长，北平研究院副院长，中央研究院总干事等职，又兼任中英庚子赔款董事会董事、中法教育基金会委员会中国代表主席，还一度担任过南京国民政府教育部部长。

孙洪芬是东南大学理学院院长，熊庆来在东南大学任算学系主任时，他任理科主任，是熊庆来的上司，早有很深的交往。家中临时出现经济困难时，还曾向他借钱解难。后来，他曾先后担任中华教育文化基金董事会执行秘书、秘书长、干事长、董事等职。

翁文灏是熊庆来的清华同事。熊庆来在清华大学代理理学院院长时，他是地理系教授，曾兼任地理系主任，同时还在国民政府兼任要职。

周炳琳是北大教授，时任北大政法学院院长，在政界、教育界影响力极大。

熊庆来的这些设想不仅得到了他们几位的赞同和支持，严济慈、吴新谋等学生知友也都热情赞同和支持。于是，熊庆来决定按照龙云的提议，利用暑假去昆明，先与龙云面商有关事宜，然后再作最后的决定。他于6月8日复电龙云：

昆明。省政府龙主席：隆意深感，愿归助筹划，下月中可到。另函意见，务恳俯纳。

熊庆来。齐①。

龙云收到熊庆来应允"愿归助筹划"的齐电后，当即复电，望熊庆来早日回滇：

北平。清华大学熊迪之兄鉴：齐电诵悉，甚慰。希即早日启程，何日动身，并希电告。

龙云。佳密。印。

熊庆来在发出"齐电"之后，接着于6月9日给龙云写了一封信：

主席龙公钧鉴：

又蒙赐电，期许益殷。私心怀感，莫可言喻。曾经电覆，想荷鉴察父老迫望如是，走何敢复事踌躇？今决即返滇，一尽寸能。走意校长仍宜由一年高望重者任之，走愿尽力从旁辅助。然一校之大，非一手一足之力所能济事，至望各方面均予以助力，庶众擎易举，使西南有一良好学府之基础。特有陈者，无米之炊巧妇所难。省政府迫望省大发展，于未改国立前须每年指拨经常费国币至少二十五万元（他省同等学校如河南大学重庆大学等经常费皆在三四十万元），方可增加设备，提高教授待遇，使有相当规模。改革之始，尤须酌筹临时费，以为建筑或特殊购置之用。至大学组织上，为易发展计，亦颇有所变更。走拟即草一计划，以商讨。清华考试事尚未结束，又走对于中央研究院及中国数学会

---

① 熊庆来致龙云电（1937年6月7日），云南省档案馆：1106-5-110/37。根据"电报代日韵目"的规定，"7日"为"8日"之误。转引自熊秉衡、熊秉群《父亲熊庆来》，云南教育出版社，2015。

亦均负有责任，未能立即交卸。一俟各事结束，即当由海道返滇，到省须下月中旬。倘大学计划须早定，以便聘人及招生，则走可由航空飞返。忙中草陈，语不尽意。

　　敬颂

勋安！

熊庆来　谨上
廿六年六月九日

2. 桑梓情深

从熊庆来 6 月 9 日给龙云写的这封信中，已经可以看出他是已经初定要返回家乡——"何敢复事跨躇？"他想去为家乡的大学效力，以"一尽寸能"。并且还提出他对办好学校的经费测算——"然一校之大，非一手一足之力所能济事，至望各方面均予以助力，庶众擎易举，使西南有一良好学府之基础。特有陈者，无米之炊巧妇所难。省政府迫望省大发展，于未改国立前须每年指拨经常费国币至少二十五万元（他省同等学校如河南大学重庆大学等经常费皆在三四十万元），方可增加设备，提高教授待遇，使有相当规模。改革之始，尤须酌筹临时费，以为建筑或特殊购置之用。"

他在信中还坦言："至大学组织上，为易发展计，亦颇有所变更。走拟即草一计划，以商讨。"这表明他心中已经有了一个设想。不过生性谦逊的熊庆来表示自己不担任校长，愿意作为助手，"校长仍宜由一年高望重者任之，走愿尽力从旁辅助"。

他信中也明确告知了返滇的时间和路线——"当由海道返滇，到省须下月中旬"，这表明他心中已基本计划妥当。而且他还考虑到另外一种情况：如果家乡方面认为"大学计划须早定，以便聘人及招生"的话，那么，他也可以由航空飞返云南，尽快投入大学工作之中——这也可感受到他报效桑梓的热情。

至于他在信中提到的"拟即草一计划，以商讨"的这个计划，如果他在此前没有较长时间、较为完善的思考的话，是不可能很快草拟出来的。而现在他能够在信中提出此事，这意味着他是在之前就有过这方面的设想的。

事实也的确如此。他早在上一年1936年7月14日写给云南大学何瑶校长的信中便已经谈及他关于大学组织的变更，即院系调整及增加经费等内容。他在信中写道："国难严重，尤不容不力求实效。弟意因地制宜，吾滇应特别发展理工，于地质、采冶尤宜注重，致文法院则就切要者办二三系即可。医科极不易办，若非政府由中央拨给相当之经常费，不必轻于兴办，宜积极将理工科就小范围内尽力改进，使之臻于完善而成为国内第一等之学府，若是则不独培育桑梓人才，外省学子亦必自远而至，影响于国家学术建设乃大。弟与李润章①君谈及云大有意办医科，渠亦其不谓然，故请求补助计划言为医学院建筑设备，不如言为理工设备较有希望（虽中英庚款允许补助六万，但为教似尚不充足）。至祈注意。弟尚有进者，学制宜参考各国者酌定，不必拘于美制；教员宜提高待遇，慎重聘致第一流之能努力者。现国内各著名大学讲师教授薪金多半由二百八十元至四百元，甚至五百元，故以前函所示之标准论，至难物色硕学。若为教授一二年级之课，则聘留学生之庸常者尚不若聘国内毕业生之优秀者为善（可给予教员名义），未识尊意以为然否（省中留日归来之人或亦有可胜任者）？谊属至好，事关桑梓，鄙见所及，敢为坦率言之。"②

这封信是熊庆来在1936年7月14日回复何瑶校长的。此前何瑶为了争取中法教育基金会资助，知道熊庆来与基金会干事李书华私交甚厚，便写信请熊庆来从旁助力。熊庆来在写给何瑶的这封复信中，先详告了有关申请中法教育基金会补助的办法、申请手续、申请书递交时间等注意事项，

---

① "润章"是李书华的字。
② 熊庆来致何瑶信函（1936年7月14日），云南省档案馆：1016-2-179/60。

三、临危受聘　执掌云大

然后接着写了上述这段话。这段话其实已经表达了熊庆来对于云南大学发展的一些想法和高等教育的理念。所以他在此时写给龙云的6月9日这封信中，能够坦言"草拟一计划"。这是建立在他早有设想的基础上的。

熊庆来从旁协助云南大学争取中法教育基金会资助这件事，充分表明熊庆来的桑梓情深和对云南大学的深厚感情。事实上，多年来熊庆来一直关心着家乡云南的发展，关心着云南大学的发展。每当云南大学提出需要他支持和帮助的事，他都尽力支持，提供帮助。

早在1922年东陆大学创办初期，熊庆来对东陆大学的一切进展，随时都在注视着、关心着。并且，一旦需要自己尽力的时候，他便不遗余力地给予支持。

当时，东陆大学以"发扬东亚文化，研究西欧学术，造就专才"为宗旨，所有科系设置、课程内容都是为适应云南政治、经济、文化、教育的需要而安排的。学制上仿照欧美制度，采用学分制，课程上设置必修与选修课。但是，因草创之初，没有成熟的方案与计划，亟须多方借鉴，以博采众长。

于是，校长董泽在向北京大学蔡元培先生发出"求援信"的同时，也向在东南大学担任算学系系主任的熊庆来发出了同样的"求援信"：

迪之先生道席：

前上尺书，不吝赐覆，企仰之忱与日并增矣。窃泽谫陋疏庸，学无端绪，归国以来谬承敝省当轴不相鄙夷，委办东陆大学任职迄今，悉心筹措，幸克大具端倪，定于明春开学。

际此密迩，授课期间一切应修课程务须博采周谘，斟酌厘定，期臻至善。贵校办理完备，模范全邦，用特函请将预科所授各项讲义与夫各种教科，分别开寄，俾资借鉴。价值若干，容后奉还。

先生儒林望重，乐育为心，对于敝校尤甚。不分畛域，随时匡教，免滋折复，是为至祷。遥望江南，无任向往，匆函章恳，

敬候著安，鹄俟
金玉

董　泽　谨启
十一年十二月十三日

熊庆来当即复函，并寄赠了所需要的书和讲义。对东陆大学的这一类要求，熊庆来总是很乐意地尽力办理，而且是当作自己的事来办。本来他于1920年底比预定计划提前2年从法国归国，就是为了投身云南自办大学这项培养高等人才、服务桑梓、报效国家的事业的。只是因为政局变化，云南自办大学一事当时未能付诸实行，他才离开家乡远赴金陵效力于东南大学。但"报效桑梓"这一信念在他头脑中是牢牢扎了根的，每当家乡的学校提出要求，他都"乐为尽力"。

后来何瑶出任省立云南大学校长期间，多次写信给熊庆来，盼为云大争取庚款从旁助力。熊庆来总是尽其所能不遗余力地予以协助，并且坦率地建言献策，正如他在1936年7月14日回复何瑶的信中所言——"云大近为当国重视，发展可期，良足庆幸。嘱及之事，弟自乐为尽力。""谊属至好，事关桑梓，鄙见所及，敢为坦率言之。"

何瑶收到熊庆来的信后，迅速按照熊庆来的建言，写好"请款书"并附云南大学医学院第一期请款计划及云南大学实况报告书及图表，送达中法庚款委员会，"请款书"全文如下：

云南省立云南大学请款书

径启者。查云南地处边陲，种族复杂，山川峻秀，物产繁庶，实为研究自然科学之最好场所。曩因交通梗阻，是以产业未兴，文化落后。民国十二年，滇中人士爰有私立东陆大学之创立。当时为应实际需要，先办文、工两科。十九年改组为省立，扩充为文、工两学院。二十一年，遵照大学法规，扩文学院为文理学院，

三、临危受聘　执掌云大

工学院仍旧，并归并省立师范学院改为教育学院，以符三学院之规制。二十三年，呈奉教育部核准备案，并遵部令改校名为云南省立云南大学，文理学院改为文法学院，教育学院归并之；理工合为理工学院，并添设医学院，先办医学专修科。各学院所设学系皆以适应边地环境及需要分别扩置，培养各种专材，以振兴边地文化而谋根本之建设也。依照呈准之设置计划，逐年推广，则必需之设备与校舍亟待按期补充，以资应用。顾云南素称贫瘠省区，遽筹大量之款，势所难能。上年爰遵蒋委员长之训示，分别计划，向中法、中英各庚款委员会请求补助。关于理工学院之充实，省府已指定地址，拨国币贰拾伍万元，另行建筑理工学院一所，并已请准管理中英庚款委员会先后补助国币玖万元，以壹万元作添置理化仪器药品之用，款已汇到，着手采购；以捌万元作充实探矿冶金设备之用，分两年发给。关于文法学院之充实，如图书馆之建筑，各科图书之添置，业向中美庚款请求补助，俟该会派员到滇视察后，即可决定补助金额。关于医学院之充实，本较其他学院需款为多，且医学院之设置亦较其他学院为不易，但医学人材在云南急待需要。盖云南境内山岳盘结，川泽四布，生物之繁衍，矿产之丰饶以及地质之构造，种族之派别等，非详加实地之研究与考查，则各地蕴蓄之富源莫由开发以资应用，且宝藏所在，素称烟瘴边鄙之乡。人多视为畏途，足跻罕至，如初步从事研究与考查，须先有多数医药人材分配各地，对于各项工作进行方可通畅无阻。是以云南各种建设事业之推进，应以医学人材为先导，此本大学医学院有积极扩充之必要也。现有基础，虽觉薄弱，亦不能不分别缓急，渐次充实，以应亟须也。且本省现设立之医院及卫生实验处，对于医药之研究常与本大学联络进行，而本大学现设之医学专修科明年已届四年修业期满，此后添办本科，对于医药设备更待充实，但需款较巨，一次难以请求补助足数，特分期计划，以谋逐渐充实。兹拟具本大学医学院第一期充实计划，计十七目，请求贵会核准于二十五年度补助国币捌万元，内计医学用品采购费伍万柒仟肆百余元，运费关税约贰万贰仟余元。查大学教育为国家社会建设之基础，内容充实，适应需要，则所造就之人材必愈健全可用。本大学之设立已具相当历史，徒以限于财力，不获尽量扩充，亟赖各方提携赞助，以策进行。敬仰贵会对于边地文化事业优予补助，造福良深，谨依照标准缮具本大学医学院第一期充实计划并连同大学实况报告书及图表，随函送请贵会审核，特予补助，并祈见覆是祷。

此上
中法庚款委员会

云南省立云南大学校长　何　瑶
二十五年八月

熊庆来1936年7月14日回复何瑶的信中谈到他和李书华私交甚厚，李书华对此颇为关切，说补助甚有可能，且愿为云大说话。同时，熊庆来对云大办学方向提出了自己的一些看法。这封信可说是他关心桑梓教育的一片肺腑之言，道出了他对发展高等教育的一些重要理念。

何瑶接信后，接着再航空致函熊庆来：

迪之如兄惠鉴：

顷奉十四日航空手书，藉聆教言。吾兄关怀桑梓教育热忱，不胜感荷之至。本省矿产丰饶，生物繁衍，中外咸知，故本校自改组以来，即遵教部令设置文法、理工及医三学院，而着重理工各系之充实。本年度本省政府已拨定新币五十万元另建完整之理工学院一所，并已指定与本校毗邻之昆华中学校全部及附近房地为理工学院校址，现已设计就绪，不久即可兴工矣。关于设备之充实，业已拟就计划，分别缓急，分期向中英、中美庚款请求补

三、临危受聘　执掌云大

助,第一次请准中英庚款一万元作为添购理化仪器药品之用款,曾经汇到,着手采购。本年度起又得中英庚款补助八万元作为充实采矿冶金设备之用,其他与采冶有关之设备如材料实验、电气实验、水力实验及机械实验等项,则向中华教育基金董事会请款扩置。现该会已来信允派员实地来滇考察后又再决定如何补助,一俟决定时当专函请求吾兄指示一切。

至本校医科,自开办迄今已将近四载,设置确属简陋,然已稍具雏形。况本省地处边陲,向称烟瘴之区,各地蕴藏固多,设无医学人才辅助,则开发颇觉不易。加之本省医药卫生人员就昆明一市而论尚感不足,至若内地县份有医生之处更属寥寥,人民一旦染有疾病,往往求治巫师。人民生命既无保障,又属提倡迷信。上年中央派员来滇考察后,特令卫生署会同本省政府着手筹设医院,而此项医学人才之培养本校实负重大责任。同年本省教育厅龚厅长晋京,教育部王部长又谆谆指示改进医科,其设备及建筑费用嘱向中法庚款请求补助,故所拟扩置计划中理工设备之充实业已请中英、中美两庚款按年赓续补助,而医学设备实专赖中法庚款扩置之。现正拟定请款书,特再奉渎吾兄敬祈婉言将此中情形向润章先生说明,如有未妥之处,即祈早日指示,以便遵办是感。此奉恳,顺候

旅祉!

如弟何　谨上
七月廿一日

何瑶在此信中谈到云南大学已在省政府和庚款的支持下建设完整之理工学院,特别是在充实采矿冶金及其有关设备所作的投入,表明他对理工学院,特别是对采矿冶金专业的重视。他也向熊庆来解释了云南设医学院的重要性,介绍了云大设立医学院的基础。在熊庆来的助力下,此事提上

了中法庚款委员会的议事日程，中法教育基金委员会中国代表团1936年9月2日给云南大学发出"中字第171号"复函，告知"……嘱为补助等情到会，自当于本委员会下次会议时提出讨论，相应先行函覆，即希查照为荷"。

1936年10月18日，在参加法国大使举行的宴会时，熊庆来见到了中法基金会负责者多人，还有中华文化基金方面的负责人孙洪芬等，他再次为资助云大事向几位疏说。次日，他便写信告知何瑶这次趁机疏说的有关情况：

元良吾兄大鉴：

    又久未通音矣。迩来滇中情形何如？北平虽在严重局势之下，居此者率沉静持重，并于往昔，一切照常进行。前示及关于云大医学院情形，弟已为润章兄剖述，彼亦觉既已有基础等，应令其发展。昨日法大使宴客，弟亦在座，遇中法基金会负责者多人，于云大请求补助事弟又趁机与彼等一谈。中华文化基金方面弟亦曾代向孙洪芬先生疏说。迩年国中学术事业发展，向各基金会请款者甚多，分配等甚困难，惟以国势言，西南似可较得统待也。

匆匆草此，顺颂

大安！

弟庆来　顿
二十五年十月十九日

诸知友烦代候及

凡是这一类"事关桑梓"的问题，熊庆来总是放在心上，遇有机会便总是会一如既往地鼎力相助。这封信中他提及关于医学院的事，表明他和李书华都已改变了原来的看法，表示了支持云大发展医学院的意愿。

3. 敬恭桑梓　甘入幽谷

在熊庆来与龙云反复商洽的这段时间中，熊庆来拟离清华赴云大之事不胫而走，在北平的一些云南同乡为此事也很高兴。6月的一个下午，云南旅平学会便假座北平西单的西黔阳饭馆聚餐，欢送熊庆来返滇。

在熊庆来尚未到席，大家闲谈以待的时候，有一个平时爱说笑话的人顺口说道："常言说得好——'秀才落寞，下乡教学'。熊先生这几年正春风得意，何以要下乡教学啊？"这虽是说笑话，但却也流露了少数一些人的想法。

是啊，当时的云南大学与蜚声国内的清华大学相比，真可谓天壤之别。清华大学拥有种种先进设备和优美的校园，丰富的图书，众多的名师……而熊庆来就是这全国第一流的高等学府里的名教授兼系主任，享有令人欣羡的地位，过着舒适优越的生活。可是，熊庆来现在却要毅然放弃清华的这一切，返回边远的家乡，艰辛地接办云南大学——这对一些善于自谋的人来说，未免难以理解。

大家正闲谈着，熊庆来到了。主席把到席的各位介绍给他之后，请他给大家讲话。席间有一位20来岁的云南路南籍青年李埏。他是考送北师大历史系的学生，1935年秋来到北平，久仰熊先生的大名，如今才第一次见到熊先生。席间熊先生说到他决计回云南的考虑给李埏的印象非常深刻，以至几十年后都还记忆犹新。当时，熊庆来说了这样很有分量的一番话：

> 我为什么要离开清华这样好的环境，去那简陋而闭塞的云南大学？
>
> 有位朋友对我说："孟子曰，吾闻出于幽谷而迁于乔木者，未闻下乔木而入于幽谷者。你不遵孟子之教，将来必有后悔。"《孟子》我是读得很熟的。这话我也曾经想过。但我仍决心回去，为什么呢？

因为我深知：云南文化落后，没有一所完善的高等学校。若干有志升学的青年都要想方设法，克服种种困难，经历千辛万苦，到北平、到南京来上学。这只是少数，更多的可期望的有为青年，中学毕业后，因为无法克服困难，便只好辍学回家。云南要发展，需要大量受过高等教育的人才。只靠出来升学的小部分人，即使都能回去，也是很不够的。那怎么办呢？

我认定，只有在云南办好自己的大学，使很多青年易得深造机会，不必舍近求远，才能满足建设的需要。一个青年到北平来，要经过河口、河内、海防、香港、上海、天津。要坐轮船、火车，即使坐统舱、坐硬座，来回至少也得花三四百大洋。每年交纳学费和支付生活费用一般也得花三四百大洋。四年毕业非两千大洋不可，折合滇币就是两万元。这不是一个中产之家所能负担的。假若在昆明上大学，十分之一二的钱就够了，成千上万的青年学子就可以进入大学深造了。但是，要在云南办好一所完善的大学，谈何容易，以前是可望而不可即的。

现在有希望了。从这久的反复商洽中我看到，龙志舟（龙云）先生确实下了决心，龚仲钧（龚自知）先生要我担任校长一职也很有诚意。我提出的一些要求，如把教授的薪金提高到国立大学水准，扩充学校设备等等，他们都应允了。于是我接受职务，决定回去。我是云南人，从事大学教育，敬恭桑梓，唯办学一途。筚路蓝缕，势必要影响自己的研究工作，但能培养出成百成千的后起之秀，这牺牲是值得的。①

熊庆来的话音刚落，满场响起一阵掌声，众人频频颔首微笑。熊庆来这番肺腑之言得到大家的称许，也引起了大家的深思，对李埏尤其产生了

---

① 李埏：《敬恭桑梓　甘入幽谷》，《云南大学报》1992年5月7日第4版。

深远的影响。他抗战开始后在西南联大毕业,考入北京大学研究院。毕业后到大理师范任教,尔后又执教于浙江大学。1943年暑期,他从浙大回滇,熊先生留他在云南大学执教,他毅然从命,一直在云大为桑梓服务。他教书育人,潜心治学,成为一位专长中国古代经济史的历史学家和博士研究生导师。半个世纪之后,身为云大历史系名教授的李埏回忆起在西黔阳饭馆欢送熊先生返滇的往事时,还深情地说道:"那次聆教真令我受用一生啊!"

4. 启程南下　广延人才

1937年6月26日,熊庆来从北平启程南下赴昆明。行前他曾向清华大学请辞,但清华不愿放他走,他只好采取请假的方式离开清华,所以也未带家人同行。不过,此行让他感到高兴的是,有青年教师吴新谋一路同行。吴新谋是他的学生知友,彼时是熊庆来的系务秘书,并在微分方程理论基础方面受业于他。吴新谋此行是考取了中法教育基金委员会首届公费留法学生,要到上海后乘海轮赴法国留学。看到清华算学系又有一位青年教师出国深造,作为系主任的熊庆来心中自然感到很欣慰。

曾在法国留学8年的熊庆来深知"要办好大学,师资是最重要的",在接受了龙云聘请、作出"敬恭桑梓"的决定之后,他马上着手延揽人才以充实云南大学的师资。无论回云南之后是做云大校长还是"从旁辅助",熊庆来此时已经是以云大的一个当家人的身份,开始物色聘请师资了。

他物色聘请的师资中,有的是他自己熟识的,有的是请知友帮推荐的,这几位知友都是德高望重很有水平的,所以熊庆来非常信任他们的推荐。

熊庆来在离开北平之前,在清华校内和北京师范大学聘请了几位青年才俊,然后从北平赴昆明的一路上,又到天津、南京、上海等地的南开大学、东南大学、国立中央大学等大学和一些研究所,延揽了一批专家和留洋归来的学者到云大任教。因为他知道此时的云大师资严重不足。此外,他还经过周密考虑、计划邀请两位热心教育的资深学者一同去昆明,协助云大筹划未来的改革和发展。

熊庆来先是在清华校内聘了吴晗和李长之。

吴晗是一位史学界的青年才俊。尽管此时他年仅28岁，就已是学界公认的"明史学家"了。吴晗的治学方法受胡适的影响很大，1934年的《清华年刊》上登着一张吴晗的学生毕业照，照片下有吴晗自己题的字："大胆的假设，小心的求证，少说些空话，多读些好书——录胡适之先生语。"吴晗治学强调要先打好基础，主张"多读多抄"。他鉴别史料的态度很严谨，积累了一万多张摘抄史料的卡片。1934年吴晗从清华大学毕业后，因成绩优异，留校做教员，主讲"明史"课，月薪100元，比一般的助教高出40元。不久，又升为讲师，月薪125元。在大学开设专门的明史课，是吴晗的首创。他的课很受学生欢迎。教课之余，他还写了《晚明仕宦阶级的生活》《明代之农民》等20多篇论文，在研究明史方面成果显著。

在清华多年的熊庆来对仅有3年教龄的吴晗的情况是了解的，他虽然是数学家，但他的文史功底是相当深厚的，他浏览过吴晗的一些文章和有关资料，然后决定破格以"教授"职称聘他到云南大学，而且给予每月200元大洋的丰厚薪饷。当时清华不愿放人，经熊庆来与清华史学系主任蒋廷黻几经磋商才达成协议，同意让吴晗请假离校来支援云大，不过只能算是借聘，人还是清华的人。

吴晗后来在云大开的课是自己擅长的"明史"课。他讲课条理清晰，充满激情，深得学生的好评。在与学生的接触中，他诚恳热情，不摆架子。他的治学方法让学生茅塞顿开，终身受益，有的学生多年后成了知名历史学家、著名教授。

李长之是冯友兰先生推荐的，被熊庆来聘为云大中文系教员。时年27岁的李长之，才华横溢，1936年毕业，留清华任教仅1年。他在清华读书期间就在文学方面表现非凡。他在1934年秋天，和杨丙辰一道创办了双月刊《文学评论》。这一年他出版了自己的诗集《夜宴》。次年，他应邀开始主编《益世报》的文学副刊，并在该副刊上连载发表了自己写的《鲁迅批判》。同年李长之毕业留校任教，与钱钟书、张荫麟、陈铨一道被誉称为"清华四才子"。李长之在17岁至26岁期间这从事文学评论的初始阶段中，便著文评论了卞之琳、老舍、张资平、茅盾、梁实秋、臧克家等人的作品。

1936年1月，在赵景深的大力支持下，《鲁迅批判》的文稿由北新书局出版。在该书中，李长之本着实事求是的科学态度和求真的目的，以一种独立的批判精神对鲁迅进行了评论。充分肯定和热情赞颂了鲁迅的文学成就，但也绝不虚美饰非。鲁迅亲自看过他的原稿，并订正了其中著作发表的时间，还赠送他一张照片让他刊在封面上。这部不足10万字的书是鲁迅研究史上第一部成系统的专著，出版后在学术界引起了极大的反响，使青年李长之一举成名，也奠定了他在文坛上的批评家的地位。

熊庆来还从北师大聘到了该校理学院院长兼物理系主任文元模教授推荐的两位刚毕业的高才生，一位是物理系的顾建中，时年24岁；一位是数学系的张福华，时年23岁。

文元模院长还着重介绍了顾建中的杰出表现，说他在北师大物理系每年都是名列第一。按北师大的传统，每年都要选一名最优秀的毕业生在全校师生面前作一次示范讲课。1937年当选优秀毕业生代表的就是顾建中，他还作了非常精彩的示范讲课。

熊庆来约了顾建中和张福华到清华亲切面谈。经过一番直接交谈后，熊庆来当即表示决定聘他俩到云大任教。后来顾建中写有一篇回忆文章，谈到这次应聘的情况——

> 1937年6月，我在北师大毕业，正等待就业，忽然接到最敬爱的老师文元模教授的电话：清华大学数学系主任兼理学院院长熊庆来教授，应聘云南大学校长，问我是否愿意随他到云大去当助教。如果愿意，明天约师大数学系刚毕业的云南同学张福华同到清华看望熊先生。
>
> 我们如约前往，熊校长亲切地接待了我们，向我们介绍了昆

明四季如春的气候，云大雄伟幽静的校园和翠湖秀丽的风景，还出示影集。接着问了我们的学习和生活。当他听说我课外喜欢音乐和体育锻炼时，很高兴地说："那我就不再请音乐教师了，你教学生们唱唱，领他们课外锻炼吧！"看来熊校长是喜欢一人多用，精兵简政的。熊校长也谈到了他去云南的抱负，"要把云大办成小清华！"办法是"慎选教师和对学生严格要求"。最后熊校长表示决定聘我和福华到云大任教。①

顾建中到云大任教的半个世纪之后，1990年六七月间，云南省人事厅在安宁温泉举办第一期"有贡献的专业技术人员的疗养进修"，顾建中教授与熊庆来的四子熊秉衡教授恰巧同住一室，两个人得以多次长谈。顾建中给熊秉衡讲了许多老云大的故事，其中又回忆了当年熊校长聘他到云大的一些细节，顾建中说：

> 当时，熊校长说："这事就这么定了，你们就尽快动身吧！"不过，我回去后再一想，还是有点不放心。这只是口头约定，万一到了昆明，熊校长不在，何以为凭？我希望熊校长到昆明后，会寄一张聘书或是一纸书面凭证给我们。但到了7月18号还没有消息，我便发了一个电报给熊校长，询问旅费问题。其实，旅费我还是有的，主要是为取得一个文字上的凭证，只要有了熊校长的回电，这就等于拿到了书面凭据。后来，熊校长给我回了电报，说旅费将汇到上海富滇银行。拿到了电报，我就放下了心，立即动身南下。到了上海，去问富滇银行，款还未汇到。过了几天，便取到了汇款。本来，我和张福华约好经过香港去昆明的，但张福华先走了，联系不上。香港这条路我不熟悉，于是，我还是从

---

① 顾建中：《百年诞辰怀念敬爱的熊校长》，载《熊庆来纪念集》，云南教育出版社，1992。

三、临危受聘　执掌云大

武汉、长沙、贵阳这条路线，9月3号才到了昆明。

去云大当助教，我和张福华都十分乐意。那时候，毕业生想留大学做助教几乎是不可能的。北大、清华、北师大这些学校物理系的助教早已满额，有许多"老助教"，最年轻的助教都十年以上，十五六年的老助教多得很。当时的中学教师工资虽高些，但发展前途不如助教。[①]

顾建中、张福华到云大任教后，发挥了他们多方面的才华，成为学校里的骨干教师，达到了熊庆来"一人多用，精兵简政"的要求。他俩长于自己的专业，又多才多艺，勤奋努力。后来，他俩都在专业上做出贡献，成为云大的著名教授。

离开北平后，熊庆来与吴新谋先到了天津。在天津稍作停留，主要是为了聘请林同济。林同济是留美归来的南开大学的年轻教授，爱惜人才的熊庆来决定聘他到云南大学担任文法学院院长兼政治经济系主任。

林同济1906年出生于福建福州的一个望族世家，此时也不过31岁，就已经有一番令人刮目相看的学术经历。林同济是一位学贯中西的学者，身为前清进士的祖父给予了他很好的童年启蒙教育。在举人出身的做过民国司法官员的父亲影响下，聪颖的林同济打下了深厚古文功底。刚满14周岁时，开明的父亲就把他送入新学堂学习，让他在接受更多传统文化熏陶的同时，也接受西学启蒙。1922年，林同济以优异成绩考入清华学校高等科，饱受中西文化的浸染。1926年清华大学毕业后，他公费赴美留学，进入安阿伯密西根大学学习，主修国际关系与西方文学史，侧重研究社会政治思想。两年后他顺利获得学士学位，随后转入加利福尼亚大学伯克利分校研

[①] 熊秉衡、熊秉群：《父亲熊庆来》，云南教育出版社，2015。《父亲熊庆来》中原注：据1990年顾建中与秉衡谈话录音整理。这年六七月间，云南省人事厅在安宁温泉举办第一期"有贡献的专业技术人员的疗养进修"。秉衡有幸和云大顾建中教授同住一室，得以和他多次长谈。顾建中讲了许多老云大的故事，引起秉衡莫大兴趣，于是秉衡用录音机把他的谈话记录下来。

究院政治系学习两年，取得了政治学硕士学位。接着他继续攻读加利福尼亚大学政治学博士学位，边读博士边担任该校东方学系讲师，并兼任加利福尼亚州奥克兰市米尔斯学院"中国历史与文明"课讲师。这期间，西方思想界掀起的"尼采热"浪潮，给林同济思想上留下了深刻的印记。1934年，年仅28岁的林同济获得了比较政治学博士学位，他的博士论文《日本在东北的扩张》答辩十分成功。1935年，林同济归国任教于天津的南开大学，被聘为政治系教授兼经济研究所导师，同时被聘担任英文刊物《南开社会经济季刊》主编。

青年林同济立志做个思想家，一是因为从小就被祖父灌输了中国传统推崇的"三不朽"中"立言"是最高的、最可久远相传的思想；二是受西方推崇的"思想家是最有为的政治家，因为它控制着人们的灵魂"的观点的深刻影响。

林同济一生对从政当官毫无兴趣，但对国家、对政治却非常关心。他同这一时期的知识分子一样，怀着强烈的爱国主义情感，学成归国，想以学到的知识报效国家。林同济为自己设计的角色是一名独立于政治权威的公众知识分子，认为自己的职责就是以一个学者的身份站出来为大众说话，如有必要时还要向当权者提出批评和建议——这成了他一生的信条。

在天津聘好林同济后，吴新谋陪同熊庆来到了南京。因为熊庆来需要在南京停留几天办理为云南大学物色教师、争取经费等公务，吴新谋便告别熊庆来到上海，去准备出国了。

在南京期间，熊庆来拜访了中英庚款董事会总干事杭立武。熊庆来对杭立武强调了云南的特殊地位以及云南大学的特殊情况，希望得到中英庚款给予特别的支持与资助。杭立武对熊庆来提到，中英庚款将实施一项设置讲座的办法，以帮助一些大学延聘名师。不过要1938年才开始实施。杭立武愿意对熊庆来的请求帮忙作特殊处理，他说："考虑到云南大学在1937年有特别的困难，可以提前办理设置讲座的事。"熊庆来听后非常高兴，感谢杭立武的鼎力支持。为了尽快促成在云大提前设置讲座，熊庆来又即时

三、临危受聘　执掌云大

给老友李书华写了一封信，恳请他"在开会时鼎力疏说"，尽力促成此事。熊庆来还在信中具体提出自己考虑好的拟请开设讲座的师资名单。熊庆来写给李书华的信①全文如下：

润章我兄先生大鉴：

　　云南幅员广阔，地势特殊，气候寒热温兼备，矿产丰富，生物繁多，水力之利所在多有，人种之复杂尤为他处所鲜见，其能提供于学术上之问题甚多，而足为富国之资源至大，且地介英法两大势力之间，国防上亦是重地。云南省政府有鉴于此，急谋整顿云南省立大学，以冀促进文化、开发利源，而固我边围，迭电招来回滇主持。来以桑梓义务，固辞不获，已允回滇帮同滇中贤者筹划。然滇本贫瘠，筹款不易，云大经费不过国币拾余万元，院系范围又复甚广，以此维持，几为无米之炊。承英庚款董事会慨允补助设备费八万元，今后于工作上可增加不少便利。惟滇处边徼，又因于经费，罗致教员至属困难。兹幸英庚款有设置讲座之办法，拟再请求下列各讲座，俾得延致良师，课务得以改进，研究亦可进行。弟晤杭立武先生曾说明此意，渠甚表同情，且谓讲座事本须自二十七年起方可实行，惟云南大学于二十六年度既有特别困难情形，可提前办理云云。务恳我兄在开会时鼎力疏说，俾得多设讲座，并提前自二十六年度起实行。果得通过，则云南大学之蒙惠定非浅鲜也。专此，敬颂

　　大安！

弟熊庆来　敬上
二十六年七月

---

① 熊庆来致李书华函（1937年7月），云南省档案馆：1016－2－187/14－17。

一、冶金讲座一　　　拟聘蒋导江先生
二、采矿工程讲座一　　拟聘王宠佑或张正平先生
三、土木工程讲座一　　拟聘黄育贤先生
四、植物讲座一　　　　拟聘严楚江先生
五、医学讲座一　　　　拟聘秦教中先生

7月初，熊庆来离开南京，来到上海。他做的第一件事，便是打电话约施蛰存到位于八仙桥的青年会晤谈聘用之事。

施蛰存是一位名气不小的作家和古典文学专家，是清华大学中文系主任朱自清教授推荐给熊庆来的。此时施蛰存虽然年仅32岁，但博学多能，兴趣极广，才华横溢，已经是中国文坛上名气不小的作家。他自1929年开始在国内第一次用心理分析方法创作出小说《鸠摩罗什》《将军的头》而一鸣惊人，成为中国现代派小说的奠基人之一、"新感觉派"的主要作家之一，其代表作有《梅雨之夕》《春阳》等。1931年他在中国公学预科兼任教授。次年，他主编大型文学月刊《现代》杂志。引进现代主义思潮，推崇现代意识的文学创作，在当时产生了广泛影响，与上海及北京的著名文化人有着密切联系。此外，施蛰存对古典文学也颇有研究。

与施蛰存一番诚心交谈后，熊庆来正式邀他前往云南大学任教，并约定提供路费200元。施蛰存愉快地接受了熊庆来的聘约，允诺待花点时间安顿好家事后即动身赴云南。

熊庆来在上海还见到了于6月底从云南返沪的赵康节。看着熊庆来对未来满怀信心，为桑梓竭诚效力的奔波，赵康节很受感动。后来，赵康节也于20世纪40年代初回到云南担任云大校长室秘书。

赵康节日后回忆起熊庆来"广延人才"这个举措时感触很深，他说："熊先生很明白要将一所大学办好，首先必须请到一批好教授……在延聘好教授这件事上，他从来就没有满足过，他随时都打听着人才的情况……由此他得以在短期内就聘请到许多国内著名的教授，刷新了云大原有的教师

三、临危受聘　执掌云大

阵容，从而使云大得以跻身于国内著名大学之列。"

熊庆来一路风尘仆仆，在初步完成了平、津、宁、沪等地延聘教师的工作后，从上海搭海轮经香港到了越南的海防、河内，最后乘火车经滇越铁路前往昆明。

熊庆来到云大任职没几天，就又聘到了一位毛遂自荐的青年教师——年仅22岁的彭桓武。他是长春人，天资聪慧，勤奋好学，16岁时仅读了半年高中后，就以同等学力资格考入清华大学物理系，毕业时仅20岁，又考入清华大学研究院，随周培源教授研究相对论。1937年，他去山东泰山气象台一个老同学处养病期间，惊闻七七事变，不能再返回北平了，下一步怎么办？他踌躇了几天后，想起在清华时，曾听说算学系熊庆来系主任被聘任云南大学校长之事，便从山东写了一封求职信给已在昆明的熊校长，表示想到云南大学执教的愿望，并请熊校长回信到上海他二姐家。当他从山东到了上海二姐家时，熊校长的回信已先到了。熊校长在信中对他表示欢迎，还告诉他从上海来昆明的最佳路线。于是彭桓武在上海办理了护照，一路坎坷，乘船到越南海防，再从河口乘滇越铁路的火车，于1937年9月上旬来到昆明。他在一篇文章中记述了初到云大的情况：

> 到了云南大学，理化系主任赵雁来分配我教工学院和理学院的普通物理课。事先熊校长已聘北师大高材毕业生顾建中为助教，赵主任分配他管所有的普通物理实验。我们两人互相帮助，体会熊校长提高教学质量的要求而努力去工作。我仿效清华大学改用萨本栋著的《普通物理学》中文课本，但将习题答疑的课时与讲授课时合并，统一使用，使起点较低的全班进度基本与清华看齐。昆明气温高，学生根本没有见到过水冻成冰，讲液态变为固态，改以锡为例。下学期中英庚款讲座教授赵忠尧来云大，我把理学院小班转让给他教，而医学院那班原来的教师离开云大，由我接着教。我发现医学院那班的进度大大落后，用了二分之一学年，

还没有讲到功课的五分之一。在剩下的二分之一学年里，我要从单摆这节课把普通物理讲完。所以我不得不另辟蹊径。考虑到医学院同学的需要，如血压和 X 射线等，乃以物质的性质和能量的转换作为物理学的主要对象，这样讲力学结束，并把波动、物性、热学、电磁学、光学都讲到。这相当于重编一个医学院适用的物理教材，可惜我没留下底稿。①

这批中青年教师都是熊庆来心目中的"第一流之能努力者""英俊之少壮学者""他日学术上之栋梁"。他们到了云大后，工作敬业，勤奋努力，常常夜以继日地备课、写教案、批改作业、批改实验报告，的确发挥了很大的作用。他们为云大的发展立下了汗马功劳，自己也得到锻炼，得到提高，获得很好的发展。只有李长之因为发表了一篇杂文谈昆明人的优缺点受到误解，在昆明媒体舆论的压力下，悄然离开了昆明。

除了聘请一批优秀中青年教师外，熊庆来还打算邀请两位热心教育的资深学者一同去昆明，协助云大筹划未来的改革和发展。为此，熊庆来于 6 月 23 日致电龙云，请示可行否：

> 昆明。省政府龙主席钧鉴：为省大约有二人，可否即来帮同筹备，恳电示。旅费各三百元。走后日离平赴京，海道返滇。熊庆来。漾。②

龙云接电后，当即同意，明确指示省政府秘书处于次日复电熊庆来，并按熊庆来电文要求，汇寄 600 元旅费。秘书处拟的电文稿如下：

> 事由：据熊庆来电约二人来筹备省大请寄旅费一案电复并分令由。

---

① 彭桓武：《世乱驱人全气节 天殷嘱我重斯文》，载《彭桓武诗文集》，北京大学出版社，2001。
② 熊庆来致龙云电（1937 年 6 月 23 日），云南省档案馆：1106 – 5 – 109/98。

三、临危受聘　执掌云大

北平。清华大学熊迪之教授庆来先生鉴：漾电悉。如电汇六百元，已饬由财政厅汇寄，收后请转交并电复。

龙云。秘回。印。①

熊庆来打算邀请的两位热心教育的资深学者第一位就是何鲁。

何鲁是四川广安人，是一位杰出的数学家，也是一位优秀的教育家，是熊庆来的至交。两人在留学法国时认识，尽管两人性格上有很多不相同之处，但相处甚好，有不少共同的爱好，都喜爱诗词书画。

何鲁比熊庆来小一岁，但学历却高熊庆来一个年级，也早熊庆来一年回国。回国后他进入南京高师任教。1921年，东南大学创立，何鲁担任东南大学算学系（今数学系）教授兼系主任。不到一年，他又转到了法国人在上海租界内办的中法通商惠工学校，便推荐熊庆来到东南大学接替他担任算学系教授兼系主任。何鲁的才华很高，人颇聪明，性格豪放开朗，虽是数学家，却很擅长诗词书法，曾开讲座授古典诗词，被学生视为"风流名士"。

何鲁各方面的能力都很强，熊庆来受聘主持云大后，就想到请何鲁前来鼎力相助。得到龙云的支持后，熊庆来马上致函邀约何鲁。1937年8月，何鲁应邀来到云大，任教务长兼理学院院长。

何鲁是最早一批来到云大的教授之一。云大校园东端新建的校长住宅落成后，何鲁与熊庆来两人同住在校长住宅二楼。熊庆来住西屋，何鲁住东屋。中间客厅也是饭厅，他俩吃饭也在一起，由工友送饭到住宅。

熊庆来刚到云大任校长，头绪繁多，能得到何鲁的辅佐，心里很高兴。何鲁在云大的一年间，为筹备国立云大出谋划策，主持云大教务处以及理学院数学系，为学校的发展做了大量的工作。何鲁也是国立云南大学筹备委员会委员，为云大改省立为国立出了不少力。

---

① 云南省政府秘书处电文稿（1937年6月24日），云南省档案馆：1106-5-109/96。

何鲁于 1938 年 10 月间回重庆探亲，后因病滞留重庆。他原计划是要返回云大的，但却被重庆大学留聘。熊庆来殷切盼望他归来，在他滞留重庆期间，还将每月薪金都汇寄给他。熊庆来曾发电报催促过他，望他如病愈后速回云大，在 1938 年 12 月 12 日发给他的电报中称："请速来，校中问题多待帮忙。"

何鲁后来还是留在重庆为家乡四川效力了，熊庆来完全理解，这也是作为四川人的何鲁同样在"敬恭桑梓"矣。何鲁受聘于重庆大学后，被教育部选为部聘教授。

1937 年时，昆明还是西南边疆的一座边陲小城。虽然是云南省的省会，但城市不大，还有从明朝延续下来的周长约 4300 米的城墙围着。昆明市的人口也不多，仅有近 10 万人，几乎没有外省人出现。从 1937 年的 8 月开始，短短几个月间，昆明的街头，便相继出现了 20 来位外省来的文化人，有穿长衫的，有着西装的，其中好多位都还戴着眼镜。这些斯斯文文的读书人，是抗战爆发后第一批到达昆明的外省人，他们都是应云南大学新任校长熊庆来之聘，前来云南大学执教的。经过一番舟车劳顿之后，他们先后来到了昆明。8 月份到云大的有何鲁、吴晗、范秉哲、李枢、赵雁来、严楚江、李季伟、张福华、施蛰存、李长之；9 月到云大的有林同济、朱驭欧、程璟、顾建中、彭桓武、杨春洲、冯素陶；10 月到云大的有张正平、王赣愚；11 月到云大的有赵忠尧、王志符；12 月到云大的有王士魁、顾宜孙、蒋导江。

熊庆来为云南大学在 1937 年间聘来的这 20 多位教师，住进了学校的临时教师宿舍——王九龄旧居，一座与云大正门斜对着的大四合院。这是学校临时租了专供自省外聘来的教师们暂住的。吴晗就与施蛰存和被聘为数学系教授的王士魁先生，合住楼下有 3 个小间相连的 1 个大房间，只有一道门，吴晗住最里间，出进都会穿越施、王两位的卧室。

这是熊庆来把"慎选师资"作为改进学校的首要条件而迈出的第一步。为提高云大水平，他带来了这支 20 多人的强有力的师资队伍。人才济济，云大的兴旺景象由此开始了!

5. 重归故里　"约法三章"

熊庆来是7月15日到昆明的,他经滇越铁路抵达昆明火车南站。张邦翰、龚自知、方国瑜等友人都到火车站迎接。

看着位于塘子巷的火车南站的法式建筑,看着塘子巷附近那些破旧的民房,熊庆来明白自己阔别多年的昆明仍没有多少变化。车站依旧,民房依旧,昆明的民众依旧穷困,昆明的街道依旧狭窄。

当天,熊庆来应张邦翰之邀下榻于他在东寺街的公馆。云南的新闻界对熊庆来回滇服务是颇热情、颇欢迎的,为了满足省内各界人士尤其是教、科、商界人士们想了解熊庆来任云大校长的有关设想的心愿,当天晚饭后,《云南日报》记者便到张厅长公馆登门拜访熊庆来。记者的印象是:身着一套白色西服的熊庆来,"年约四十许,精神旺健,谈话沉着"。

记者首先向熊庆来表示敬意:"熊教授为国际知名学者,此次惠然返里,为桑梓服务,本省政府暨教、商、学术界,均极表欣幸。"

"谢谢。你所说实不敢当。本人离乡多年,愧无建树,只是桑梓情切,加之各方友好均认为应把省大建为西南一所健全的学府,故心中实感义不容辞。不过因阔别家乡多年,对很多情况不甚了解,还寄希望于各界人士的协助指导。"熊庆来谦虚地说道。

"听说省府将以省大校长责任借重先生,不知对于今后省大的改进,熊先生有何计划?"记者问。

熊庆来给记者扼要谈了自己对云南省大改为国立之事及云南省大所担负的使命的看法,表述了自己对高等教育之意见。记者采访的消息第二天便见诸报端,内称:

> 熊氏谦逊,谓本人年来致力学术研究,行政非所长,长校恐无以慰厚望,惟愿以全力辅助进行,以促其发展。次乃谈及省大

改进事宜，谓年来龙公主席及龚厅长，致力于省大之改进，各方极为重视，今又提议改为国立，已经中政会通过，实现有期。个人意见，宜就现状加以整理，树立基础，以期促起各方注意，俾改为国立，能早日实现。以国家力量，促其发展，不惟本省地方建设之幸，抑足以巩固国防之精神基础。

熊氏次述其对高等教育之意见，谓我国高等教育，向系设于北方及京沪一带，殊失教育均衡发展之意。今志公主席提议省大改国立，国内舆论一致赞同。除省大已决定短期内改国立外，黔省亦有设置国立大学之议，开各地高等教育均衡发展之风，殊为庆幸。国内各大学，科系纷繁，人才不敷分配，于是品流复杂，粗制滥造，殊非国家设学育才之意。个人意见，各大学或专门学校，宜就其学校历史及环境需要，将学科集中，设置讲座提高地位，聘请专家教授，负责领导，以期造就专门人才。云南省大所负使命，为培养中学师资，造就地方实际建设人才，并就本省天然物产，加以研究（如采矿、冶金、植物学等），以期蔚为西南学术重心。现教部及中英庚款，均有补助；加以省政当局，热心倡导，前途发展可期。本人过京时，会与中英庚款董事会，聘请专家教授，在省大设置若干讲座，二十六年内，可望实现。又本省教学工具，殊感缺乏，今后于图书之搜集，亦不可忽视。至于个人任务，俟与龙主席、龚厅长会晤后，方能决定云。

稍事休息一天后，7月17日，龙云在五华山省政府办公大楼会见熊庆来。

这是熊庆来第一次见到龙云。原以为龙云行伍出身，文化不高。可是现在看来，龙云谈吐文雅，一点儿不粗俗，对振兴云南颇有一番雄心壮志，请自己出任云大校长之诚意十分恳切，熊庆来对未来要从事的事业增强了信心。

三、临危受聘　执掌云大

龙云与熊庆来交谈后，感到熊庆来是一个谦逊朴实、学识渊博的学者，同时又是一个爱家乡、有使命感、愿报效桑梓的诚恳笃实的云南人，对如何办好大学有高瞻远瞩的眼光。他带着热忱来为桑梓服务，他的理想也许太高，但是他会全心全力地去工作，他比自己预料中的更是一种科学家型的理想主义者。

在交谈中，熊庆来对如何整顿、发展云大坦诚地提出自己的看法和一些主要的考虑。龙云不时插话表示赞同，龙云也谈了自己对改进云大的一些考虑。两人谈得很投缘，气氛很融洽。至于云大改省立为国立之事，两人的意见早在前些天用函、电沟通时就已明确表达过相同的见解。熊庆来知悉龙云业已着手进行，并获中央政治会议通过，已交行政院核办，但目前尚未落实。两人都认为需继续抓紧促办，力争尽早实现。在这次交谈中，熊庆来对龙云郑重地提出了三点要求：（1）大学校务省政府不加干涉；（2）校内用人、行政全权由校长处理；（3）学生不得凭"条子"入学，一律经过严格考试录取。这就是后人所传言的"约法三章"。

此外，熊庆来还当面重申了他在6月9日致龙云信中所提出的"于未改国立前须每年指拨经常费国币至少二十五万元"的要求。

熊庆来的所有这些要求以及他对发展云大的意见，龙云都欣然同意。熊庆来十分满意，坚定了办好云大的信心，当即表示愿意接受校长任职。

熊庆来觉得，龙云并非纯是一个军人，他有一定见解，有眼光，也能注意倾听对方的意见，也有办好云南高等教育的决心。他能如此爽快地接受自己提出的三点要求，是很难得的。

后来，熊庆来在一篇自传稿中写道："云南省政府有办好云大的诚意，遂在省主席龙云接受我提出的发展大学意见下，并在他对于校内用人行政由我全权处理、省政府不加干预的表示下，就了云大校长的职。"

这"约法三章"和龙云的承诺虽然都是当时口头所说的，并未写成书面的协议，更没有正式签字的仪式，但日后的事实充分表明：熊庆来所说到的，龙云所答应的，双方都一一做到了。这真可谓"君子之交"，"君子一言，驷马难追"矣！

龙云有了熊庆来同意就任云大校长的当面明确表态后，仅过了两天就迅速召开省政府会议做出议决。7月20日，云南省政府举行第515次会议，议决关于省立云南大学事项，共四条：

（1）何瑶校长辞职照准；

（2）任命熊庆来为校长；

（3）自8月1日起，省立云南大学直接隶属省府；

（4）任命何瑶为云南全省经济委员会专门委员。

这是云南省政府的议决。熊庆来任云大校长的正式任命是5个月后由国民政府行政院第341次会议任命的：

> 中央社重庆十四日电：十二月十四日行政院第三四一次会议，主席孔副院长，议决案共二十余起，兹摘录如次：
> ……
> （四）任命熊庆来为省立云南大学校长。
> ……

四、励精图治

1. 新学期　新气象

1937年9月16日，熊庆来任云大校长后的第一个学期——民国二十六年度上学期的开学典礼隆重举行。

省政府主席龙云委派教育厅长龚自知代表自己出席并致训词。出席典礼的有省府各机关长官、各界名流：省府委员周钟岳、省府高等顾问袁嘉穀、省财政厅长陆崇仁、省建设厅长张邦翰、特派员王禹枚等数十人。

全校师生殷切盼望的新学期的开学典礼开始了，行礼如仪后，即由熊庆来校长作报告。熊庆来首先把中外大学作简要回顾对比，中肯地分析国外大学具有三方面的优点：一、基本课程精当切实；二、研究设备完善，教师指导有方；三、对于学术本身有重要贡献。然后他联系我国情况和云南的优势，强调"我们不能妄自菲薄"。接着，他提出了云大今后在师资、设备、学术研究方面的三项努力目标。最后，他向新聘请来的教授、同事"特别提出致谢"。

熊庆来的报告全文如下：

> 中国大学近年已渐渐进入轨道，就学校制度说，近数年已由若干实验中形成比较独立而合于国情的制度；就学科说，编制已渐渐的合理化，教本已渐渐的有精心之作；就研究工作说，近来列于科学方面的工作，已渐渐引起国外学者的注意，但是我们国内的大学，要寻找一个能够和法之巴黎、英之剑桥、德之格廷根媲美的尚不可得。不是我们的校舍不如他们的宏伟，人数不如他们众多，乃是内容不如、精神不如。自己以为他们的优点有三方面：一、基本课程精当切实，社会需要的高等技术人才可由是产

生；二、研究设备完善，教师指导有方，有志后进，在良好环境良好指导下，得熏陶锻炼，成为学术上之支柱；三、对于学术本身有重要贡献，于学校之精神上加无上之价值。盖大学不仅是一培养人才之机关，而同时是一学术之源泉。巴黎大学名教授亚贝尔氏说："大学如无思想上之贡献，其所传必枯燥而寡味。"所以现当代著名的大学，都不外在此三方面有很大的努力。我国果有多数大学能在这三方面做到相当程度，对于社会国家，便可供给实用的人才，可供给学术上的工作者，可解决学术上的新问题，那么国家可臻于富强，国际地位因之提高。

云南虽处边陲，但就物产、气候、国防各方面来说，都很重要。我们不能妄自菲薄。云大自唐公创立，迄今已十二年，经政府之重视及许多热心桑梓教育的学人惨淡经营，已立有良好的基础。现在主席锐意求治，于云大的发展，期望至殷。社会人士也直接间接加以赞助，我们不能不努力。尤其在这国难严重的时候，北方京沪有名的学府，已受摧残或威胁，我们尤不得不就下述三方面，力求迈进：

一、教授方面，请有学问湛深、经验宏富者数人以为领导，俾学生得善诱之益；

二、设备力求充实，又滇中及邻省英俊之少壮学者，尽力罗致襄教，使一方面服务，一方面作研究，以成良好学人一为他日学术上之栋梁；

三、教授之著作及研究结果，设法发表，以增加学校精神。

此外，更于其他学术机关联络，以发展特别研究事业。而求趋向上述三个目标，欲达到理想之地步，自不能一跃而企。但仰赖主席之领导，政府诸公之扶助，三迤父老之策励，同事的努力合作，循着这轨道推进，可蒸蒸日上。

最后，自己应当说明的，此次所约的同事，省内省外都是精

四、励精图治

神上之结合，都是来为西南文化努力，特别有几位同情于兄弟所说的主张，牺牲其他的机会而来帮忙的。兄弟所以敢担负这个重大的责任，乃仗着他们的助力。于此，应当提出特别致谢。①

熊庆来校长在报告中联系国外著名大学三方面的优点，阐明了他办云南大学"力求迈进"的三项基本方针。他的报告获得了阵阵掌声。在座的教职员工和学生都深感振奋，备受鼓舞。

省政府主席龙云的训词恳切，由主持人宣读："吾滇地处后方，学生得安然求学，此诚不可轻易放过之机会，务须痛念国家文化前途之危殆，与本省筹建大学之艰难，专心求学力图深造，以备将来救国之需。须知目前救国大计，首在抗战；抗战终结，端赖建设；而建设事业，千头万绪，均为大学教育以造其端。诸生日以救国为口号，则今日忠实接受大学教育实为救国之唯一途径，盖就诸生之地位而言，非努力求学，不足以达救国之目的也。诸生其勉之。"

然后是省府委员周钟岳讲话。他希望学生"自动研究，从事学术工作，方不负政府培植，校长努力之至意……处今日国事紧张之秋，诸君尚得安心向学，甚望加倍努力，以济时艰"。

教育厅长龚自知强调了本次典礼的特别意义："本来开学一年两度，殊为平常之事，但今日大学开学，具有新的基础，新的发展，其意义非常重大，不同往次。就改进之动向言之，为滇省政府之重视。"

新学期开始了。

熊庆来由于长期在清华大学任系主任，又曾代理理学院院长，对清华情况十分了解，清华大学就成为他改进云大、办好云大的蓝本。一方面他在清华时，受校长梅贻琦主张"通才"教育的影响；另一方面他在法国留学多年，又受法国注重专门学科领域的广泛基础训练的影响。因此，他现

---

① 熊庆来：《开学典礼上的讲话》，《云南日报》1937年9月17日第7版。

在一再强调云大要培养的学生是基础广泛厚实的某一学科领域的普通专门人才。熊庆来这一办学宗旨也是符合政府提出的"大学教育应为研究高深学术，培养能治学治事治人创业之通才与专才之教育"的宗旨的。

当熊庆来将要翻开云南大学历史上这新的一章的时候，他接手的云南大学的状况是一个什么样的呢？

云大的院系设置几经变动，到1937年熊庆来到职时，共有文法、理工2个学院，法律、中国文学、政治经济、土木工程、矿冶、数理、教育等7个系，以及1个专修科（医学）。共有11位专任教授和28位兼任教授，8名讲师、3名助教和1名实习指导员。在39位教授中有本省籍29人，8名讲师中有本省籍5人。在校学生302人。

现在，在省立云大原来较为薄弱的基础上，熊庆来开始了他对云南大学的革新和推进。他明确地提出了改进的5条办法：1. 慎选师资、提高学校地位；2. 严格考试，提高学生素质；3. 整饬校纪；4. 充实设备；5. 培养研究风气。熊庆来的目标，是要"把云大办成小清华"。

熊庆来对云大的改进工作一项一项踏踏实实地开始了。

第一项是慎选师资，提高学校地位。

要办好一所大学，主要靠什么？熊庆来有一个极清醒的看法——"靠教授，靠好教授！"他明确地这样说过："学校成绩之良窳，过半由教授负责。"这个观点与清华大学校长梅贻琦的观点——"一个大学之所以为大学，全在于有没有好教授"，"所谓大学者，非谓有大楼之谓也，有大师之谓也"，完全一致。

熊庆来的目标，是要"把云大办成小清华"。他认为，要办好大学：首先要有一支学术水平高、教学经验丰富的优秀师资队伍，才能保证学校教育质量，有利于提高学校的学术地位，也有利于学生的培养，"俾学生得善诱之誉"。因而他把"慎选师资"作为改进学校、办好大学的首要措施。熊庆来认为，"学校成绩之良窳，过半由教授负责"。他特别强调优秀教师对保证学校教育质量的重要性，把"慎选师资"作为改进学校的"重中之重"。

四、励精图治

熊庆来采取各种方式，聘请知名教授、专家，注意学术名气和学术地位，从云南大学教学需要出发，不拘一格用人。这个特点与云大当时面临的环境、自身的条件有关。这样做的好处是让云大教学水平与其他国立大学差距不大，对学生开阔视野、及时接触世界文化科学技术新成果有积极作用；毕业后在谋职就业中也有一定的竞争能力。

熊庆来聘任教师，还注意从云南地方的条件和需要考虑。他深知云南有色金属矿产资源丰富，植物繁茂，动物衍生，且又民族众多，历史复杂，文化落后，所以他首先侧重聘请长于数理、文史方面基础学科的教授和采矿、冶金、动物、植物、社会人类学及教育学方面的专家学者到云大任教；同时还从云南医疗卫生、农林落后，需要发展的实际出发，注意聘请医学、农林方面的专家，为筹办医学院、农学院创造条件。

除尽力多聘名教授外，对一些在教学、科研方面确有突出成绩或为知名学者、教授推荐的青年专家，他也往往破格提高学衔聘用。对一些有这样、那样缺点的教授，只要他们学术地位高、名气大，他也一样以高待遇聘用。所以学术教育界称赞他"有蔡元培兼收并容的风度"。

在聘请教师的原则方面，熊庆来除执行教育部颁发的《大学独立学院教员资格审查暂行规程施行细则》精神外，还主持制定了一个《云南大学聘任教职员服务暂行规程》，内容共12条。其要点为：1. 每年聘任一次（教职员均同）；2. 聘书每年度第二学期考试结束前发出；3. 接聘后两周内报到；4. 开学两周内不到、不假者即解聘（教职员均同）；5. 教职员均以专任为原则，若在外兼课须得校长同意并以不妨碍本校工作为原则；6. 副教授、教授每周授课以9到12小时为率，如兼各处长可酌减；7. 助教应受院长、系主任及指导教师之督导，并按院系规定之时间签到；8. 副教授、教授任教满7年得以进修1年，工资照发；9. 专任薪金按12月计（应聘1次），兼任计时；10. 教职员有履行校务会议、教授会议、教务会议、训导会议等议决案之义务；11. 学年结束前还清图书、公物；12. 聘约未满，受聘者不得无故离去，必须经辞聘同意后始可。

至于教师职称的评给，基本上是按照教育部颁发的《大学独立学院教员资格审查暂行规程施行细则》精神执行，严格要求教师，但校长根据具体情况也可作一些变通。

　　熊庆来在师资问题上是格外慎重、分外用心的。应聘到云大来施展才华的教师越来越多了。除了1937年8月至12月间到校的何鲁、吴晗、范秉哲等24位外，1938年1月聘到学校的有闻在宥；2月到校者有萧遽、楚图南；3月到校者有王政；4月到校者有陈省身、赵诏熊；6月到校者有顾颉刚；7月到校者有朱熙人；8月到校者有朱德祥；9月到校者有田渠；10月到校者有崔之兰、汪发缵、吕叔湘、杨桂宫；11月到校者有吴文藻、费孝通、华罗庚、熊秉信等。

　　在院系设置方面，熊庆来既重视学校已奠定的历史基础，又重视云南地方的条件和需要。他接任后，首先将文法学院的中国文学系改为文史学系，政治、教育、法律依旧；将理工学院分为理学院、工学院，在理学院内除原设数学系、理化系外，增办植物系；工学院仍设土木工程、采矿冶金两系；医学专修科继续维持，添办医学院。熊庆来努力使院系设置达到教育部规定的国立大学的标准，为云大由省立改国立做充分的准备。

　　到1937年岁末，云大已有教授26人、副教授1人、讲师36人、助教12人，共计75人（未包括附中及先修班的教师数）。至1938年底，云大已具有相当强势的教师阵容，其中有教授44人、副教授11人、讲师44人、助教31人，共计130人（未包括附中及先修班的教师数）。其中有学问湛深、经验宏富的教授，如数学家何鲁、经济学家萧遽、植物形态学家严楚江、结构工程专家顾宜孙、采矿工程专家张正平、冶金工程专家蒋导江、物理学家赵忠尧、社会学家吴文藻、文学家闻在宥、历史学家顾颉刚、医学博士范秉哲、化学家赵雁来、动物学家崔之兰、植物学家汪发缵等；有初露锋芒的海归学者，如林同济、朱驭欧、费孝通、王赣愚、王士魁、赵诏熊、吕叔湘、杨春洲、田渠、朱熙人等；有出类拔萃的少壮英才，如吴晗、彭桓武、楚图南、施蛰存、李长之等；有才华出众的青年助教，如顾建中、张福华、朱德祥、熊秉信、杨桂宫、王志符等；还有西南联大到云大兼任课程的学者，如数学家陈省身、华罗庚，国学家罗庸、牟宗三等。

熊庆来对于教师本人专业的考核非常认真，对职称的评定抓得很紧。如对1937年聘来的北师大毕业生顾建中，在他已经指导了3年的物理实验，还教了先修班两次物理课（且很受学生欢迎）之后，才给他送了专任讲师的聘书。留学法国10年归来的王士魁，第一年也只是先给了讲师名义。庄圻泰在清华就跟熊庆来当研究生、助教多年，后又留法4年得法国国家博士学位归来，很有成就。到云大后，熊庆来也只给他聘为副教授。每一次这类事情之后，熊庆来总是笑着对他本人和其他同人说："做出成绩再提升吧。"

可是如果工作效果不佳，那下学年的聘书就不会发了。如一位教物理的副教授，虽然留学多年归来，学得不错，但教书很不受学生欢迎，下一年就没有接到聘书，只好离去。对不甚了解的人要求来云大任教，熊庆来态度慎重，或亲自登门拜访，或主动约见，多次交谈，有所了解，认为合适之后，方肯聘用。

在聘任问题上，熊庆来始终坚持"重质不重量""讲求效率"的原则，加之受编制经费等限制，聘任时一般都很注意真才实学和能力。当然也有极少数人是通过政治关系、人事关系进校的，但他们也要在勤恳工作中表现出确有一定的学术水平、工作能力和经验，才能立足于云大。

熊庆来在聘任教师方面善于用人，也信任人。他给予各学院院长和系主任在很多问题上的自决权，尊重他们的决定。只要拿得出成绩，把系搞得好，把学院搞得好的，他总是放手让你干。

他也善于关心教师生活，一贯平易近人，没有校长的架子。逢年过节，他常把单身教员请到家中吃饭。平常教师有事来找，遇上吃饭时间，他总是挽留他们在家里一块吃饭。"我吃朋友的饭是在熊校长家吃得最多，与朋友握手也是与熊校长握得最多。"当年的附中校长杨春洲这样说。"我在熊校长家吃饭吃得最多；从乡下进城里时，都是就住熊校长家。"当年的青年助教朱德祥也这样说。

朱德祥是清华算学系 1938 年毕业生。熊庆来 1937 年返滇后，朱德祥随步行团从长沙徒步进到昆明，读了一年的西南联大。毕业后，被熊庆来聘到云大任助教。熊庆来把他当作自家人关心，更当作自家人严格要求。

朱德祥刚到云大领第一个月的薪金时，熊庆来对他说："助教起薪为 80 元。你是自家人，少给了 10 元。不，是少给 8 元；50 元基本工资实发，超过 50 元的部分一律 8 折；打仗了，国家困难，你会体谅我的。"这是熊庆来第一次称朱德祥为"自家人"。

当年敌机轰炸昆明，云大附中迁到 150 公里外的路南县（今石林县），由于特殊需要，熊庆来派朱德祥去教数学，说明 2 个半月即返校，实际上教了 1 年零 2 个月才回到昆明。朱德祥向熊校长反映：出去之前有 1 间宿舍，现在结了婚，要 1 间宿舍。熊庆来对他说："你在昆华农校可以借住，就暂住着。你是自家人……"这是第二次称朱德祥"自家人"。

由于空袭增多，云大要疏散到会泽。朱德祥请求让他爱人能从纺织厂转到云大，工资多少不计，"否则我在外县，她在昆明，我心难安"。可是，熊庆来仍然没有同意，第三次让朱德祥做"自家人"。

熊庆来这样对作为"自家人"的教师严格要求，有些人都觉得似乎有些过分了。但朱德祥毫无怨言，宁肯自己做出些自我牺牲，也要替熊校长分忧。因为他知道熊校长一贯都是严于律己、亲做表率的。

半个世纪之后，朱德祥在一篇怀念熊校长的文章中如此深情地写道：

> 每做一次"自家人"，就越尊敬我敬爱的老师！他自己并未迁离昆明，他同意我跟农校迁往 30 里外的沙朗。后来，实际上云大未迁会泽，迁到四营，并且云大在昆明还有农科和医科的算学课，要我兼任。这样，我在农校每周上 24 节课，在云大上 7 节课，这是 1940 年至 1941 年的事。
>
> 每周来回各两次，每次步行平路 15 里，山路 15 里。回昆明没

四、励精图治

有住处，熊校长叫我住在他家里，这一次没有提"自家人"。

校长住房楼下3间会议室，连通不作他用。楼上3间，校长、师母带两个小孩住1间，1间吃饭用，1间是师弟秉明住处，我与他同住。此外还有一位姓王的教授从家里来昆明上课时也住在这一间。夜间一觉醒来时已过了午夜，总听到隔两层壁的磨墨声。校长清晨7点督工，午夜还在办公。我做了熊庆来先生的"自家人"，几十年来感慨万千！①

熊庆来对云大的改进工作的第二项是"严格要求学生，提高学生素质"。

他一贯认为，严格要求是使学生成为有用人才的必经之路。他多次强调说："要努力把云大办成小清华，最重要的有两条：一条是慎选师资，一条是严格要求学生。"

熊庆来在清华时，受到校长梅贻琦主张"通才"教育的影响；他在法国留学时，又受到法国注重专门学科领域的广泛基础训练的影响。因此，他一再强调云大要培养的学生是基础广泛厚实的某一学科领域的普通专门人才。熊庆来这一办学宗旨也是符合当时国民政府提出的"大学教育应为研究高深学术，培养能治学治事治人创业之通才与专才之教育"的宗旨的。

为了实现这样的目标，为了使云大毕业生"其造就不在一般国立大学生之下"，熊庆来厘定学则，严格加以施行；整顿学风，整饬校纪；严格考试制度，严惩考试作弊行为，实行淘汰制。他注重学生的平时成绩，规定平时成绩占总成绩的三分之二，学期考试成绩仅占总成绩的三分之一。通过这些措施，提高学生素质和教学质量。

严格考试包括两个环节：

---

① 朱德祥：《熊庆来先生的"自家人"》，载《熊庆来纪念集》，云南教育出版社，1992，第71~72页。

1. 入学考试严格，提高入学新生的水平。

西南联大迁到昆明后，熊庆来采取与西南联大联合出题、联合招生的办法，规定最低录取分数线。录取时，考虑到云南中学生的实际水平，云大录取线比联大低 10～15 分，与联大新生入学水平的差距不大。

2. 严格各学期考试及毕业考试，严惩考试作弊者。

处分办法包括扣分、警告、记过，直至开除。熊庆来用这种办法提高学生素质，增加淘汰率。在记分等级上采用清华、南开等校的 6 级记分制。学期总学分 2/3 不及格除名；一学年内总学分有 1/3 不及格留级，有 1/2 不及格除名。毕业考试由部派人员与校方推荐人员组成的毕业生考试委员会组织进行，所考科目由考试委员会决定。

在对学生严格要求的同时，熊庆来还努力采取措施，增加学生人数，以扩大学校规模。熊庆来上任时，云大学生数为 302 人，熊庆来到任的当年底，学生数就翻了 1 倍多，为 680 人。

随着熊庆来对云大的改进工作一项一项地进行，云大出现了一派新气象。

新学期开始后，熊庆来注重发挥教授作用，建立高效机制。在云大行政管理体制上，也像清华大学那样，采取由校长领导下的教授治校的管理体制，成立了校务会、教务会、教授会；设教务处、训导处、总务处和会计室、统计室、人事室；扩大建制为文法学院、理学院、工学院、医学院、农学院等 5 个学院。校长直接领导这三会、三处、三室、五院。

在三会中："校务会议的主席是校长。校务会议的职权是审议学校中有关人事、财务经费、建筑等重大事项。下设各种常设委员会如经费稽核委员会、聘任委员会、招生委员会、训育委员会、毕业生审查委员会、出版委员会、建筑委员会及其他委员会。校务会议对学校重大问题有立法、审议、议决权。对各常设委员会的委员、主席有任免权，对常设委员会的立法有审议、决议权。审议若发生争议时，校长有最后决定权。校务会议参加者为 3 大处长、各院院长、会计室主任、各系主任及教授会代表（一般

四、励精图治

是5人）和与审议事项有关的委员会主席。由于院长、处长、系主任及各委员会委员都是教授，所以，实际上形成了校长控制下的教授治校机制。

教务会由教务长和各院长、系主任、教授会代表组成，主要研究教学工作，由教务长主持，在教学问题及与教学有关的重要问题上有立法、审议、议决权。

教授会由正副教授组成，设有常务委员3~11人，由教授们推选，但校长为当然委员和主席。教授会一般只是咨议机构（顾问、参谋）。校务会议与教务会议都要邀请教授会派出代表参加。教授会对校务会议、教务会议中与教授们有关的重大问题也有议决权。"

可是，云大毕竟不如清华的历史长，实行教授治校的历史更是远不如清华的历史长，经验也还不足。熊庆来差不多到了事必躬亲的地步，他把全部精力都用在了校务上。

熊庆来在云大倡导建立高效率的办事机制。学校只有1个校长，没有副校长。职员也不多，行政机构也不多。各院设院长1人，各系设系主任1人，各院、系都没有专职职员。

熊庆来非常注意提高工作效率，在他的亲身表率带动和严格要求下，整个学校行政机构的工作效率都很高。教务处下设注册、出版二组。全校的有关招生、注册、学生的成绩档案、毕业事宜、教室安排、排课计划等教务方面的事务，都由注册组负责。注册组职员只有几个人，可是每学期开学前都把全校这么多院、系的几百门课，在当时数量极有限的教室中安排得井井有条，从未出现教室冲突、课程冲突、教师碰头的情况。

学校已着手添建楼房一栋，并扩建科学馆。每天清晨7点不到，熊庆来就出现在校园里，先参加升旗仪式，看同学早操，再到建筑工地巡视。"熊校长早！""校长早！"早锻炼的师生们跟他打着招呼，向他问早。只要他不出差时，就几乎天天如此。

他关心着学生的锻炼情况，希望学生都有一个好身体。他担心着建盖校舍的进度，缺不缺料，材料有没有浪费，进度如何。他白天其他事情多，每周还兼数学系的 9 节课，没时间查看工地。但就这么每天清早走一走，转一转，他心中对相关情况就随时掌握得清清楚楚了。

在校园里转了一大圈后，他才折回家吃早点，然后又很快到办公室去。每天都有一大堆事情等着他。

熊庆来在北平从北师大聘定的青年教师顾建中，经过长途跋涉，1937年9月到了昆明。晚上9点钟一到，他便打电话到云南大学，没想到，熊校长这时还在办公室工作。"真难得啊！这个时候了，熊校长还在工作！"顾建中心里很感动。

"你马上就到学校来，叫辆人力车，让他拉你到学校，我在办公室等你！好吗？"熊庆来在电话中亲切地对顾建中说。

熊庆来见到他，非常高兴："一路上辛苦了！"

顾建中简单地向熊校长讲了一些路上的艰辛，又说："不要紧的，我们年轻人，吃点苦不算什么。"

"今天你累了，早一点休息吧。"熊庆来关心地说。

顾建中还是单身，这次来，没带什么生活用具。第二天上午，来了一位事务主任，问他："顾先生，您需要什么生活用具，请告诉我，我们帮您办。"

顾建中心想自己对昆明也不熟悉，临时出去打听地方买东西也困难，就说了自己需要的东西："被子、垫单、蚊帐……"事务主任都一一在小本子上记着。

当天晚上，一个工友就把顾建中需要的全套生活用具送来了，其中还有几样小用品是他自己都没想到的，他心里顿时感到热乎乎的。一个单身教师，刚走出校门到社会工作，就得到熊校长和学校职工这样无微不至的细心关怀，内心的感动是难以言说的。

"这些东西一共要多少钱？"顾建中问。

"10多块钱。"工友说。

顾建中忙着要掏钱给工友。

"不忙，不忙，顾先生。等到月底从工资里扣除就是了。"工友很客气地说，"顾先生您休息吧，不打扰了。"事情处理得很有人情味，工作效率又是那么高！

到了月底领工资的时候，从顾建中的工资里扣了10元钱。

这件事不大。可是，顾建中却从这件小事上看到了很多不小的东西。"这里是个可以安身立业的地方！我一定要好好干！"——这个感觉在他心底强烈涌起。

"从此，我下决心只在云大工作。这种心情现在很少有人能理解！"半个世纪之后，一直在云大服务了50年已成为云大知名教授和云南省劳动模范的顾建中，还深情地对后辈学人这样说道。

2. 心系抗日

熊庆来接任云南大学校长之后，抗战形势越来越严峻了。

1937年10月，当卢汉将军率滇军赴前线作战的消息传来，熊庆来代表云南大学师生员工发去电报向卢汉将军热情致敬：

> 永衡（卢汉字）军长勋鉴：顷悉荣膺简命，出总师干，统六诏之健儿，作全民之抗战，望旌旗以千里，气秉霜威，竟壁垒而一新，声随雷威。凤稔运筹在握，定卜胜算独操。碧鸡金马，重扬护靖之光；赤县神州，同拜将军之赐。翘企鸿仪，莫名燕喜。特伸贺悃，顺颂勋绥！

抗战初期，国内知识界有一种观点，认为当此非常时期，"宜全民武装，以谋抗战"，再无暇顾及教育、学术的发展。熊庆来认为这种观点过于偏激，他认为即使在大敌当前、国难当头的非常时期，知识分子也应坚守自己的岗位，以发展教育、发展科学、发展学术的行动来拯救自己的国家。这个观点既是基于他一贯的"科学救国""教育救国"的思想，更是结合国家的实际情况和外国的经验教训的深入思考。他撰写了题为《抗战中后方对于学术建设之责任》的文章，表达了他具有远见卓识的重要观点，提出了此时"共图延续我国学术之生命，而树立我民族复兴之基础"应采取的主要措施。此文于1937年12月5日发表在《云南日报》头版：

> 吾国今日对日之抗战，为全面的，为革命的，已为定论。因其为全面的，故无论前方后方，皆有其无可旁贷之责任。因其为革命的，是宜认定目标放大，以求国家战后之出路。吾以为前方之危险与痛苦固至多，然责任不外牺牲；后方虽较得安全，然牺牲仍不可避免，而牺牲之外，尚有更重要之责任，建设即其一也。盖前方遭受敌人破坏与摧毁者，应于后方即谋补救，他日国家之宜开发与振兴者，亦应于后方早奠基础。故抗日之下，建设仍不可忽视，而学术建设尤要也。患煎迫之时，危机存亡何暇他顾，应宜全民武装，以谋抗战，凡中等以上学校，校舍皆改为兵营，学生均宜训作战士，即属教员，亦应投笔从戎，以卫国土，所论故是悲壮，然稍加思考，究觉所见过偏，而言之过激。

> 盖学术乃国家精神所系，倘此重要元素一旦受敌摧毁消灭，则国家地位必受影响。欧洲大战时，比法大学在炮弹轰击之下，仍弦歌不辍者，即口是之故。暴日之甘冒不韪，而对吾学术机关摧毁不遗余力者，亦即以吾国学术近年有长足进步，增大国家之存在力量也。再者，今日之战争，科学之战争也，吾国为民族生存，为国际申正义，而出于抗战之途，所谓"师直为壮"，士气远过敌军，然以科学落后之故，新式武器未能自给，致以血肉与敌之利器相周旋，而遭受惨痛之牺牲，亦可慨。为今之计，是不可不积极从事科学建设，以图挽救。倘抗战持久，则亡羊补牢，容或稍有补益。即于目前无济，而早树基础，他日与我民族，亦可得收速效。法比于大战后，未及十年即已恢复其繁荣者，虽为工业发达之故，亦未始非其于学术有健全之根基也。吾国自平津失

四、励精图治

陷，历史悠久之北京大学与设备完实之清华大学，皆受倭奴铁蹄之蹂躏。惨淡经营、成绩斐然之南开大学，则竟成灰烬。收藏宏富之北平图书馆、成绩已著之北平研究院，亦均以日人之干涉而停顿。欲不为其劫掠破坏，或不可能。迩者敌焰愈炽，京沪学术机关，亦感不安。已上轨道之学术工作，多因之中辍，已有国际地位之学术刊物，亦大都停版。吾国之整个学术生命，至是已濒于危殆。倘比较安全之后方不谋挽救，必待战争终局，方图恢复，则基础既毁，建设需时，吾国学术之发展，必后退十年乃至二十年，而一切建设，亦必蒙其影响。予意川滇黔桂，远处后方，较得安全，于此责任，不能不起而负担。滇乃贫省，感觉困难，然龙主席高瞻远瞩，已计及此，且筹溱不遗余力，甚财力蔽厚之邻省，亦加注意，共图延续我国学术之生命，而树立我民族复兴之基础。管见所及，觉今日后方所可为且应为者，计有数端，谨举述如下：

一、建立健全之学府。各种专门人才战时既不可少，战后从事建设尤属需要。而百年树人，培育绝不可视作缓图。原西南现有大学，言组织，言设备，无一校可称完善，是宜积极充实，使臻健全。庶将来人才辈出，战后需要得以适应。凡将来改造社会，开发资源，便利交通，振兴工农商业等，莫不有赖专才也。

二、创设研究与调查机关。吾国已有研究及调查机关，如中央研究院、北平研究院、北平地质调查所等，或因战事关间，或被敌人破坏，工作无法进行。后方应亟谋成立相当机关，或新谋创设或助原有机关迁移后方，均无不可。研究或调查工作，于有关国防与生产者尤须侧重，如弹道学、军事化学、工业化学、采矿冶金等是。科学研究之收获自极难，然果肯致力，未必不能为无所得。欧战时若干之发明，均战前所未料及也。

三、设立完善之图书馆。北平自国都南迁后，有识之士，力求保其文化中心之特殊地位，一切讲学便利，皆已有之。吾国规模最大之图书馆，即建于是。而清华大学图书馆之收藏，尤其是科学书之收藏，其丰富亦在国中首屈一指，今不幸已皆非我有。北平图书馆所藏《四库全书》及其他善本难得之书，损失尤属可惜。回顾西南，则尚乏良好组织之大图书馆。有志于研究工作之士，每以缺乏图书为叹。是应及早设法建设一二大规模图书馆，搜罗旧书，购置新书，速成一丰富之收藏，以保我文化上之元气，而予学人以探研之便利。

四、刊行有国际性之杂志。近代学术上之新收获，殆皆停刊，最著者如《数学会学报》《物理学会学报》《地质学会会志》《生物学会学报》《清华大学理科报告》《南开大学社会历史学报》是也。今欲维持吾国之国际学术地位，必须集合多数学者力量，继续于后方刊行一二有相当标准之期刊。且借此文化上之媒介不断与其他文明国接触，必因之而得其对吾国之同情，于国交上间接之裨益，亦非浅显也。

五、设立良好印刷所与仪器制造厂。印刷之良窳足表现其地文化程度之优劣。西南印刷业仅具雏形，欲精印科学书籍杂志，想尤困难。而系务私人经营事业者，即求改善，恐非易事。是宜由官立印刷所扩充改良，以负此传播文化之责任。致科学仪器，为教学与研究之重要工具。近年吾国能自行制造者不少，如中央研究院、商务图书馆之出品是即研究上之精密仪器。间亦不复仰赖外国，如清华大学、燕京大学自制之仪器是。今以战事故，工作皆为停顿，曾经不少困难而训练成熟之工匠，亦多失业，此亦学术上之一损失。是宜于后方设立专厂，招致此辈良好工匠从事制造，如此则战时之教育，仍可有良好设备，而不致作纸上空谈也。

以上诸端，皆今日科学建设切要之事，不独后方（当）局应

四、励精图治

加重视,即社会人士,亦应认为事是其责任之一,而群力图之也。①

七七事变标志着全面抗战爆发。日寇的铁蹄践踏着中国的大片土地,日寇武器精良,日益猖狂,遭到了我国人民的奋起抵抗。中国军队在正面战场上英勇奋战,然因军力武器悬殊,战绩不甚如意。"淞沪之战"以中国军队伤亡惨重的代价,粉碎了日寇"三个月灭亡中国"的狂妄野心,争取了时间,从上海等地迁出大批厂矿机器及战略物资,为坚持长期抗战起了重大作用。但上海仍然沦陷了,国民政府宣告不得不迁都重庆。1937年12月13日,南京陷于敌手,惨遭屠城之灾,倭寇气焰狂妄嚣张,于1937年12月17日举行"南京入城式"。

这是南京沦陷后的第四天,同日,蒋介石代表国民政府发布《告全国国民书》,前半部分内容如下:

> 此次抗战,开始迄今,我前线将士伤亡总数已达三十万以上,人民生命财产之损失,更不可以数计,牺牲之重,实为中国有史以来抵御外侮所罕见。中正身为统帅,使国家人民蒙此巨大牺牲,责任所在,无可旁贷;中心痛苦,实十百倍于已死之将士与民众,一息尚在,唯有捐糜顶踵,以期贯彻抗战到底之主旨,求得国家民族最后之胜利,以报党国,以慰同胞。敌人侵略中国,本有两途,一曰鲸吞,一曰蚕食,今者逞其暴力陷我南京,继此必益张凶焰,遂行其整个征服中国之野心,对于中国为鲸吞,而非蚕食,已由事实证明。就中国本身论之,则所畏不在鲸吞,而在蚕食,诚以鲸吞之祸,显而易见,蚕食之祸,缓而难察。敌苟持慢性之蚕食政策,浸润侵蚀以亡我于不知不觉之间,则难保不存因循苟且之心,懈其敌忾同仇之义,驯至被其次第宰割而后已;今则大

---

① 熊庆来:《抗战中后方对于学术建设之责任》,《云南日报》1937年12月5日,"星期论文"。

祸当前，不容反顾，故为抗战全局策最后之胜利，今日形势，毋宁谓于我为有利。且中国持久抗战，其最后决胜之中心，不但不在南京，抑且不在各大都市，而实寄于全国之乡村与广大强固之民心；我全国同胞诚能晓然于敌人鲸吞无可幸免，父告其子，兄勉其弟，人人敌忾，步步设防，则四千万方里国土以内到处皆可造成有形无形之坚强壁垒，以制敌之死命。故我全国同胞，在今日形势之下，不能徒顾虑一时之胜负，而当彻底认识抗战到底之意义与坚决抱定最后胜利之信心。

《告全国国民书》后半部分阐释了三点要义：一、此次抗战，为国民革命过程中必经之途径，中国欲外求独立，内求生存，解放全民族之束缚，完成新国家之建设，终不能不经此艰难奋斗之一役。二、既明革命过程中之中国当以抗战到底为本务，到目前形势无论如何转变，唯有向前迈进，万无中途屈服之理。三、日本侵略中国实为其侵略世界之开始。中国自抗战之初，揭橥二义，为民族生存与独立而战，同时即为国际和平正义而战。

全国国民对政府的抗战国策都表示拥护，知识分子充满爱国热情。12月28日，熊庆来和云大全体教职员联名致电蒋介石，拥护抗战国策，表示共赴国难、"竭智尽忠，勉负在后方所应负之责任"的决心，电文如下：

蒋委员长钧鉴：

窃吾国自全面抗战以来，虽遭遇之痛苦甚深，而在内促成全民精诚之团结，在外取得国际舆论之赞助，并予暴日以重大之打击，此种精神上之胜利，实为吾国家民族复兴之基础。钧座铣日告全国国民书，揭示主义，炳若日星，凡属国民，无不感奋。本大学同人，誓（努）[竭]诚拥护此最高国策，在钧座领导之下，竭智尽忠，勉负在后方所应负之责任。谨电拥护，伏惟鉴察。

云南省立云南大学校长熊庆来暨教职员何鲁、程璟、郑崇贤、朱驭欧、张正平、严楚江、杨克嵘、罗仲甫、赵雁来、林同济、

四、励精图治

吴晗、吴大璋、李季伟、马季唐、彭桓武、施蛰存、李长之等一百零五人同叩感印

1937年12月23日（农历十一月二十一日），云南大学的国学教授、清末"经济特科状元"袁嘉榖先生病逝。他是怀着对日寇侵华的一腔忧愤离开人世的，享年66岁。

袁嘉榖先生是云南近代文化史上的一位杰出人物，是"大魁天下"的"经济特科一等一名"。他结束了云南历次科举考试中无人夺冠的辛酸历史，让云南在科举史册上留下了辉煌的一页。他从云南大学初创时就开始在云大执教，并且不领薪水。多年来辛勤教学，育才树人，为云南培育了数百名有志向、有造诣、有才学的乡土人才。这批人才学成之后在云南各地，乃至全国其他地方为国家服务。

袁嘉榖先生逝世前的几天，他的病情很严重了，已经卧床不起。但他在病榻之上，仍念念不忘国事，尤为痛恨日寇的侵略行径和残酷暴行。一日，他让家人搀扶着坐起，靠在床背上，让家人拿来笔墨纸砚和垫板，就在病榻上起草《责倭寇》一文。可是，他的身体实在是太虚弱了，未写几行，便大汗淋漓。家人一再劝他躺下休息，可他稍事休息后，又挣扎着写下几行。后来，实在感到难以支持，袁嘉榖才歇下笔来。第二天，他又勉强支撑着继续写了几行，可是，他还是无力坚持把这篇檄文写完，只得再搁下笔来。

不想，这次搁下的笔，袁嘉榖就再也无法重新提起来了。《责倭寇》这篇声讨日本法西斯的檄文终未完稿。袁嘉榖的病情越来越重，"中西药不进，但颔首而已"。几天之后，怀着一腔忧愤不幸辞世。袁嘉榖先生是怀着爱国之志、忧国之心而辞世的，三迤各界人士和云大师生对他的逝世都心怀无尽的哀思。

12月27日，云南大学举行纪念会。全校600多名师生怀着悲痛的心情，集合在袁嘉榖先生生前多次在这里讲过课的至公堂里，悼念"状元教

授"袁嘉穀先生。纪念会开始，全体肃立，为袁嘉穀先生默哀3分钟。接着，熊庆来校长沉痛地报告了袁嘉穀逝世的经过，称赞袁嘉穀先生在云南大学任教多年，乐育后进，厥功非浅。然后，特意出席本次纪念周活动的云南省教育厅厅长龚自知作了关于抗战问题的演讲。此时，云南大学的师生都在心中联想到袁嘉穀先生可贵的爱国情怀，敬佩之情油然而生。大家对袁嘉穀先生因忧国成疾而遽归道山深感哀痛。

1938年1月25日，系袁嘉穀展奠之期，云南省各团体及袁嘉穀的亲属、友人、学生等，纷纷前往致祭，"素车白马，至为肃穆"。省政府龙云主席亦特于当天下午5时亲临祭奠，以表哀忱。

熊庆来校长率云南大学教职员及全体学生怀着悲痛之情，哀献上《祭袁屏山先生文》，精练地表述了袁嘉穀一生的简要经历和学术成就、教育业绩，沉痛表达了"先生之忧，后死之责"的抗战使命感：

> 维中华民国二十七年一月二十五日，云南大学校长暨全体教职员学生等，谨以庶羞清酒、时花山果之奠，致祭于故教授袁公树圃之灵。曰：呜呼！
>
> 佛说涅槃，庄言齐物。成住坏空，自然法则。人孰无亡，所贵不朽。德言事功，金石同寿。煌煌袁公，倏焉已萎。酹酒陈辞，愧难尽美。龙湖之秀，英山之灵。世家名德，是生达人。童年入泮，弱冠攀蟾。课王入阵，每试必先。春官既捷，领袖特科。彭刘佳话，珥笔金坡。东游日记，书楼随笔。浙水错轩，政通民谧。凡兹所陈，胥关知慧。先生之才，一时无对。
>
> 滇诗丛录，树圃丛书。卧雪有集，移山有鎒。芷庵稿本，孝琚碑台。郑翁古墓，袁滋摩崖。爨氏世家，滇南大事。阐幽发潜，考人考地。胸罗四部，目下十行。等身著述，触手芬芳。合古今义，成一家言。先生之学，博大精纯。自应校聘，僻逸逾纪。砥砺同人，陶熔弟子。大叩小叩，应时能鸣。析疑解惑，随口息争。

兴到谈艺，须髯戟张。课余请益，批答必详诗选三编，厥名东陆。集腋成裘，琳琅馥郁。山颓木坏，火尽薪传。先生之教，泽被全滇。胡尘蔽日，大寇滔天。兵连河汉，民困烽烟。伊川被发，齿切同仇。杜陵哭野，病乃弗疗。家祭放翁，渡河宗泽。先生之忧，后死之责。讲堂几席，公所常亲。校园花径，公所常行。会泽之馆，至公之堂。魂其来些，鉴此馨香。哀哉，尚飨。

1938年3月23日—4月8日，中国军队在台儿庄击溃日军第五、第十两个精锐师团的主力，沉重打击了日军的嚣张气焰。《新华日报》1938年4月7日、8日报道：歼敌万余人，击毁坦克车30余辆、缴获大炮70余门、战车40余辆、装甲车70余辆、汽车100余辆，是抗战爆发后中国正面战场取得的首次重大胜利，中国士气大增。

台儿庄大捷振奋了全民族的抗战精神，坚定了国人抗战胜利的信念。这个大好消息传到昆明，全省上下，人心大振，特别为在台儿庄战役中滇军六十军的英勇表现而倍感骄傲！

滇军六十军浴血奋战，死守禹王山，全军伤亡过半，粉碎了敌寇渡过运河威胁徐州的企图，使矶谷师团遭受重大损失，立下卓著战功。蒋介石、孙连仲曾多次致电卢汉，对滇军为国家英勇作战表示嘉奖。

云南人民为滇军六十军的英勇作战、不惧牺牲的精神而深深感动，云大师生们更是满怀爱国热情，很努力地教与学。此时，云大因政府拨款有限，办学费用捉襟见肘。熊庆来接任后，省府给云大的年经费增为25万国币。尽管比前一年有所增加，但对于要办好这么一所将要改为国立的大学，仍然是很不够的。熊庆来向中英庚款董事会争取到的补助讲座费5席共5万元，只能用于作为聘请省外专家教授来校讲学费。正常的年经费除添购图书设备外，还添置校产。这一年就收购了北门外的农田，加上征地，共约200亩；还买下校西园地一区，民房数十间。此外，在校内添建楼房一栋，并扩建科学馆。

为了学校的发展，熊庆来想方设法，厉行节约，勤俭办学，甚至想到降低自己的薪水，并带动教职员特别是云南籍的教职员也都打折降薪，支持学校在战争困境中发展。

"学校的经费实在太紧了，我们云南籍的教职员薪金，按照全国薪金标准打7折，行吗？"熊庆来把自己心里酝酿了一些时间的打算摊开来，坦率地征求同人们的意见。他相信，大多数教职员工都会像自己一样，热爱家乡，热爱国家，在此国难当头之际，为了国家的教育事业，克服一己困难，接受这个提议的。

很多教师和职员从大局出发，都支持熊庆来，表示可以接受。

"好！就这样办。我们从下月起，就7折领薪。只是让各位受累了。实在过意不去。"熊庆来诚恳地说。

"不要紧的，熊校长。您不也跟我们一样在减薪吗？您还减得比我们多呢！"

熊庆来的薪金战前是800元法币，7折之后，仅有560元。可是，紧接着，国民党行政院因抗战爆发，实行对全国政府机关工作人员及学校教职员工一律减薪：除保留50元基本生活费外，其余工资一律按战前7折发给。这样一来，熊庆来的560元又7折。如此2次7折，1937年10月起，熊庆来的薪金就只领400元，但他没有一点怨言。

其他云南籍的教职员也与校长一道，同甘共苦，薪金2次7折，共同承担战争给民族带来的苦难。外省籍教师薪金1次7折，对生活也带来影响，但大家都从国家大局出发，接受了减薪，努力克服自家的困难。

身为一校之长，熊庆来工作很繁忙，但只要是有关抗战的重要活动，他总是全力支持，并热情参加。

1938年4月23日，由云南大学、国民党云南省党部及抗敌后援会三机关发起，云南省各界举行反侵略宣传大会，有各机关、团体、学校代表2000余人参加。熊庆来被推举为主席并作报告，然后是云大教授林同济、何德鹤等作演讲。熊庆来在报告中说：

四、励精图治

　　1936年，国际上许多爱好和平的人士组织了一个世界和平运动大会，亦即反侵略大会，于是年9月在布鲁塞尔召开了第一次大会，通过了四个主要议案：(1) 遵守条约；(2) 缩军；(3) 巩固国联，加强对侵略之反抗及谋集体的安全；(4) 在国联机构内设立一永久委员会，以改善国际形势，消弭足以引起战争的因素。卢沟桥事变发生，日本对中国发动了不宣而战的大战，侵占我领土，杀戮我人民，其残暴为人类历史以来所未有，引起世界人士的愤慨。同时我战士抗战之英勇，人民团结同仇敌忾。于是国际反侵略运动大会又于今年（1938年）2月11日在伦敦开会，以表示援助中国以抵抗日本。为响应此种反侵略运动，全国各地纷纷举行反侵略运动宣传周。本省由云南大学、国民党云南省党部及抗敌后援会三机关发起，及40多个机关团体参加，共同决定以本月23日为反侵略宣传日，宣传办法是召开演讲会，散发传单和张贴标语，组织宣传队赴街头及四乡宣传，将宣传品译为英、法文字对国际宣传，由各县市同时开展宣传活动。

熊庆来作完报告后，云大教授林同济、何德鹤等作了演讲，参加者群情激昂。大会结束后，各中等以上学校学生分别编为16个宣传队分赴街头宣传。当日晚间，云大伍纯武教授又作了广播宣传。

熊庆来在平时的家庭生活中，也做出表率，用身教、言教培养孩子们的爱国意识和不忘国恨的感情。他的孩子们多年后对当年的很多事都仍记忆犹新：

　　1938年7月7日，卢沟桥事变一周年的清晨，父亲在云大校长寓所吃早餐时，见厨师端来的米线内有肉，当即通知厨房应改做素食，并要秉明二哥去武成路义兴巷通知家中也做素食。这天上午，我们在武成路义兴巷家中举行了一个家庭的纪念会，参加者有外婆、母亲、二孃、三姐、秉明二哥、秉慧姐、秉衡、秉群，还有保姆。秉慧姐担任主席,她一本正经地作了"演说"。讲完后,她便带领大家高呼口号:"打倒日本帝国主义!""中华民国万岁!"……

这天午餐,父亲破例回家吃饭。饭后,他带全家到献金台献金。献金台设在华山南路与正义路交接处的国民党云南省党部门口,是一个用木柱、木板搭建的临时台子。台上摆放着铺着白色桌布的长桌,坐着几位胸佩红色缎带的工作人员。旁边摆放着一个红色的献金箱。省党部两侧的墙上贴着许多号召抗日的救国标语,其中让人印象最深的是"大敌当前,有钱出钱!有力出力!"的大幅标语。台前围满了人群。只听得台上一位女工作人员清脆响亮的声音响起,压过了人们的嘈杂声。她手持大喇叭筒高声宣告:"某某先生捐献××元!""某某女士捐献××元!"……接着台下的群众响起热烈的掌声。献金台旁的布告牌上,公布着龙主席××元、某某厅长××元等捐献数字。上台捐献者络绎不绝,有人当场脱下金戒指,有人解下项链,有人褪下手镯……一幕幕动人情景,让人难忘。父母亲捐了多少已记不清了,只记得我们孩子们也走上献金台献金。母亲把钱塞在我们手里,让我们自己走上台去,把钱投进献金箱,也博得了许多掌声。

后来报纸上报道:第一位上台捐献者是一位马姓挑夫,他朴实的讲话感动了在场所有的人。还有白药店老板曲焕章捐献给六十军全体官兵每人一瓶白药,罗家油房大老板捐献给六十军将士每人一套衣服,大道生布庄老板捐献给六十军官兵每人一床被套……

这类的捐献活动以后还有很多。有一次,母亲捐献了她的一枚金戒指,家中还保存着一张以"云南全省各界抗敌后援会"名义写给她的收据。

父母亲还买了许多国民政府的抗战救国公债,这些债券还没

四、励精图治

有裁开成小张。每大张都含有几十张五元的小张债券。听母亲说,这些债券在抗战胜利后会兑还的。不过,后来一直没听说可以兑还的事。几次搬家后,这许多债券也都散失了。

那时,秉慧姐和秉衡都还小,然而他们幼小的心灵已经在接受着战争的洗礼。

……

父亲、秉信大哥、秉明二哥常带一些感人肺腑的抗日新闻回家。如晋元团长率领八百壮士孤军奋守四行仓库;女童子军杨惠敏冒死泅渡到四行仓库送国旗;空军沈崇海的战机被敌击中后,俯冲撞向敌舰,与敌舰同归于尽;空军阎海文的战机被敌人击落跳伞后落入敌阵,拔枪击毙围敌多人后,用最后一粒子弹壮烈殉国……一桩桩,一件件,可歌可泣,感天动地。他们是民族的英雄、民族的忠烈。尽管秉慧姐、秉衡那时还小,他们听后都感动不已。①

熊庆来在此期间还撰写了一篇题为《后方文化事业与抗战建国》的文章,于1938年7月7日发表在《云南日报》,全文如下:

最近十年中,经朝野人士之努力,我国新文化已有长足进步,特别是在南京、上海、北平三处,蔚为文化中心,学术机关林立,人才济济,可谓一时之盛。自去年七月七日卢沟桥事变以还,北平、上海、南京相继沦陷,机关迁徙,人才流离,刊物停版,使吾国方兴之文化,顿受严重之打击,有识者莫不引以为痛。不宁唯是,江湖城镇陷于敌后,敌人作有计划之劫夺,善本书籍,百无一存,此其损失,不可计数,各学校仪器图书之丧失,犹不在焉。吾国遭暴日如是之蹂躏,文化生命,已濒危殆,不[为]之

---

① 熊秉衡、熊秉群:《父亲熊庆来》,云南教育出版社,2015。

救拔护惜，前途安可设想。今幸各重要大学与研究机关，均已迁移后方，中央与地方政府，均力谋以便利，俾得于最短期间，恢复其工作。研究人才，亦渐得生活上之安定，而可致力于工作。同时后方大学，亦得政府之重视而加以扩充，或提高其地位，唯治学工具如图书、如仪器甚感缺乏，且因经费不足，一时不能充实，是应冀政府予以提携，社会加以补助，庶从事研究者，得进行其计划，又如于成都、昆明、贵阳、重庆等处应以相当力量重刊吾国善本书籍，以谋保存一部分国粹，若是国家文化于后方得厚植其基。其利厥有数端：一、可进行与军事有关之研究，以求有补于抗战。二、培养专才以开发资源振兴生产事业。三、西人重视奋斗精神、学术上之奋斗亦犹战场上之奋斗也，否若能恢复各种学术刊物，以贡献于国际，必可博其同情。四、战事告终，失地恢复，有此文化根据地则整个文化之复兴自易。由是言之，后方文化基础之树立，于抗战建国，实有绝大影响，不容忽视也。且科学发明，往往关系之大有为吾人所不能想象者。昔一八七零年普法之役，法人受创至深。巴斯德氏亲历其役，潜心研究，遂发明微菌之理，其致国富，可以一人之力抵偿赔款，其造福人群，尤为世所艳称，可谓伟矣。所愿吾国学者，亦发奋为雄，以其研究所得，以厚国力，以增人类幸福，则七月七日，将为人类永久纪念之日，岂特抗战建国纪念而已哉？

熊庆来将"学术上之奋斗"视为"战场上之奋斗"的这个观点是有长远眼光和重要意义的。他认为一旦"战事告终，失地恢复，有此文化根据地则整个文化之复兴自易"，因此"后方文化基础之树立，于抗战建国，实有绝大影响，不容忽视"。他联想到巴斯德在普法战争中的研究成果"以一人之力抵偿赔款"并"造福人群"。熊庆来深愿我国学者"亦发奋为雄，以其研究所得，以厚国力，以增人类幸福"。

四、励精图治

1938年暑假中,昆明的大学、中学都开展了军事训练。熊庆来特意对接受军训的学生发表了讲话,表示对他们的殷切希望。《云南日报》报道了熊庆来此番发表的讲话中的一段:

> 今见受训诸君精神焕发,足征各位教官从事教育之热忱,殊觉令人感佩。军事训练,乃现代青年不可缺少之项目,世界各国皆有之,其意义甚为重大,余兹就其小者言之,吾滇民性,优点固属甚多,而缺点亦复不少,其最显著者有二:一为行动迟缓而不紧张,斯其结果,即浪费时间;二为行动随便,不守纪律,例如行路每多不分左右,而军事训练即可补救上述两点。甚盼诸君离队后,永远保持着在队时行动敏捷之精神,俾提高时间价值,增进治事效率,促进国家各项发展,从而洗雪国耻,提高国家地位,云云。①

对学生的抗日宣传活动,熊庆来均予以大力支持。顾建中回忆说:"利用星期六下午我发起组织了一个合唱团,以理化系学生为基础,吸收校内有兴趣的同学参加,教唱抗战歌曲,有机会便在学校公演,也到社会公演。1938年暑假在一些进步学生的倡议下,我还参与组织了一个农村服务团,到大理一带演出,宣传抗日。这些都是在熊校长的支持下进行的。"②

云大的一些关心抗日救亡前途的进步同学,用不引人注意的学术团体名义,公开发起组织了一个"云南时事研究会",利用文字、漫画、歌咏、演剧等方式,做一些抗日救亡的宣传工作,坚定大家对抗战必胜的信心。

时事研究会从一开始活动,就得到了熊庆来和楚图南、张瑞纶、彭桓武、顾建中等教师的支持。他们把时事研究会看作是一个爱国的、进步的学术团体,是合法的群众性学生组织。

---

① 见《云南日报》1938年8月18日第6版。
② 顾建中:《百年诞辰怀念敬爱的熊校长》,载《熊庆来纪念集》,云南教育出版社,1992。

1938年8月13日，是上海抗战一周年纪念日。时事研究会以"云大剧团"的名义，在至公堂演出话剧《我们的故乡》。该剧表现了沦陷区一个家庭最初对日寇和汉奸政权有和平投降的幻想，后来经过血的教训，才认清了敌人的真面目，而走上抗日道路的故事。

这次演出带有募捐性质，是为购置书报送给前线抗战将士，丰富他们的文化生活和补充精神食粮。演出票中除公开出售的票价5角、3角、2角的外，还设了1元1张的荣誉券。

熊庆来热心支持这次为期3天的演出，慨然同意借给至公堂，还派电工安装灯光照明，让校警协助维持秩序。演出时，熊庆来与妻子，以及一部分教职员都购买荣誉券观看，支持募捐，鼓励了演出的同学们。3天的演出，观众达2000人次，售票收入约500元，全部汇到重庆军事委员会政治部第三厅（郭沫若任厅长），为前线抗战将士购置书报。

时事研究会还组织了多次时事讲演，帮助大家较系统地了解抗日救亡中的重大问题和重要时事。又以"云大学生暑期农村服务团"和"云大学生寒假兵役宣传队"的名义，到大理、个旧、石屏等地作抗日救亡宣传，发动群众，帮助大家增强抗战必胜的信心。

1938年12月23日，云大抗战歌咏团成立，参加同学有100多人，指导为顾建中、张福华两位先生。成立之前，歌咏团按规向熊校长写了"请求书"，熊庆来很快就同意，并作了批示。

秉衡还记得："抗日战争时期，云南大学常举行游艺晚会（那时称为'同乐会'），节目丰富多彩，有独幕剧、合唱、相声、双簧、魔术、京剧、古筝、杂耍等节目。独幕剧多为抗日短剧，如《三江好》《月亮上升》等。合唱团（那时称'歌咏团'）的演唱也多为抗战救亡歌曲。指挥是顾建中，他个子不高，手持一根镀铬的闪着银色光泽的指挥棒。歌咏队的男女队员们随着他优美有力的指挥，高低抑扬地放声歌唱。歌声振奋人心，让人感到热血沸腾。"[①]

3. 重视办好云大附中

云南大学有一所附属高中,熊庆来很重视中学教育,在刚任云大校长之初,他在操心怎样办好云大的同时,也在考虑如何努力办好云大附中。

熊庆来有一个重要观点:"要办好大学,必须办好中学!中学里没有打好基础,到大学里再补救,就太迟了。"这个话,他不止一次地对同人和好友讲过。

熊庆来这个重要观点的形成,与他留学法国8年的经历很有关系。第一次世界大战后,美国数学会曾派出一个考察团到法国了解考察法国的数学为何如此发达。通过在巴黎和各省的一番详尽调查之后,考察团得出的结论之一是:法国数学的发展,得益于它的中等数学教育。

中学,特别是中学的后期,是人的求知欲最旺盛、精力最充沛的一个时期。抓住这个时期,让学生有大量吸收新知识的机会和迅速扩大思维能力的机会及条件,对学生日后成才是很重要的。所以,法国对中学教育就抓得很紧,抓得很认真。

熊庆来从法国的这一做法中深受启发,因此很注重抓云大附中的建设。

1937年8月,杨春洲刚从上海暨南大学附中回到家乡云南,知人善任的熊庆来便欣然将办好云大附中这一重要的工作交托给杨春洲。在大学的新学期还未开学前的9月10日,便聘杨春洲为"本校附属高中主任"(当时不称"校长"),"于9月11日到校就职接收",放手让他全权负责。

毕业于北平师大的杨春洲是云南石屏人,生于1902年,毕业于国立北平师范大学,后留学日本,在东京帝国大学读研究生,归国后在北平市一中教过书,又担任过国立暨南大学附中的教导主任,对家乡云南很有感情。

还在北平时,熊庆来就很了解杨春洲的才干和教学管理经验,尤其是

[①] 熊秉衡、熊秉群:《父亲熊庆来》,云南教育出版社,2015。

了解他热望报效桑梓的感情。杨春洲对熊庆来让他全权负责附中的重托深为感动，他说："自己离开桑梓将近二十年，用过父母不少的金钱和本省政府很多的津贴，但对桑梓始终未尽过一丝责任，于心实觉不安。此次归来，虽然所学有限，兼以身体多病，但为良心的驱使，只有不避艰苦，勉力为桑梓服务……熊校长将这样一个重担交给我，使我内心里时时感到惶恐。"

上任之初，经过一番充分地了解情况和认真的考虑之后，杨春洲认为："附中要想向理想的目标迈进，初步的整理当由以下几项着手：第一，须将行政组织充实，事务应与大学分离；第二，经费应在可能范围内酌量增加；第三，学校内应积极增设图书馆、运动场及运动设备，以及理化生物实验仪器药品标本等。"

师资问题，是历来就爱惜人才的熊庆来尤为关切的。在附中的师资聘用上，只要杨春洲考虑聘用的，他都表示支持，最后由杨春洲定夺。就连他认为合适的人选，他都不作决定，只是推荐给杨春洲。熊庆来如此信任杨春洲，对附中师资问题不加干预，使得杨春洲感慨地说道："熊校长有蔡元培的风度。"由于熊庆来的信任和开明，杨春洲可以放心地按自己的设想与选择标准来聘用师资。他很快便用长途电话联系还在上海的有学识有品格有才华的几位朋友——楚图南、杨一波、冯素陶，请他们尽快回到昆明到云大附中执教，齐心协力办好云大附中。

冯素陶于1937年9月底最先回到昆明，担任附中的文史专任教员。他曾在楚图南之后去到河南开封的北仓女中任教近3年，直到1937年夏天才离开北仓到上海浦东中学担任文史专任教员。

接下来，杨一波离开上海于1938年1月进入云大附中。杨一波是云南路南人，国立北京大学毕业，曾到莫斯科中山大学学习，回国后先后在江苏徐州中学及上海国立暨南大学附中担任教员。到云大附中后担任教导主任。杨一波热情、积极、能干、善思索。在云大附中工作了一段时间后，经过一番认真的思考，他为附中提出了用这样一句话表述的"附中精神"——"附中精神是积极的，奋发的，民主的，自觉的，社会的，现实

四、励精图治

的。"他的这种提法得到了杨春洲主任和其他教师的一致赞同。于是，就把这个提法确定下来，并在校内制成醒目的标语，不断地对学生进行教育，反复强调，多次阐述。在平时的教育环节中，在对学生的要求上，在营造学校的氛围上，在对学生的培养上，都以此为尺度。久而久之，附中精神不仅在附中校内为全体师生所熟知、所推崇，就连校外的不少青年学子也受到附中精神的感染，附中精神在昆明社会上产生了良好的影响。

  附中精神的提出，也可以说是针对当时云南教育的萎靡不振，奴性十足，对学生一味高压，一切教学脱离实际，只知有己，不知有社会而提出的。为了纠正上述这些时弊，提出这一明确的方针，启发了学生们的青春活力、自主精神，以及他们的社会责任感。他们的读书，不再是为读书而读书，亦不是为个人的升官发财而读书；而是有所为而读书，要读实用之书，要为实践而读书。一句话，要为当时的大敌当前，国破家危，民不聊生而努力充实自己，为祖国效力，为社会效力。[1]

从字面上看，附中精神的提法没有赤色的色彩，所以没有招来省教育厅和教育部的干预。

楚图南晚杨一波一个月，于1938年2月到云大附中任文史兼任教员，同时在大学授课。楚图南有学问、有思想、阅历深、视野广。他很关心学生，深得学生爱戴。时间不长，楚图南很快就受到熊庆来的器重。一个学期刚结束，熊庆来就把楚图南要到大学去担任文法学院的教授（以后又兼任文史系主任）。"你办法多，另想办法再找人吧！"熊庆来笑着对杨春洲说。[2]

楚图南任文法学院教授后，还同时兼着附中高三年级一个班的国文课。

---

[1] 杨春洲：《云大附中十年》，载《云南文史资料》第7辑。
[2] 张维：《熊庆来传》，云南教育出版社，1992。

附中的很多活动他都参加，附中的学生仍然把他当作自己学校的老师一样看待，附中的老师仍然把他当作自己的同人。

楚图南、杨一波、冯素陶这几位思想进步、学问功底扎实、关心学生的老师，成了附中的骨干力量。他们把办好附中当作共同的事业、当作民族的事业来办，和附中的其他同人一道，共同努力，把附中办得有声有色，培养了一大批有为的进步青年，为云南各阶层人士所赞许，为广大青年所仰慕。

杨春洲在后来回忆到这一段历史时，说："云大附中有一个较好的班底。教职员在数量和质量上都比较优裕。尤其起骨干作用的几个人，思想上是进步的，与中国共产党有或多或少的关系，大革命时期曾献身过革命。大革命失败后，在省外各大中学教书，内心深恶蒋介石的反动统治，对革命对进步寄以深厚的同情。抗战开始，都怀着满腔热忱，对祖国极愿有所作为。这几个人便是主任杨春洲（后改称校长），教导主任杨一波，文史专任教员楚图南、冯素陶、马鹤苓等。这几个人的交情是深厚的，大革命失败以后，彼此互相帮助，互相砥砺，始终有着密切的联系。他们都是品格高尚，治学严谨，尊重科学，诲人不倦的教育家。到云大附中以后，就把这个学校当作大家的事业，为了要把这个学校办好，每个人都尽了最大的努力。"[①]

除了这几位骨干力量外，附中还聘用了一批因抗战爆发而进入昆明的滇籍和外省籍的人才。他们分别在省外不同的大中学校服务多年，对学术的研究也各有程度不同的成绩，因而能够在进入附中任教短短几个月的功夫，便形成一种合力，促进附中的学习氛围和学术空气日益浓厚。

处于抗战时期附中的这些教师都抱着同一个信念："目前是在战时，物质设备无论如何简陋，国家的教育绝对不应中断，换言之，无论在任何低

---

① 杨春洲：《云大附中十年》，载《云南文史资料》第7辑。

四、励精图治

劣的物质环境中，教育须仍能继续推进。"①

大家都意识到自己的使命："一方须在艰苦的环境中推进国家的教育；一方又须努力打破现状，使国家的教育更易发展……附中除负有一般中学所应负的使命外，她还有她自身的一种特殊使命。那就是她是大学的附属学校，是大学实验新的教育原理的园地；是大学教育系学生实习各科目的所在；同时也是提高大学入学程度的一个准备学校。"②

杨春洲主任接下来的这一番话，更是真诚地道出了各位教师的心声："我们无论在任何困难的物质条件之下，以及任何艰苦的客观环境里，我们绝不能放弃我们神圣的使命。我们要以身作则，领导青年，我们要青年勇敢、朴实，脱去一切由旧社会中带来的病毒，发展成新时代中新中国的健全分子。云大附中应当是建设新中国的一个苗圃，我们便是苗圃中的园丁。要这些秧苗将来蔚成森森的茂林，盛开着美丽的花，结鲜美的果，不能不有这样心甘情愿地辛苦的园丁，能培育出什么样的花苗，那是不言而喻的。"在这些园丁的辛勤培育下，附中的学生都在自觉地努力地向着德、智、体健全的方向发展。在那种紧张动荡的大环境中，附中的学习空气仍很浓厚——这一点，从1938年4月20日为纪念附中二周年校庆而出版的《云大附中校刊》刊头词可看出：

> 学非问不明，边学边问，才有学问。边问边做，才是真学问。
> 学什么？学会做人的道理，通达世情，对付复杂的人事。
> 学会科学的武器，征服自然，利用厚生，造福人民。
> 学习武装战斗，做抗战救国的工作，学习社会科学，理解社会国家的病态，做一个医治社会病态的医生。
> 向谁问？问父母，问老师，问同学，问书本，问实验室。问天，问地，问一石一木，问一花一叶，问一粒行星，问一滴水珠，

---

① 杨春洲：《云大附中的过去，现在和将来》，《云大附中校刊》1938年4月20日。
② 杨春洲：《云大附中的过去，现在和将来》，《云大附中校刊》1938年4月20日。

问种田的老农，问挖土的矿工，问创造工具的技师，问捍卫国土的武士。问尽了人、事、物，学得了一切宝贵的经验，牛顿是这样成功，瓦特也是这样成功。

学，才知事物必然的现象，问，才知百物所以然的原理。学，才知自己的不足，问，才知充实自己的方法。只有边学边问，才可以在林林总总的万事万物间，懂得一切的一切！人生便在这样的学习中成长，也只有在这样的学习中才能创造出最高的成果与价值。

从1937年秋季到1938年夏天，杨春洲接办云大附中的第一年，由于以楚图南、杨一波、冯素陶、马鹤苓等进步教师为骨干的全体教职员共同的辛勤努力，共同倡导附中精神，学校各方面都有了较大的进步，取得了相当明显的成绩。"这一年真正算是认真地读了一年书，而且读的是活书。每个人都打开了眼界，认识青年是有为的，前途是无限光明的，附中的民主生活，使每个同学都提高了自觉性，明确了青年的政治责任感。移风易俗，改造社会，尤其是救亡图存的爱国活动，是青年责无旁贷的责任。"[1]

有了这些收获，在这一学年结束时，一部分同学和教师都希望在暑假里能利用假期开展些有益的活动，做些救亡工作。于是，杨春洲向省教育厅建议，由省教育厅牵头，组织一个云南青年夏令团。教育厅长龚自知让杨春洲拟出计划，并决定由杨春洲任团长组织夏令团。参加的学生除附中的50多人外，还有云大和几所中等学校的男女学生30多人。夏令团还聘请了杨一波、楚图南、冯素陶、马鹤苓以及体育家张震海，歌唱家李家鼎，话剧家陈豫源、李正明，名医师姚蓬心等12位导师，以张震海为总领队。

有一些同学正是因为慕这些导师之名而参加夏令团的。如杨泓光同学听朱述武同学给他介绍道："杨春洲、杨一波两位主任领队成立夏令团，还

---

[1] 杨春洲：《云大附中十年》，载《云南文史资料》第7辑。

有楚图南、冯素陶、李家鼎等老师任导师，昆明有很多学校同学参加。"于是，"这番话引起了我极大兴趣。两位主任是我最敬爱的老师，这几位导师的言传身教、人品更令我崇敬。我愿跟随他们下乡去。我心旷神怡，意料着有这些老师们的参加，我们的学习小组，收获必定更大"。①

7月24日清晨，尽管下着倾盆大雨，但夏令团的团员仍然在导师的带领下，头戴斗笠，排着整齐的队伍，唱着有力的救亡歌曲，精神抖擞地向火车站进发，乘小火车到宜良县和路南县（今石林县）开展活动。很多同学都是第一次坐火车，看着从车窗外掠过的树木田野和美丽的湖泊，同学们都很兴奋。可是，一些事情也让同学们深感气愤。杨泓光同学后来回忆说："这锦绣般的高原，却并非乐土。车到宜良，由于旅客过分拥挤，下车缓慢，经营铁路的法国人，傲慢凶恶地瞪着眼睛，斥责乘客，推赶农民滚下车厢的情景，使我倍感做中国人的屈辱和痛苦，亲身体验了三座大山压迫的滋味。"②

夏令团短短的3个星期活动中，活动内容很丰富，很有意义，与当地民众特别是与中、小学师生建立了感情，培养训练了几十名歌咏骨干，教会了很多民众唱救亡歌曲，还先后办了好多期吸引民众驻足观看的宣传救亡的壁报、板报、漫画，还举行了八九次规模很大的营火会、游艺会、联欢会。在导师的指导下，还排演了《在烽火中》《当兵去》《血洒卢沟桥》等街头剧和舞台剧，又搞了社会调查和慰劳出征兵士家属及阵亡将士烈属的活动。整个夏令团的活动真可以说得上是有声有色。

在欢送出征将士开赴抗日前线的营火会上，师生们慷慨激昂地演讲，深深激发了当地民众的爱国热情，大家手持火炬游行的情景激动人心，那红红的火光把宜良城的街道都映红了。民众从这火光中看到了我们民族的

---

① 杨泓光：《难忘的历史足迹——一个云大学生的回忆》，载《云大风云》，云南大学老战友联谊会编，1995。
② 杨泓光：《难忘的历史足迹——一个云大学生的回忆》，载《云大风云》，云南大学老战友联谊会编，1995。

希望。

夏令团的师生们感到最难忘的是参加导师们主持的"中国应走哪条路"的专题辩论。大家都踊跃发言，导师也阐述自己的观点。楚图南在发言中明确地指出："根据世界革命历史发展，中国只能前进！道路虽然曲折，光明总会出现。追求光明，追求幸福就是我们山国的儿女的人生选择。……新的历史，美与幸福的社会得由我们一手来完成。"①

夏令团还开展了调查访问与慰问抗日将士家属的工作。通过这些社会调查和慰问活动，大家认识到当时社会的很多阴暗面和农民生活的苦难。

在路南石林那千姿百态的岩石上，楚图南和大家摄影留念，好多同学都背着斗笠，精神焕发地昂头远望，充满了青春活力。8月10日离开宜良返回昆明那天，宜良的机关团体和各校学生都冒雨到车站为夏令团送行，彼此依依不舍，热情道别。在整个夏令团的活动中，附中精神又一次得到了很好的体现。楚图南和杨春洲、冯素陶、杨一波、马鹤苓等各位导师在这次活动中更进一步明确了这样的认识：

> 以民主方式教育青年，领导青年，是最正确的道路。
>
> 我们反对少年老成，麻木不仁，我们需要青年人生龙活虎般地活泼乐观，青年人才易培养成真正有用的人物。
>
> 我们认识到个人力量渺小，集体力量伟大，要使青年人放弃孤立的个人生活，参加到集体中去。
>
> 有人畏惧青年，畏惧民众，我们觉得青年不足畏，民众不足畏。谁能以身作则地领导青年，谁才是真正的青年导师。谁能不辞艰苦地与民众接近，为民众工作，谁才是救国救民的好干部。②

秋季开学了，附中添设了初中部，招进初中一个班。可是，才开学还

---

① 杨泓光：《难忘的历史足迹——一个云大学生的回忆》，载《云大风云》，云南大学老战友联谊会编，1995。

② 杨春洲：《云大附中十年》，载《云南文史资料》第7辑。

四、励精图治

不满一个月，日本侵略者的飞机便开始了对昆明的轰炸。9月28日，日军的第一颗炸弹落到了昆明的土地上。政府发出通令，要求各学校即日疏散。于是，附中按大学的安排，师生员工及家属共300多人于月底疏散到了路南。并且，到达路南第三天，就因陋就简地在文庙里坚持上课了。

在路南，环境单纯，条件艰苦，校舍分散。校本部和高中部在城东北的文庙，初中部在城东南的紫玉小学。在经过了暑期夏令团的锻炼后，附中精神在路南得到了很好的发扬。课外活动也搞得热火朝天，不仅壁报、画报、话剧、营火会搞得很活跃，还展开了救亡工作，利用星期天和假期到山区、到乡村去作救亡宣传，搞讲演，教唱歌，作调查，与本地群众相处得很融洽。附中的到来，对路南当地教育、文化所产生的进步影响实在是不小的。

附中在路南的几年间，楚图南和李公朴、郑一斋、黄齐生等几位知名人士还不时抽时间到路南小住，看望附中师生。李公朴先生还与师生同吃、同住、同游乐。郑一斋先生在经济上对附中给予了支持，黄齐生先生还热情洋溢地给附中师生介绍了延安根据地的情况。

楚图南对附中一直很有感情，杨春洲说他"无时无刻不关心附中"。1941年春夏之交，楚图南还特意为附中写了一首歌词——《山国的儿女们》，由附中的王天祚校医谱了曲，师生们在各种集会场合，在游乐活动中，都喜爱唱这支歌。不长时间后，这支歌成了附中的校歌：

山国的儿女们
（三部曲）

一、垦荒者的子孙

我们是创造者的后代，

我们是垦荒者的子孙。

我们凭着两只赤手，

凿山通道，耕耘田亩，
开辟了山林，建造了庐舍。
山国里奔腾的长流水，
高唱着我们的爱情；
山国里温暖的春风，
织入了我们的歌声。
这锦绣的高原，
是我们无上的乐土。
乐土上的生命，
都一样的雄健、美丽、和平。
我们是创造者的后代，
我们是垦荒者的子孙。

二、不祥的年代

现在，历史的黑影袭来，
枭鸟咻咻，阴风飕飕，
田野里散布了罪恶的种子，
不祥的浓云郁结在重叠的山头。
帝国主义的强盗们，
以欺骗和讹诈夺去了我们的所有，
法西斯帝的野兽们，
以飞机大炮屠杀了我们的同胞，
毁坏了我们的田畴。
从此山国里失去了欢喜和微笑，
人间充满了疲劳、恐怖，
和可怕的悲愁。
啊！这是不祥的时代，

这是人类的厄运!

三、奋起而斗争

醒！醒！醒！

山国里的儿女们，

我们创造的血液，

还正在沸腾。

起！起！起！

山国里的儿女们，

我们得为自己，

为中华民族的生存，

为着人类光荣的前途，

奋起而斗争！

我们要粉碎人类的枷锁，

要建立世界的自由、平等，

与永久的和平。

前进，前进！

新的历史、美与幸福的社会，

得由我们一手来完成。

我们的希望，

犹如山国里朗照的太阳，

一样的光明！

　　熊庆来的老友、时任富滇银行行长缪云台对要注重办好中学这件事，与熊庆来有同样的看法，他与熊庆来都是1913年的云南官费留学生，他是赴美国留学的。出国留学之前，他与熊庆来就是英法文专修班的同学。此时，他看到云大附中办学的困难，缺乏实验室设备，便自己解囊捐助云大附中国币 2000 元，以作购置设备之用。熊庆来为此专函感谢缪云台：

熊庆来函谢缪云台行长捐助云南大学附中[1]

（1938 年 12 月 27 日）

云台行长吾兄惠鉴：

敝校附中成立未久，一切设备简陋缺乏，实验靡由，空设何补。蒙台端慨允捐集国币二千元，以作购置之需，全校师生同甚欢愉。梓里菁英栽成有赖乎先觉，百年大计远瞩端在于哲人，作建设人才之摇篮，奠科学教育之基础。此项仪器不日即将抵滇，函须付款，特饬会计课派人前来领取，敢祈台端所收捐款掷交为荷。谨领之余，敬伸谢忱。

并颂

勋安

云南大学校长　熊庆来　敬启
民国二十七年十二月二十七日

从抗战开始时杨春洲接办云大附中，聘来了杨一波、楚图南、冯素陶、马鹤苓之后，云大附中又相继进了一批共产党员和进步人士执教，有张光年（光未然）、赵沨（赵天民）、魏孟克、黄平（黄知廉）、朱德祥、陈峰、刘桂武、陈赟谷、唐立寅、张学源、朱维藩、程鸿渚（后改名程浩飞）、苏滋禄、沈传良、杨桂宫、张振民、李炘、谭元坤、董大成、刘若朴、董友松、李旭（后改名李耀九）、徐守廉等人。

张光年就是在延安期间写下了豪情万丈的组诗《黄河大合唱》的光未然，他是 1929 年 16 岁时便加入了中国共产党（由共青团员直接转为中共

---

[1] 云南大学、云南省档案馆：《云南大学史料丛书·经费、校产卷（1922 年—1949 年）》，云南大学出版社，2013，第 93 页。

四、励精图治

党员）的老党员。冼星海为《黄河大合唱》这首组诗所深深感动，以极大的热情在短短6天时间里便完成了作曲。这雄壮高亢的歌声从此迅速传遍了黄河上下，大江南北，轰动了全国。在烽火连天的抗日战争岁月里，《黄河大合唱》不知鼓舞了多少抗日战士去英勇杀敌，保卫我们的国家和我们的民族，成为表现中华民族艰苦抗战精神的经典音乐作品。

1942年9月，张光年（光未然）进入云南大学附中任教。与他同时到云大附中任教的还有中共党员赵沨及曾在驻日本的"左联"分盟担任过重要职务的魏孟克。此前，云大附中的党支部按照省工委的指示，遵照党的"长期埋伏，隐蔽精干，积蓄力量，以待时机"的方针，5个党员暂时停止活动，也暂不再发展党员。张光年、赵沨等几位党员教师的加入，为云大附中增加了进步力量。在他们的影响下，各种社团的革命文艺活动在原先的基础上，有了进一步的发展。

张光年和赵沨、魏孟克老师一道，指导同学先后建立起文学、音乐、戏剧和社会调查等小组，加上原来已有的山城歌咏队，云大附中的革命文艺活动开展得有声有色，抗日救亡的宣传工作开展得越来越活跃。同学们先后演出了话剧《娜拉》《麒麟寨》及歌剧《黄花曲》等，获得了师生和社会广泛的好评。

1943年2月，早先因躲避日机轰炸而疏散到路南县办学的云大附中迁回昆明，落脚在城东北郊的龙头村和宝台寺。这一年，又有中共党员张学元、陈峰、刘桂武和进步教师沈传良、苏滋禄先后到学校任教，学校的进步力量进一步加强了。

8月的暑假里，张光年与闻一多、赵沨一道到路南县圭山区做社会调查。张光年根据阿细人学生收集、翻译的原始材料，整理出阿细人的创世史诗《阿细的先鸡》，后来公开出版。

10月间，省工委派刘颜昭与张光年建立起党的工作关系。张光年在学生中组织了秘密的文学小组"虹社"和"萤社"。魏孟克指导组织了文学小组"辐射社"。他们几位老师还指导学生办起了《海鹰》《三人》《萤》

《辐射》等壁报，并引导文学小组及壁报社的成员，阅读学习《新华日报》、《群众》周刊、《新民主主义论》《大众哲学》、鲁迅作品、苏联小说等进步书刊。这几个文学社还与西南联大《新诗社》的同学一道集会，朗诵进步诗歌，评论、学习田间、艾青等优秀诗人的作品。张光年和赵沨还几次组织同学们到北郊茨坝的中央机器厂做社会调查，了解民生疾苦。

在张光年、赵沨、魏孟克几位老师的带领下，云大附中里常有话剧演出、诗歌朗诵、音乐合唱等活动，常能听到《国际歌》《马赛曲》《黄河大合唱》《义勇军进行曲》的歌声。

在杨春洲主任和各位老师的共同努力下，云大附中始终保持着进步性，成为一所有优良校风和优秀进步传统的好学校，为云南大学和多所高校输送了许多合格生源及优秀人才。

五、云大由省立改为国立

1. 辛苦筹备

就任省立云南大学校长之后，熊庆来在忙于各项改进工作的同时，也开始积极筹备云大由省立改为国立的工作。他坚定地认为，省立云大只有改为国立，才能谋得更大更快的发展。这是长远大计，必须尽力筹备好。

在熊庆来返昆就任云大校长之前，云南地方各界多位有识之士都希望云南大学能升格国立，否则，云南大学的发展会比较困难。省主席龙云对云大省立改为国立一事很重视，亲自出面向国民政府争取，不仅电请蒋介石批准将云南大学改为国立大学，还为了落实云大"改省立为国立"的议案，利用赴南京出席国防会议的机会，亲自促办此事。

省教育厅长龚自知在近两年间也多方努力。1936年1月，龚自知依据上年蒋介石到昆明视察时的许诺，赴南京申请"中法庚款"。可此时"中法庚款"已所剩不多，遂转而申请"中英庚款"，争取到8万元，分两年拨付。"因为国立大学主要由中央拨款，可以加快学校发展，很多省都有此要求。龚自知又向时任教育部长王世杰建议，仿湖南大学先例，将云南大学由省立大学改为国立大学，提得比较具体。王世杰认为兹事体大，允为慎重考虑。1937年初，龚自知以'国立大学应平均分设于各省，以求平衡发展，因地制宜造就适用人才'为理由，请龙云直接电请蒋介石批准将云南大学改为国立大学。蒋介石发交教育部办理，教育部随后表示同意，6月呈交行政院及中央政治会议审查。"①

1937年8月，随龙云赴南京参加国防会议期间，龚自知再次找到教育部长王世杰，商谈云南大学由省立改为国立一事。"王世杰告之，中央政治

---

① 杨崇龙：《龚自知传》，北京出版社，2020。

会研究已承诺，因经费预算已定，先改湖南大学、厦门大学为国立大学，次年可改云南大学为国立。1937年7月，熊庆来应云南省政府聘请，就任省立云南大学校长，正好赶上了云南大学由省立大学改为国立大学的筹备工作。"①

1937年9月16日在云大新学期开学典礼上，龚自知致辞中即明确地报告了改为国立的好消息："向师生报告云南大学明年将改为国立。以战局关系，云南今后已转变为后方军事交通之重心。大学改国立更变为文化之重心。凡此重心之转移，实加重我人之责任。际可为之时，行可为之事。望诸君努力研究，造成西南学术中心，为国家、社会担当责任。"②

行政院于1937年9月1日训令教育部，自民国二十六年（1937年）起将省立云南大学改为国立。但教育部提出："惟二十六年度业已开始，关于添设科系，充实设备，增加师资，修订课程及呈请中央核定经费等事项，当于本年度末期，预为筹办。至更改校名，刊发关防简任国立云南大学校长各节，拟自民国二十七年七月一日起实行之。该校经费，将来除由国库列支若干外，所有省库支付原数，嗣后仍应照旧支付，并设法增拨，以资发展。"

教育部将"改省立为国立"的日期推迟至1938年7月1日，不过一些准备工作已经开始进行。教育部高教司于1937年9月28日致函熊庆来，要求他填写任用审查表并呈报自己的文凭证件。熊庆来于10月5日致函教育部高教司，附上了填写好的任用审查表和证件三张。熊庆来在函中写道：

> 敬启者：九月二十八日大函已获奉悉。来以樗栎之材，猥蒙钧部拔擢，拟呈请任命为国立云南大学校长，拜悉之下，不禁惶悚。任用审查表已填就，兹连同证明文件文聘凭二纸、聘书一纸，由航邮挂号奉上，即请检收转呈是荷。此上教育部高等教育司。

---

① 杨崇龙：《龚自知传》，北京出版社，2020。
② 《云南大学志》编审委员会：《云南大学志·大事记》，云南大学出版社，1997。

五、云大由省立改为国立

附审查表一纸、证件三张。

熊庆来　谨启
十月五日①

熊庆来在开展省立云南大学的多项改进工作的同时，抓紧时间积极推进改国立的筹备工作。西南联大由长沙搬迁到昆明之后，为云大改国立之事增加了助力。教育部聘请组成西南联大的清华、北大、南开三位校长任"国立云南大学筹备委员会"委员，他们为筹备工作尽心尽力，发挥了很大作用。此外，西南联大的多位教师先后以借聘、开讲座的方式到云大授课，帮助提高了云大的教学质量，增强了师资队伍，支持云大达到了国立大学"五院建制"的要求。

北大、清华、南开三所大学南迁到昆明组成的国立西南联合大学，是中国教育史上的一件大事，对推动西南文化建设发挥了很大的作用，对云大改为国立也起了很大的助力。

卢沟桥事变后，日本兵开进了清华园，在校园里屯兵养马，中国最高学府一时间变成了日寇的兵营。北京大学和南开大学也同样遭到了日寇的践踏。为保存中华民族教育之国脉，国民政府决定北大、清华、南开三所大学南迁到岳麓山下组成长沙临时大学，任命清华大学校长梅贻琦、北大校长蒋梦麟与南开校长张伯苓三人为临时大学校务委员会常务委员。

可是，临时大学开课仅仅两个月后，就传来了南京于1937年12月13日陷落，日寇沿长江一线进逼，武汉亦将不保的消息。这样一来，长沙也受到了威胁，形势越来越严峻了。

举目望神州，华北陆沉，中原板荡，三吴烽火，九夏蜩螗。此时，云南尚属大后方，暂时还有些许平静。蒋梦麟到汉口向蒋介石建议，把长沙临时大学迁往昆明，因为昆明有滇越铁路与海运衔接。蒋介石同意了这项

---

① 熊庆来致教育部高教司函（1937年10月5日），中国第二历史档案馆：5-2631/45。

建议。

于是，长沙临时大学于1938年1月20日停课，奉国民政府之命迁往云南昆明，改名为国立西南联合大学。2月中旬，师生们动身离开长沙，分三条路线前往昆明。

联大师生们前往昆明的第一条路线是乘火车至广州转香港，又乘船到越南海防，再过河口经滇越铁路到昆明。大部分师生和教职员家眷走的是这条路线。

第二条路线是由闻一多等11名教师组成的辅导团率200多名男同学组成的湘、黔、滇旅行团，步行入滇，团长由湖南省主席张治中亲自指定的东北军退休将军黄师岳担任。这一路师生用半军事化管理，完全靠步行，由湖南西部经贵州进云南抵达昆明，师生们沿途风餐露宿，跋山涉水，目睹了各族人民的疾苦，历时68天，行程3000余里。后来这次徒步入滇被称为"中国教育史上的长征"。

第三条路线是乘汽车到桂林，经南宁、龙州，出镇南关，坐火车到河内，再从河内乘米轨小火车经河口到昆明。朱自清和冯友兰等十几位教师走的是这条路线。

4月28日，闻一多等11名教师率200多名男同学组成的湘、黔、滇旅行团到达昆明，至此，西南联合大学的全体师生安全抵昆。5月4日，正式开始上课。

在西南联大搬迁昆明这件重要的大事上，云南省主席龙云、省府委员周钟岳和省教育厅长龚自知、省建设厅长张邦翰都大力支持，各界人士都对西南联大的到来表示热情欢迎和接纳。

熊庆来为西南联大搬迁昆明之事也尽力提供帮助。当西南联大决定迁往云南后，解决校舍问题便是不得不首先考虑的问题，为此，梅贻琦向熊庆来致电求援："请指助日内先由张、蒋二先生来滇筹建，关于暂用房舍，务恳设法多觅、暂借或租均佳。"蒋梦麟来滇前也致信熊庆来，请他代觅校址。后来西南联大迁往云南后能较快地落实校舍，与熊庆来的帮助是分不开的。

五、云大由省立改为国立

1938年2月,熊庆来给梅贻琦回电告知西南联大校址之事:"现已初步觅定,俟蒋梦麟校长抵滇,即可决定。"西南联大到昆后,熊庆来还同意将云大的一块地(今文化巷北端云大西院与师大宿舍一带)借给西南联大使用。

熊庆来还在《云南日报》上发表的文章《后方文化事业与抗战救国》中,着意提到"吁求政府对迁来后方的学术和文化研究机关以保护和方便;重视我国善本书籍之重刊,以谋保存一部分国粹,于后方厚植文化根基"。这段话中包含了为联大来昆办学加以铺垫支持的美意。

有了西南联大几位校长的加入,云大改国立的筹备步伐加快了。国立云南大学筹备委员会于1938年6月20日正式成立,开展筹备工作。由教育部聘请熊庆来、龚自知(云南省教育厅长)、陆崇仁(云南省财政厅长)、张邦翰(云南省建设厅长)、缪嘉铭(云南省经济委员会主任)、任可澄(滇黔监察使)、蒋梦麟(北京大学校长)、张伯苓(南开大学校长)、梅贻琦(清华大学校长)、李书华(中法大学校长)、何鲁(云南省立云大校务长)等11人为筹备委员,熊庆来为主任委员。

国立云南大学筹备委员会举行过8次会议,讨论研究各相关事项。第一次会议于1938年6月20日召开,最后一次会议时间是1938年9月19日。除熊庆来之外,蒋梦麟、梅贻琦、李书华等都曾担任过会议主席主持会议。严济慈也曾代表李书华出席过筹委会会议。第七次、第八次会议的时间是在最后的关键时点举行的,会议内容显得更为重要,这两次的会议记录如下:

国立云南大学筹备委员会第七次会议记录[①]

(1938年9月10日)

地点:云大接待室

时间:九月十日上午九时

[①] 云南大学、云南省档案馆:《云南大学史料丛书·经费、校产卷(1922年—1949年)》,云南大学出版社,2013,第175~176页。

出席人：蒋梦麟（樊际昌代）、李书华（严济慈代）、张伯苓（黄钰生代）、龚自知、缪云台、陆崇仁、何鲁（杨克嵘代）、熊庆来

主席：熊庆来

报告事项：主席报告正式奉部令饬克日接收省立云南大学及国大经费概算组织大纲日情形。

提议事项：1. 筹备委员会接收省立云南大学日期请公决案。议决：接收日期定于本月二十四日，并先行电请教育部派员监盘。2. 国立云南大学二十七年度七月至十二月半年经费概算草案及组织大纲草案，请公决案。议决：由筹备委员会推定蒋梦麟（樊际昌代）、张伯苓（黄钰生代）、李书华（严济慈代）三委员先事审查。

国立云南大学二十七年度七月至十二月半年经费概算（草案）

（下略——笔者）

国立云南大学筹备委员会第八次会议记录[①]
（1938年9月19日）

时间：九月十九日上午八时

地点：云大接待室

出席人：李润章、陆子安、熊庆来、何鲁（杨克嵘代）、梅贻琦（熊代）、张邦翰（陆代）、缪嘉铭（杨代）、龚自知（请假）

主席：李润章

提议事项：一、熊委员报告审查组织大纲草案修正各条，当否，请公决案。议决：照修正通过，呈报教育部。二、熊委员呈

---

① 云南大学、云南省档案馆：《云南大学史料丛书·经费、校产卷（1922年—1949年）》，云南大学出版社，2013，第176页。

五、云大由省立改为国立

报告审查二十七年七月至十二月半年经费概算草案,当否,请公决案。议决:照修正通过,呈报教育部。三、筹委会接受云大各部负责人员,请决定案。议决:由筹备主任决定。

民国二十九年九月十九日

西南联大的蒋梦麟、张伯苓和梅贻琦常委为云南大学最终实现国立做出了不小的贡献。在云南大学改为国立后的首次开学典礼上,熊庆来在讲话中特别对蒋梦麟、张伯苓和梅贻琦三位常委在云大改国立过程中的支持表示了感谢。梅贻琦也出席了典礼并致辞表示对云南大学改为国立的祝贺。熊庆来就任宣誓就职的典礼于半年后补行,梅贻琦又作为西南联大的代表出席了典礼。

经过一年多来的辛苦筹备,1938 年 7 月,国立云南大学正式成立。9 月,行政院发训令:"颁布该大学(国立云大)关防一颗,文曰:'国立云南大学关防';铜章一颗,文曰:'国立云南大学校长'。"

10 月,教育部(部长陈立夫)令国立云大:"奉国民政府会议:'任命熊庆来为国立云南大学校长。'" 11 月,熊庆来正式就职。(宣誓就职典礼定于 1939 年 1 月 25 日补行。)

国立云南大学正式成立后,熊庆来深感肩上责任重大,他说:

> 国立云南大学是国难中的产儿,受政府及各方面的爱护,应在此艰苦中挣扎,伸体政府救教之至意,追随先进大学,担负培养建设新国家及促进西南新文化之人才,一方面应顾及地方环境之需要,一方面大学应具备之条件不能不力求具备。窃以为大学应培养有用人才外,于学术本身亦不得不有所致力。[①]

---

① 《云南大学志》编审委员会:《云南大学志·大事记》,云南大学出版社,1997。

2. 卓哉吾校

1938年11月24日，国立云南大学举行首次开学典礼。

往日宁静的校园，变得热闹非常。政府机关的主管官员、社会贤达、抗战迁滇的院校代表、教师、学生家长代表和几百名学生，向学校大礼堂走去。礼堂周围，贴着红红绿绿的标语，插着彩旗，一派节日的气氛。省立云大改为国立，对于文化落后的云南来说，的确是值得庆贺的一件大事。

熊庆来和省府委员周钟岳，教育厅长龚自知，西南联大常委、清华校长梅贻琦，特派员王禹枚等10余位政府官员在主席台就座。中外来宾60余人在前排来宾席就座。600余名男女生按系依次入座，真是济济一堂，一片兴旺景象。

熊庆来自上一年夏天在清华同意接受龙云之聘返滇起，就开始在为云大改国立做准备。一年多来的辛苦努力终于没有白费，此时他心中颇为激动。

典礼开始，他首先致辞。在简要回顾了云大自创立以来的历史，和有关方面、有关人士对改国立的支持之后，他谦逊地表达了自己继续努力的决心，接着阐述了今后努力的方针：

> 政府敷教之至意，追随先进各大学担负培育建设新国家及培养西南新文化之人才，一方面应顾及地方环境之需要，一方面大学应备具之条件，不能不力求备具，窃以为大学除培养专用人才外，于学术本身，亦不得不有所致力。本校历史未久，虽不能完臻健全，然亦可以在相当范围内勉力做去。自己觉得有两点意见，似乎可取以为进行的方针：（一）教学以现实之需要为标准；（二）研究以所能罗致之人才为中心。以后大体本此调整推进，有些特别之方面，自在例外，自应于可能范围内，力谋发展。

看着台下赞许的满意的目光，熊庆来继续说道：

五、云大由省立改为国立

后起的学校，也有他的便宜处，往往可以有很迅速的进步，如德国的汉堡大学、美国的普林斯顿大学、日本的大阪大学，现在国际大学中，都已有其地位。本校今后在中央教育当局直接领导之下，并在省政府继续维护之下，同人当更感兴奋。不过一个大学，无论为省立国立，总之是为培育人才，除政府之力量外，还须社会人士之热心赞助，以后至盼国中贤达，继续时加指导，俾理想之计划，得早见实现，则不仅学校之幸，于复兴民族或非小补。

在场的师生从熊庆来这番充满自信的有远见的讲话中都受到了感染，想到云大这所也是后起的学校，今后必将有一个灿烂的前途，大家的情绪都很兴奋。

在熊庆来接着报告完经费、教师、学生、建筑等几方面情况的现状后，由主持人颁示龙主席训词。龙云在训词中特别强调说："学校学生责任益复艰巨，纵分阴是惜，尚恐所需之能力，不能与所负之责任比例以俱进，诸生如何急起直追，以充实国力者充实学力……"

男女学生们用热烈的掌声回答了省主席的鞭策。

然后，省府委员周钟岳讲话，充满了对云大的希望和对学生的勉励。他说：

……自改国立以来，今日是第一次开学，可以说是大学的一个新纪元，将来必定成为国内的最高学府，所以现在我们有种种的希望。

一是提高学程。云南从前创立大学，本来是很不容易，因为经费的关系，设备不完全，自无可讳言。现在改为国立，经费已经增加，设备渐次充实；所聘的讲师教授，又多是海内有名望的人。学校将来，当然有长足的进步。可是我们希望学校的进步，不专在设备的充实，教授的得人，尤其是在学生的努力。本来学校教育，它的对象是学生，特在大学的学生，若不能造就渊深的学问、高尚的人格，就不能达到我们设立大学的目的。所以我们希望各学生，以后要加倍努力，都成为国家有用的人才。

二是适应环境。教育是一种适应人生适应环境的事业，我们要知道现在所处的时代是什么时代，我们国家所需用的是什么人才，大家都知道现在是非常时期，人人要有保卫国家生存的责任。而目前要保卫国家生存，一方面是在抗战，一方面还要建国。建国是要靠多有优秀的人才，能为社会服务。大学就是养成这种人才的地方。所以我们希望大学造就的学生，能适应现在的社会，共从事抗战建国的大业。

周钟岳热情的讲话，引起了师生们又一阵热烈的掌声。学生心中被鼓动起一股渴望投身抗战建国大业的激情，很多同学的脸上都是兴奋的表情，为自己是一名云大学生自豪，并在心中暗下决心：一定要成为国家有用之才！

熊庆来就任国立云南大学校长的宣誓就职典礼于1939年1月25日补行，西南联大常委梅贻琦、中法大学校长李书华、党部代表各机关长官和云大全体教职员工出席了典礼，监誓员为龙云主席。他派教育厅长龚自知代表自己出席典礼监誓，并颁示训词。熊庆来郑重地宣读了就任誓词。誓词很短，言简意赅，语气坚定，表态鲜明。誓词全文如下：

余敬宣誓：余恪遵总理遗嘱，服从党义，奉行法令，忠心及努力于本职。余绝不妄费一钱，妄用一人，并绝不营私舞弊及授受贿赂。如违背誓言，愿受最严厉之处。

此誓！

国立云南大学校长熊庆来

熊庆来宣誓后，代监誓员龙云主席前来监誓的教育厅长龚自知颁示龙

五、云大由省立改为国立

云主席的训词,予以训勉。接下来,梅贻琦、李书华诸位先后热情致辞助勉。宣誓就职后,熊庆来与参加宣誓就职典礼的来宾和教职员工在会泽院前的台阶合影。

次日,《云南日报》登载了熊庆来的誓词。1月27日,《云南日报》登载了熊庆来在宣誓就职典礼后回答记者提问的报道:

> 云南大学校长宣誓答问:今日正式宣誓就职。蒙监誓员龙主席颁示训词,并派龚厅长代表莅校监誓,复承党部代表各机关长官,以及学术界先进驾临参加,自己深感荣幸。恭听主席训勉之词,并诸位先生恳切指导之语,非常感奋。自己虽能力薄弱,亦当本着誓词与监誓员训词的意思,及诸位先生助勉的意思,用全副精神做去。自己认为努力的目标有:(一)奠立一相当学术基础,以求在国家学术与西南文化上将来有相当补益;(二)培养有切实技能人才,以适应国家与地方需要。欲向着目标趋进,在办法上自己认为有特别可注意之几点:(一)教师人选以学问品格为标准;(二)物质建设以与学术有关系为首要;(三)学生程度力求合理之提高;(四)养成勤朴刻苦风气,庶学生受熏陶后出校,可以耐劳而担负重任。此外应与其他学术机关谋有联系,俾能得到合作互助之益。与建设生产等事业方面,亦谋发生关系,俾学生易得相当出路,而免有用非所学之虑。

云南是大后方,暂时还有些许平静。在这个大动荡的时期,熊庆来所想到的是抓紧发展云大,发展院系学科建设和学术研究,发展西南的文化,希望能在西南一隅,培养一大批建国人才,为抗战服务,为建国服务。

熊庆来任国立云大校长后,提出了一个"国立云南大学发展计划"[①]:

[①] 云南大学、云南省档案馆:《云南大学史料丛书·经费、校产卷(1922年—1949年)》,云南大学出版社,2013,第171页。

为建立西南文化基础，适应地方特殊需要起见，本校拟于二十七年七月改国立后，逐年扩充，兹拟具四年计划如后：

第一年 除在原有院系内，添置设备，增聘教授外，拟改文学系为文史系，俾较切实。并于文法学院内，增设社会人类学系，以云南原始民族为对象，研究人类文化发展之过程，进而探讨如何同化苗蛮，以期得巩固边防之途径。又拟将原有之算学系，改为天算系，俾于学理应用得以兼顾，复于工学院内添设机械系，训练机械人才，以充实际需要。经费拟为国币55万元，及临时充实费国币10万元，详细预算见另表。

第二年 拟增设农场，以为增设农学院之准备。并拟于工学院增设化工系以期促进化学工业，经费拟增为国币60万元。

第三年 拟增设农学院，以谋发展西南农业。又因滇省多瀑布急流，有类瑞士及法之格诺布，甚利电业之发达。拟于工学院添设电机系，经常费增为国币80万元。

第四年 为充实各院系设备计，拟增加经常费为国币100万元。

（下略——笔者）

这个计划从实际需要和实际条件出发，是切实可行的。付诸实践经过努力之后，基本上实现了。而且农学院成立的时间还比计划提前了一年，于1939年成立于呈贡县，设农艺、森林两系。只是原拟增设的社会人类学系按教育部意见，改为成立社会学系。

应熊庆来之聘由北平来云南大学筹办社会学系的社会人类学家吴文藻，于1939年撰写了《云南大学与地方需要》一文，发表于《云南日报》，非常赞赏熊庆来的办学指导思想和办学计划，并向学校提了三点建议：一是建议云南应着眼于培养健全地方行政机构、开发地方生产的人才；二是充实文法、理、工、医，积极筹建农学院；三是建议云大应促进农村建设，

五、云大由省立改为国立

加强实习。

根据吴文藻的建议，熊庆来将农学院建于离昆明 30 余里的呈贡县，把社会学系和社会学研究室也设于呈贡。农学院建立了农、林实验场。社会学系分别从事农村经济、乡镇行政、工区、工厂、劳工方面的调查研究。矿冶系也利用疏散之便与滇西企业局合作指导一平浪盐矿、煤矿的开采。此外，成立和建设医学院也是云大注意地方需要并利用地方条件办学的较突出的典型。

到 1939 年成立农学院后，云南大学完成了五院建制，拥有文法、理、工、医、农五个学院，符合了教育部对国立大学的要求。至此，云南大学成为一所有一定规模的国立大学，实现了云南各界人士和父老乡亲的愿望，为云南的文化建设和社会经济的长远发展奠下了坚实有力的基础。

云大改为国立，的确可称为云南大学的一个新纪元。熊庆来制定了新的校训："诚、正、敏、毅。"这是他的教育思想的集中体现。

> 熊庆来将"诚、正、敏、毅"作为云大校训，在师生中产生了不可忽视的感召力。"诚"是人格之本，是社会文明之基。"诚信"道德是人们必须认真遵守的社会伦理规范和人生准则。"正"乃立人之津，刚正不阿，正气浩然，是高尚品质的反映。"敏"指人从心理上或生理上对外界事物反应速度，是人格的个性表现。熊庆来力求将学生培养成聪颖敏捷，放眼炯锐，观察事物，善撷精髓的高级人才。"毅"指办事果断，志向坚定而不动摇，也是人格的个性表现。熊庆来希望学生在学习中具有坚忍不拔、锲而不舍的精神，勉励莘莘学子勤奋好学。熊庆来提出校训的目的在于使学生"立于德，诚于学，展于创，益于民"。[①]

---

① 刘兴育：《试析熊庆来教育思想及实践》，载《熊庆来教育思想与实践探究》，云南大学出版社，2010。

离国立云南大学开学典礼还有几个月,熊庆来心中的激情便难以遏止,以他深厚的古文功底,挥毫为云大写下了校歌:

> 太华巍巍,拔海千寻;
> 滇池淼淼,万山为襟。
> 卓哉吾校,其与同高深。
> 北极低悬赤道近,
> 节候宜物复宜人。
> 四时读书好,
> 探研境界更无垠。
> 努力求新,以作我民;
> 努力求真,文明允臻。
> 以作我民,文明允臻。

这首校歌气魄宏大,意境高远,格调庄重。以昆明的地势气候起笔,以国立云大的办学宗旨作结,催人奋发,促人上进,充满了朝气蓬勃的精神,洋溢着云南学人的自豪之情。校歌倾注了熊庆来对云大的热爱和希望,反映了他"求新""求真"的办学思想。

熊庆来写好校歌的歌词后,便请此时在昆明的老朋友赵元任为校歌谱曲,赵元任爽快地应承下来。熊庆来很高兴,有赵元任这位音乐大师谱曲,那肯定会为校歌增色不少!

一般人也许对"赵元任"这个名字不熟悉,但对《教我如何不想她》这首民国时期传遍大江南北的歌曲一定熟悉。这首歌就是赵元任谱曲、刘半农作词的。赵元任是一位少有的奇才,不仅是天才的作曲家,创作过很多歌曲,而且还是一位语言学大师。

出生于江苏武进的赵元任从 1910 年到 1920 年在美国留学 10 年。留学期间,他于 1914 年与任鸿隽、胡适等朋友们一起创办了"中国科学社",1915 年出版中国的第一个科学杂志《科学》。他是美国康奈尔大学的物理

五、云大由省立改为国立

博士，后来却改行当了语言学家。

赵元任的外文相当不错，他自己说："在应用文方面，英文、德文、法文没有问题。至于一般用法，则日本、古希腊、拉丁、俄罗斯等文字都不成问题。"赵元任美国留学归来后任清华大学教授，是清华国学研究院的"四大导师"之一。赵元任是一个通才，语言学是他着力最深的领域，然而他同时还兼授物理、逻辑等课程。抗战时"四大导师"仅健在两位了，除陈寅恪外，另一位就是赵元任。

赵元任从1929年进入中央研究院历史语言研究所任研究员，主持史语所语言组10年。他除了外语极好之外，还会说全国33个地方的方言。他还特别爱好音乐，曾专攻和声学与作曲法，他会摆弄多种乐器，终生与钢琴为伴。他一生创作过100多件音乐作品，包括声乐和器乐。有人说音乐是他生命的组成部分。

七七事变发生后，赵元任携家人随中央研究院迁移到长沙。1938年初，又随中央研究院从长沙迁移到昆明。

此时，受到老朋友熊庆来委托谱曲之后，赵元任爽快地应承下来。接着他就因收到美国夏威夷大学的邀请，于7月25日离开昆明乘滇越铁路的小火车到越南，然后转到香港乘坐远洋轮船前往美国。他是在去美国途中航行于太平洋的海轮上用心地为云大校歌谱完曲，然后寄回昆明给熊庆来的。

开学后，校歌很快在学生中传唱开来。清晨，傍晚，东陆校园中都不时传出由校长亲自作词、音乐大师赵元任谱曲的校歌的歌声。

随着这精神饱满、乐观向上的旋律，云大的莘莘学子在心中体会着歌词的意义，思考着歌词的内涵——

> 巍巍西山傲然卓立，茫茫滇池胸襟宽广。我们优秀的云南大学，学海吞吐，兼收并容，像西山一样，如滇池一般。在这海拔很高的云南高原上，北极星都仿佛"低悬"于上空；地处祖国的

西南边陲，赤道与我们距离都要近一些。我们云南气候那么温和，物产那么丰饶，一年四季都是我们学生读书的好时光，探索研究是无止境的。我们要刻苦学习新知识，成为中华民族优秀的人才；我们要奋力追求科学真理，达到世界先进国家的科学水平。成为民族优秀的人才，达到世界先进水平，就是我们的目标，就是我们的希望！

云大能改为国立，是云南的大喜事，得到了各方面人士的支持。龙云的夫人顾映秋，也给云大捐资建盖了一幢女生宿舍——映秋院。

1937年末，云大女生已超过160多名，但因校舍不足，无法安排女生入住校内。外地女生只得或租住校外，或住亲友家。家在昆明的女生每日来回奔波，也不方便。龙云夫人顾映秋得知此情后，决定捐款建造女生宿舍。熊庆来得知后很高兴，随即请1938年1月到达昆明的著名建筑家梁思成、林徽因夫妇设计。梁氏夫妇也热情允诺，表示作为"纯友谊的协助"。

梁思成、林徽因都是中国首家传统建筑研究团体——中国营造学社的重要成员，7月12日，他们一行在山西代县时，得知发生了"卢沟桥事变"，于是匆匆动身返回北平。为免遭敌寇加害，梁思成、林徽因不得不离开北平，踏上艰难的征途，9月中旬抵达长沙。可才住了两个月，长沙就被日机轰炸，梁思成家的住所被炸毁，一家人险些丧生。于是梁思成、林徽因决定再转移到大后方昆明。全家老幼5口，历尽40天的长途跋涉，一路艰辛，不堪回首。最后总算于1938年1月平安到达了昆明，借住在巡津街9号一所名为"止园"的宅院里。经过努力，营造学社便在昆明开始恢复工作，社址就设在巡津街9号"止园"。随即便很快开展了第一项研究工作——对昆明的古建筑进行调查。

此时梁思成脊椎病未愈，行动困难，野外调查由刘敦桢率刘致平、莫宗江、陈明达进行。林徽因在家负责资料整理的工作，同时操劳家务，照顾梁思成。在这种艰难的情况下，梁思成、林徽因仍不辞辛苦地精心为云

五、云大由省立改为国立

南大学设计了映秋院。当熊庆来收到梁氏夫妇完成的设计图纸后,随即写信给顾映秋并附上了图纸,信中写道:

龙夫人映秋女士大鉴:

前承慨允捐建敝校女生宿舍,热诚厚谊,全校同钦。即请梁思成先生及林徽因女士共同设计,(该建筑)具有中式建筑优美的兴趣及西洋近代建筑适用之特长,且充分利用本地建筑材料,以求经济。梁氏夫妇苦心经营,将来建筑落成,不仅莘莘学子得沾蔽荫之惠,而营造设计另辟蹊径,在云南建筑史上亦可放一异彩。估计(建筑)价值约为国币二万五千元。建筑名称拟为映秋学舍,聊表纪念之意。专函奉达

即颂

大安!

熊庆来 五月七日[1]

顾映秋见到图纸,对设计十分赞赏。梁思成、林徽因设计的映秋院为四合院建筑,由平房、楼房、外走廊、走道组成,东北角设月宫门,西南角建瞭望塔。整个建筑既有中国传统建筑风格,又具西方建筑特点,可谓中西合璧,古朴典雅,秀美大方。

设计图纸确定后,建筑随即抓紧施工。未想物价飞涨,建筑材料的价格高企,原来的预算国币2.5万元已经远远不够,于是顾映秋又典当首饰,追捐国币4万元,方得以建成。

建成之后,为使师生铭记捐助人对教育发展所做的贡献,熊庆来将此建筑命名为"映秋院",并再函谢顾映秋续捐4万元之义举,谢函全文

---

[1] 云南大学、云南省档案馆:《云南大学史料丛书·经费、校产卷(1922年—1949年)》,云南大学出版社,2013,第92页。

如下：

熊庆来函谢顾映秋续捐四万元建映秋院①

（1938年5月7日）

龙夫人映秋女士大鉴：

　　近承夫人继续慨捐国币四万元，作敝校映秋院修建不敷经费之用，祗领感荷。敝校因学子激增，房舍不足应用，又限于经费，修建维艰，寰承关怀，惠捐巨款，于女生宿舍，得着手兴建。虽物价不断高涨，致超过预算甚多，然宏丽之建筑，卒观厥成，莘莘学子，得蒙广厦之庇，饮水思源，无不感激。本应早日专函拜谢，因赴弥勒调查农产，刻始返省，至歉！建筑费开支情形，当编专报告送呈。台端嘉惠学子之盛意，除呈报教育部外，专此谨表谢悃。

　　　　敬颂
曼福，主席前并请代为致敬

　　　　　　　　　　　　　　　　　熊庆来　颂
　　　　　　　　　　　　　　　　　民国二十七年五月七日

半个世纪之后，1987年，梁思成、林徽因设计的映秋院被云南省政府公布为省级重点文物保护单位。迄至今日，映秋院仍为云南大学的景观之一。

3. 慎选师资

云大改为国立之后，经费有所增加。经中央及省政府核定年经费为50

---

①　云南大学、云南省档案馆：《云南大学史料丛书·经费、校产卷（1922年—1949年）》，云南大学出版社，2013，第92页。笔者注：此日期疑为有误，不应与前函是同一日，只应在其后多日。大概是编选、抄录、排版某个环节的笔误。

万元国币，由中央与省政府各拨半数。其中经常费为40万元，充实费为10万元。另由省政府拨发30万元作为理工学院建筑费，5万元宿舍建筑费。

只是经常费到实际拨发的时候，被中央以"抗战中经费不足"之名，核减到共20万元，其中由教育部负担7.5万元，由云南省府负担12.5万元。另由教育部拨了10万元作为建设费。到了1939年因增设农学院，年经常费才增至42万元。

经费稍有松动，熊庆来马上用来聘请优秀师资和充实设备图书。1938年，云南已成为重庆国民政府统治区的大后方。除西南联大在昆明成立外，战区的许多大学，如中法、浙江、华中、同济、中山等校和一些研究所纷纷迁到昆明，或暂驻，或长居，一时间，大批专家学者云集昆明。

熊庆来抓紧这一大好机会，采取借聘、兼任、办讲座等方式陆续向各方面聘请专家充实云大教师队伍。

1938年聘到云大任教的有动物学家崔芝兰，数学家华罗庚、赵访熊，社会人类学家吴文藻，文史专家顾颉刚、徐嘉瑞、吕叔湘，政治学专家王赣愚、朱炳南，法律学家陶天南、王伯琦，理学专家田渠、沙王彦、汪发缵，植物学家陈植，采矿冶金专家朱熙人、陶桂芬，医学专家郭文明、秦教中、王绍莘、经利彬、朗萨拉维（法国人），化学专家张瑞纶。还聘请了林学专家张福延任农学院院长，筹办农学院及森林系。

1939年，又在文史方面聘请了郑天挺、胡小石、白寿彝、邵循正、翁独健、姚从吾；社会学方面聘请了费孝通；数学方面聘请了庄圻泰、何衍璿；采冶方面聘请了石充；医学方面聘请了沈福彭、赵明德、朱肇熙等专家来校执教，并聘请了农学家汤惠荪筹办农艺系。还用当时教育部补助及庚款讲座费，聘请了协助科研的学者和工作人员：边疆教育方面有薛观涛、张维华、江应樑、丁道衡、陈家梧等，采冶方面有熊秉信，等等。

下面的这份1939年云大新聘教授的名单是拟发表在报纸上的文稿，也就是新闻专用的"通稿"。这份名单完整介绍了云大1939年新聘师资，以期起到引发人才聚集效应的作用。文稿原件保存在云南省档案馆，可惜缺失了一些文字。从中可见云大师资队伍在1939年已显出较为强大的阵容：

国立云南大学把新聘教授名单交付各报社刊登稿件（1939年）①

（以上疑缺）

云南大学年来愈求改进，师资设备均日见增强。本年度新聘教授计有胡小石先生任文法学院院长，王伯琦博士、何襄明博士任法律系教授，周覃被先生任会计学副教授，柯召博士任数学系教授兼主任，庄圻泰博士任数学系副教授，张瑞纶博士任理化系教授，赵树声博士任理化系副教授，丘勤宝先生、王敬立先生任土木系教授，石充博士任矿冶系教授，姚璧澄博士任医学院副院长兼教授，王显源博士任细菌学教授，汤惠荪先生任农学院院长，汪厥明先生为农艺系主任，张海秋先生为森林系主任，冯言安博士为园艺学教授等，讲师亦增聘有骆骕笙庭长、孔容照博士等多人。胡小石先生任中央大学教授兼文史系主任凡十余年，学问深湛，为国内有数国学大师；王显源博士在欧留学毕业后，复在巴斯德学院研究多年，在学术上之贡献甚多；石充先生为国内最负时誉之选矿专家，向在资源委员会工作，今来云大，对该校矿冶系生色不少；姚璧澄博士专寄生虫学，原任中山大学教授兼实习医院院长；汤惠荪先生曾任北京农业大学、浙江大学、中央政治学校教授；张海秋先生曾任中央大学森林系主任；柯召先生曾任四川大学算学系主任；汪厥明先生曾任北平大学、广西大学农艺系主任，均已先后到校授课矣。

（印送各报。《云南日报》交欧根先生）

---

① 国立云南大学把新聘教授名单交付各报社刊登稿件（1939年），云南省档案馆：1016-3-343/579。

4. 增设社会学系

省立云南大学刚改为国立时,熊庆来便制订了一个"国立云南大学发展计划",拟具四年计划,第一年的工作计划是"除在原有院系内,添置设备,增聘教授外,拟改文学系为文史系,俾较切实"外,还有一项重要工作——"于文法学院内,增设社会人类学系,以云南原始民族为对象,研究人类文化发展之过程,进而探讨如何同化苗蛮,以期得巩固边防之途径。"

熊庆来从云南边疆的实际出发,把"增设社会人类学系"作为"建立西南文化基础,适应地方特殊需要"的一项重要举措来认真实施。他在1937年刚接任省立云大校长之初,便阐述过这样的观点:

> 中国政府历来对边陲之政策只尚剿抚,不重经营,一切发展听其自然,只求边远民族之就范,不务彻底之解决。因此,数千年来中国周边区之民时叛时服,而朝廷之政时剿时抚,推其原因均由我国政府对于边区内情十分隔膜,只重军事之胜利,不重文化、政治、经济、交通及社会之经营。在昔海道未通,我东亚神州尚可随国内之分合,而应付边地之问题。惟近百年来中国门户洞开,藩属尽失,而滇边之缅甸安南早已不复为中国之属土,曾几何时而大英帝国与法兰西已直接与中国之云南接壤矣,唇亡齿寒。而滇边之问题日愈繁多,举其大者如滇边之国防、滇边之界务、滇边英法之侵界,以及滇边土人之同化。凡此种种不胜枚举。然均为我国上下所宜注意者也。不特中国政府当局应加筹划,即一般民家与乎学术机关尔,应加以研究,以便找出滇边问题之所在,明白滇边问题之困难,了解滇边情形之内容,发为著作以供

同人之研究及政府边政经营上之参考。①

熊庆来认为,学校作为学术单位,有责任对云南省情进行学术研究,为改善民族关系、巩固边防做贡献。他关注到国内边疆社会研究中的一些错误——"自'九一八事变'以来,全国上下已渐渐注重中国之边疆问题,但是研究边疆政治的人士大多闭门造车,所发议论,未免空泛,对于实际边区情形则多凭文字记载而未尝切实调查,即或偶尔组织团队前往考察均属走马观花之举,只有泛泛印象,而未尝彻底了解。"现在自己重归故里,担负起边疆一所大学校长的重担,那就应该在做边疆社会研究中努力避免这些错误,他强调说:

> 云南大学乃西南最高学术机关,得地理上近水楼台之便,对于滇边之研究实负有下列诸项重大责任:
> (1) 找出滇边之种种严重问题。
> (2) 搜集有关滇边之文献以供一般之研究与参考。
> (3) 调查滇边文化、社会、政治、民族、经济之真实状况。
> (4) 研究经营滇边之政策与设计。
> (5) 培养经营滇边之人才,特别强调当务之急是研究中缅划界问题、滇越铁路问题,调查英法在滇省之势力,研究中缅及中越之历史关系问题。②

熊庆来着重指出:"盖以开发边疆,为今日当务之急,而边政边教,欲求推进,非有曾受社会学切实训练之专门人才不为功。"

基于这样的认识,云大由省立改为国立后,熊庆来加快了推进开办社会人类学系(后定名为"社会学系")的步伐,要为改善民族关系、巩固边防做贡献。1938年夏,他专门申请中英庚子赔款设立教席,邀请燕京大学

---

① 云南省档案馆,16-2-187/2。
② 刘兴育主编:《熊庆来教育思想与实践研究》,云南大学出版社,2010,第100页。

五、云大由省立改为国立

的社会学系主任吴文藻教授来云大任社会学系主任，并设法斡旋，分别致电教育部次长顾毓琇和中英庚款董事会总干事杭立武，请求帮助玉成此事。此时的吴文藻，与清华大学的潘光旦及陈达、大夏大学的吴泽霖等，被公认为中国最有名的社会人类学者。

申请中英庚子赔款设立教席邀请吴文藻之事终于如愿，吴文藻于1938年10月抵达昆明，任云大社会学系教授兼系主任。吴文藻的到来，实现了熊庆来成立社会学系的计划，为社会学系日后的研究工作奠定了坚实基础。

吴文藻还向熊庆来推荐了自己在燕大的得意门生费孝通。费孝通是1938年8月从英国伦敦大学经济政治学院获得博士学位后回到国内的。1938年11月，费孝通受熊庆来之聘到云大社会学系任副教授，并获得了中英庚款资助，一年多后晋升为正教授。

> 费孝通在英国的导师是国际上著名的功能学派社会学家马林诺夫斯基，他从马氏那里学到了许多社会学的新理论和新方法。结合中国实际情况，费孝通在云南大学开创了一套先进的、有特色的社会学研究方法，其核心就是中西结合，注重实践；解剖麻雀，以小见大。主要的方法，一是田野调查，二是学术研讨。[①]

费孝通到云大仅两个星期后，就开始到离昆明有100多公里的禄丰县乡下进行社会学调查。1939年初，云大社会学系成立了社会学研究室，由费孝通主持，云大社会学系还与燕京大学合办了实地调查工作站——"云大—燕大社会学实地调查工作站"。

为躲避日本飞机轰炸，社会学研究室于1940年初疏散到离昆明10多公里外的呈贡一座古庙"魁阁"，继续开展研究工作。大家平常都把这工作室称作"魁阁工作室"。

费孝通日后回忆道："这座破败的三层古庙外面风景很美，内部却陈旧

[①] 肖宪：《费孝通与云南大学》，《云南大学校报》2010年第1037期。

不堪。地板踩上去嘎吱作响，墙缝里藏着小虫，叮得人浑身发痒。""有6个研究人员和我家同住一个地方，这就给我们以充分讨论的机会。我们作实地调查分散数日后，重聚在一起举行我们所说的研究会，这是马林诺夫斯基的传统；这种讨论有时在热烈而愉快的气氛中进行半天。"

呈贡魁阁的条件很简陋，但费孝通他们不惧困难，不辞辛苦地认真进行科学研究，有时他们会为某个问题展开激烈的争论，在这种自由而深入的学术讨论中，大家对问题有了更深刻的认识。他们的情绪都很乐观，熊庆来的儿子有这样难忘的印象：

> 记得有一次跑警报，父亲去了呈贡，秉衡也随车同行。到呈贡后，费孝通在前引路，来到魁星阁，这是一座四面挑檐的亭阁式木结构建筑，古朴而陈旧。几位年轻人高兴地迎上前来，一一和父亲握手。一楼是厨房。沿着一道狭窄的、斜度很大的木楼梯上楼。二楼是办公室，几个书桌挤在一起，摊放着杂志、图书、文稿。墙边的书架上也尽是书和杂志。敞开的一排中式木窗，让室内采光明亮，空气清新。坐在桌前，抬头就可以看到窗外的优美景色。我们坐在二楼休息，父亲和他们谈话、喝茶，气氛融洽而愉快。①

1939、1940 年间，费孝通和助手张之毅、史国衡等人多次到昆明、玉溪、大理等地进行田野调查。他们以魁阁为基地，从这里分头出发，开展田野调查，进村镇、访农户、入小区、下工矿。为了了解一些地区的贸易情况和社会生活，费孝通甚至还跟随驮货的马帮远行，身穿马锅头（赶马人的俗称——笔者注）的羊皮褂，夜宿小庙，烧篝火取暖。他们探村镇、访农户、入社区、下工矿。在调研基础上，先后完成了《禄村农田》《易村手工业》《玉村农业和商业》《昆厂劳工》等一批调查报告。直到晚年，费

---

① 熊秉衡、熊秉群：《父亲熊庆来》，云南教育出版社，2015，第 268 页。

孝通提起云南的马帮还非常动情，说自己是"思想上的马帮"。他回忆道：

> 这一段时间的生活，在我这一生里是值得留恋的。时隔愈久，愈觉得可贵的是当时和几位年轻的朋友一起工作时不计困苦、追求理想的那一片真情。以客观形势来说，那正是强敌压境、家乡沦陷之时，战时内地知识分子的生活条件是够严酷的了。但是谁也没有叫过苦，叫过穷，总觉得自己在做着有意义的事。吃得了苦，耐得了穷，才值得骄傲和自负。我们对自己的国家有信心，对自己的事业有抱负。那种一往情深，何等可爱。这段生活在我心中一直是鲜红的，不会忘记的。①

魁阁工作室的研究工作在费孝通的带领下有条不紊地进行，费孝通对此记述道：

> 每个研究人员都有自己的专题，到选定的社区里去进行实地调查，然后在"席明纳"里进行集体讨论，个人负责编写论文。这种做研究工作的办法确能发挥个人的创造性和得到集体讨论的启发，效果是显然的。像《易村手工业》这样的论文是出于大学毕业后只有一年的青年人之手，我相信是经得起后来人的考核的。②

费孝通他们"这种'席明纳'（Seminar，即学术研讨会）式的集体讨论，对论文的完善起着至关重要的作用。讨论是自由的，大家畅所欲言，不同的观点往往碰撞出灵感的火花。集体的审视，更易于发现问题，或是文章分析欠妥，或是调查材料不足，等等。于是，针对存在的问题，或是

---

① 费孝通：《云南三村》序，载《云南三村》，天津人民出版社，1990。
② 云南大学、云南省档案馆：《云南大学史料丛书·会议卷》，云南大学出版社，2010，第126页。

反复改写，或是深入原地复查。一篇篇论文，经过多次反复锤炼后，日趋深刻，日臻完善。就在这座简陋的魁阁里，他们陆续完成了一批高质量的调研报告。"①

1943年，美国国务院文化关系司邀请中国10所大学的10位教授访美，其中也包括云南大学。熊庆来就派费孝通代表云大访美。此时费孝通33岁，是访美10位教授中最年轻的。从1943年6月到1944年6月，费孝通在美国访问了1年。

在美访问期间，费孝通把云大社会系的研究成果（费孝通称之为"魁阁的成果"）带去交流。将《禄村农田》《易村手工业》《玉村调查》三份调查报告合称为《乡土中国》（Earthbound China），也称为《云南三村》，译成英文在美国出版。将《昆厂劳工》也译为英文本（英文书名 China Enter the Machine Age），先后由哈佛大学出版社和芝加哥大学出版社出版。

1946年出版的《不列颠百科全书》中，云南大学被列为中国15所著名大学之一，有费孝通等这样一批国际知名教授，是一个很重要的原因。

据不完全统计，费孝通1938—1946年在云大工作期间，个人共出版中文著作2部，中文译著2部，英文著作2部，学术论文34篇。另外，还有一些文章当时没有发表，后来被编入了著名的《乡土中国》一书中。在那种艰苦、动荡的岁月里，能取得如此多的学术成果是很不容易的。除了学术研究，费孝通还和同事们一起培养了一批优秀的社会学人才。从1940年到1945年，他先后为云大社会学系的学生开设了"经济社会学""家族制度""社会学""社会制度""社区研究""近代社会理论与方法""云南农村经济"等多门课程。

---

① 熊秉衡、熊秉群：《父亲熊庆来》，云南教育出版社，2015，第269页。

五、云大由省立改为国立

费孝通于1946年8月离开云大。由于各种原因，云大社会学系也于1954年被停办，直到1995年才恢复。但吴文藻、费孝通创建的社会学至今仍是云南大学的重点学科之一，从社会学延伸发展出来的民族学和人类学，现在成了云南大学实力最强、影响最大的全国重点学科。老一辈学者的学术传统、学术成果、研究方法，今天仍影响着云大的后辈学人。①

吴文藻、费孝通创建的云大社会学的影响深远，魁阁先辈的学术报国之志一直在激励着云大的莘莘学子。2022年10月27日，中国乡村社会大调查启动仪式在云南大学东陆校区文津楼报告厅举行。由云南大学启动实施的重大项目"中国乡村社会大调查（以云南为调查蓝本）"旨在深入学习宣传贯彻党的二十大精神，落实省委、省政府的重大部署。该项目围绕乡村"产业振兴、人才振兴、文化振兴、生态振兴、组织振兴"，全面反映云南脱贫攻坚的历史性成就和云南乡村振兴的具体实践，为边疆民族地区高质量发展提供智力支持。

云大党委书记林文勋在启动仪式上讲话，强调指出："本次大会具有特殊而重要的意义，是云南大学学习宣传贯彻落实党的二十大精神的具体举措和重大实践，也是推动民族学、社会学学科建设，推动学校'双一流'建设的重要工作部署和安排。"林文勋强调，要充分认识中国乡村社会大调查的重要意义。启动中国乡村社会大调查就是要继承魁阁先辈学术报国之志，推动云南大学的民族学、社会学更加深入地融入国家乡村振兴战略，融入云南高质量发展以及推动学科全面转型升级、学科融合发展、充分发挥学校人才优势、学术优势、学科优势，服务国家、服务社会的重大战略举措。

林文勋强调，中国乡村社会大调查是新时代、新形势下，云南大学推

---

① 肖宪：《费孝通与云南大学》，《云南大学校报》2010年第1037期。

动民族学、社会学发展的综合性大项目。大调查要融学科建设、人才培养、学术研究、社会服务为一体，进一步提升云大民族学、社会学的学科建设水平，并着力培养一批未来的中国优秀的社会学、民族学研究者；要通过本次大调查，打通社会与学校之间的联系，把学校小课堂延伸到社会大课堂，全面推进全域调查基地建设，面向社会，面向实践，提升人才培养质量；要通过本次大调查，掌握第一手材料，研究国家经济社会发展当中的重大理论问题、现实问题，在此基础上产出一批高质量的、有影响的学术成果，全面提升学术水平；要通过本次大调查，进一步服务国家战略，服务云南发展，全面提升云大师生和学科服务社会的能力。

5. "最困难的一年"——1940 学年

到了 1940 年下半年，日寇飞机的轰炸日益频繁。此时，日寇已经更换了性能更好的新型飞机，轰炸昆明造成的后果更严重了。

从 1940 年 8 月起，云大开始大规模疏散，陆续地分别搬迁到各地。疏散师生员工（包括教职员直系家属），迁移物资。而长途搬迁所需耗用的经费数额甚大，路上的困难很多，有些困难甚至是事先难以料想得到的。

这种大规模疏散真是一项艰巨复杂的工作，1940 年度上学期的开学日期因疏散不得不推迟开学，9 月 6 日的校务会议做出议决，推迟到 10 月 1 日开学上课，并将此决定上报教育部。

上年暑期，学校已将工学院迁移会泽、理学院迁移杨林顺龙桥、农学院迁移呈贡，加之附中早先一步已疏散路南，但如此分散到各地后，交通相当不便，加之通信手段落后，给学校的管理带来了更多的问题。

现在又要开始大规模疏散，疏散的迁移费用是一个大问题。迁移前仅就物资略加估计，至少约需 20 万元，但后来经较详密之计算后，迁移物资仅 20 万元确实不够，加上还有另外几种必不可少的费用，全部迁移费最低限实需 63 万元。熊庆来在 1940 年 9 月 21 日致教育部长陈立夫的快邮代电中陈述实际情况道：

五、云大由省立改为国立

重庆教育部部长陈钧鉴：

育密。申文电奉悉。密查本校迁移地点业经决定滇东会泽，现正积极准备迁移，其迁移费用前仅就物资略加估计，至少约需二十万元，曾经电呈在案。现作较详密之计算，仅迁移物资一项，二十万元之数仍属不足，而教职员同人咸感经济困难，一旦移动，旅费所需尤将无力自筹，故本校对教职员本人及其直系家属不得不参照联大拟订之办法酌拟发给迁移津贴。又学生多属生活困难，迁移虽可步行，亦不得不酌给补助。以此数端，并因近日汽油及与运输有关之物价值节节高涨，总计迁移费最低限实需六十三万元。益特开具预算表呈请钧部鉴核，将款如数迅赐汇发，以便从速进行，无任盼祷。

附迁移费预算一份。

国立云南大学校长熊庆来叩。马。印。

民国二十九年九月二十一日发[①]

(1) 云大首次惨遭日机轰炸

未想到，正处于应对疏散搬迁纷乱之中的云大，又惨遭日寇飞机轰炸。10月13日，日寇飞机又一次飞临昆明上空。这一次敌机的轰炸目标竟然锁定在云南大学，致云大蒙受了惨重损失。熊庆来的五子熊秉衡亲眼所见的真实情况是这样的——

地面的高射炮群向天空射击，在高空爆炸后形成朵朵灰白色的小烟雾团。敌机飞得很高，勉强可见高空有一群小小的银色光斑。敌机成品字形编队，3架一组共有27架。机群缓缓飞行，在

[①] 熊庆来致教育部长陈立夫的快邮代电 (1940年9月21日)，中国第二历史档案馆：5 - 3701 (1) 121 - 123。

昆明市北区一带扔了许多炸弹。我们站在海源寺旁的山上，远远眺望，见到昆明城里冒出的几股烟尘。不知今天又炸了哪里？陆续传来消息说：云大被炸了！

过后的一天，母亲带着我们回到云大，看到了炸后的惨状。校长住宅楼前有一个大弹坑，校长住宅楼的门窗全都塌落，玻璃全碎，从外面可以直望进屋内。在一个窗户的布帘里还裹着一个很大的炸弹残片，两尺多长，半尺多宽，上面布满了高温留下的彩虹般的图纹。石阶被弹片打出许多缺口、裂缝，墙壁被打得坑坑洼洼，一无是处。走入住宅楼内，满地是尘土碎玻璃，门窗都歪靠在一旁。走到廊上，靠南的墙壁伤痕累累，不但石灰落下，砖也被击裂，天花板和墙壁也有些错位。

会泽院的前后两侧都有弹坑。日寇飞机原想炸毁会泽院大楼的，却没算准时间，炸弹要么投早，要么投晚，大多落到了大楼的前后两侧，只有一枚炸弹命中大楼。不过，这枚炸弹也只算是一个擦边球，偏在大楼楼檐，炸塌了楼檐的一小段石栏杆和栏杆下面的侧墙。至公堂被一枚炸弹命中，炸塌了屋顶的正中间，像开了一个大天窗。四墙犹存，内部则成瓦砾场。还有科学馆、西宿舍、东宿舍都被炸了。

在晚翠园旁的医学院损失惨重，用作实验室和教室的两排平房全被炸成废墟。倒塌的房屋、散落的砖块碎瓦，一片狼藉。实验室破碎的玻璃瓶，瓶里的婴儿标本倾翻在地上；解剖室的尸体半露在瓦砾中……万幸的是那座尚未竣工的新建楼房细菌学馆没有中弹，仍屹立在废墟前……[①]

这次敌机的轰炸目标重点锁定云大，对云大狂轰滥炸，这正说明了他

[①] 熊秉衡、熊秉群：《父亲熊庆来》，云南教育出版社，2015。

五、云大由省立改为国立

们对中国高等学府的仇视和畏惧,妄图蓄意摧毁中国文化、阻挠中国学术进步。熊庆来明白,高等学府的存在让敌寇感到了威胁,他更加感到肩上责任的重大,决心一定要奋力保住学校!保住国家的文脉!

惨遭日寇飞机轰炸的第二天,熊庆来率全校师生通电全国,控诉日寇轰炸校园的暴行。电文如下:

> 中央党部、国民政府军事委员会、中央各院部委、各级党部、各省政府、各大学、各报馆、各法团暨全国人士公鉴:
>
> 本月十三日午后,敌机三十余架进袭昆明,狂施轰炸,其惨烈为前数次所未有。计在本校范围内投弹大小近三十枚,校舍泰半破坏,有历史价值之至公堂(即本校现在大礼堂)中弹全毁;实验科学所在之科学馆崩裂,不可复用;落成未久之医学院屋宇大部夷为平地;伟峨宏壮之会泽院屋檐亦中弹,并四面被弹片损伤,其他各屋宇抑尘门窗都已残破,教职员宿舍与零星房屋被震化为瓦砾场者,约计五六十间。图书仪器大部分亦颇有损毁。总计建筑约在一百五十余万元,图书仪器约在十余万元,校具约在7万余元,其他私人损失尚未计入。幸本校全体员生闻警报迅速疏散,尚属无恙。
>
> 现察敌机轰炸情形,系以本校为轰炸目标,作有计划之摧残。查本校系一纯粹学术机关,并无军事设备,而敌机滥施轰炸至于此极,其出于暴日蓄意摧毁我文化、阻挠我学术进步之一贯政策,毫无疑义,此种野蛮暴行实为有文化民族所不容。本校创设二十载,经营惨淡,今乃疮痍满目,实深痛心。惟全体师生经此刺激,当愈益奋励,以为我前线抗战将士之后盾而谋于建国前途有所贡献。除将被炸详情另电呈最高领袖及主管机关外,特电奉闻。
>
> 国立云南大学校长熊庆来率全体师生叩。寒。印。①

---

① 见《云南日报》1940年10月14日的相关报道。

日寇飞机的轰炸，给学校师生的教学、生活造成了很多困难，但大家没有气馁，设法克服困难，各学院在不同的疏散地坚持正常上课，没有教室，教授、讲师们就在僻乡古庙里授课，莘莘学子在昏暗的油灯下苦读，吃的是粗粮素菜，睡的是潮湿透风的陋室，但是，师生们都怀着"抗战必胜"的信念，乐观地对待困难。老师诲人不倦，学生刻苦学习。数学系的庄圻泰先生随全系迁往马坊，就在寺庙的大殿里讲授微积分。"他在后方艰苦的环境中坚持教学工作。他经常担任两门课：微积分和一门较深的课，例如限分方程式论。后来昆明时常遭到敌机轰炸，教学工作受到严重影响，于是云南大学决定将学校理学院迁到离昆明较远的马坊镇。镇上有一个兴隆寺，中央的大殿作为理学院的大教室，其他房屋作为教室、办公室和住处。他担任的微积分课程就在大殿里上课，那时生活条件很差，不仅吃不好，而且住在寺里一间黑暗又潮湿的屋子里，后来还得了疟疾。"他在日后谈起这段艰苦生活，还笑谈：这点苦——"真的不算什么！"

庄圻泰先生在云南大学执教的 7 年中，除去教学工作外，还坚持研究工作，不断思考学术问题，后来他在法国一个刊物上发表的论文就是在云南大学期间做出来的。①

数学系主任王士魁曾"抱着新生的婴儿在旷野中向学生授课。没有课桌、板凳，同学们就席地而坐，以膝盖当课桌，教师们在油灯下备课，批改作业"。②

更难得的是教师们在如此艰苦的条件下继续学术研究，有的还做出了卓越的成果。譬如云大—燕大社会学实地调查工作站疏散到离昆明 30 多里之外的呈贡县古城村，社会学系系主任费孝通带领着一批年轻教师开展了一系列深入细致的社会调查，以严谨的科学态度分析、研究，获得了许多重要成果。

---

① 见百度百科"庄圻泰"词条。
② 《云南大学志》编审委员会：《云南大学志》第十卷《人物志·人物卷（一）·王士魁》，云南大学出版社，2000，第 134 页。

同时，熊庆来在努力地多方寻求救济补助，以帮助师生解决一点困难。下面是他向昆明空袭紧急救济联合办事处请求救济补助的公函全文：

国立云南大学向昆明空袭紧急救济联合办事处
请求救济补助公函①

（1940年12月13日）

案准贵处总字第00504号公函："以准赈济委员会运送配置难民昆明总站公函，转奉中央赈济委员会支电，以联大、云大被炸极深轸念，电省府在赈济会拨汇空袭救济准备金项下划拨八千元交由联办处会同该主任赶办救济。嘱将本校受灾情形函知，以凭核办。"查十月十三日，敌机进袭昆明狂施轰炸，在本校范围内投弹约三十枚，计至公堂及医学院屋宇大部分中弹全毁。理化系科学馆被震崩裂损坏，会泽院亦中二弹，其教职员及学生宿舍、校警室、大门外围墙与零星房屋被震倒塌者，约计五六十间。其中男生寝室大半被坏，女生新、旧宿舍屋瓦毁坏亦甚，至图书、仪器大部分虽已疏散，而存校部分亦颇有毁损，总计建筑约在一百余万元，图书、仪器约近十余万元，校具约在七万元，学生损失千余元，教职员损失约一万元，校警、工友损失约二千元。全体员生闻警报迅速疏散，仅职员一人受伤，工友二人受轻伤。准函前由，相应备文函复贵处，请烦查照，惠赐办理，实纫公谊。

此致

昆明空袭紧急救济联合办事处

校长　熊庆来

民国二十九年十二月十三日

---

① 云南大学、云南省档案馆：《云南大学史料丛书·经费、校产卷（1922年—1949年）》，云南大学出版社，2013，第316~317页。

(2) 云大再遭轰炸

云大继 1940 年 10 月中旬被轰炸之后，第二年 3 月又惨遭轰炸。两次被炸，学校损失甚重。会泽院、生物系、图书馆、至公堂、医学院实验室、细菌室、科学馆、学生西宿舍均受损坏，设备、仪器、图书，都受损不少。

不过，熊庆来没有灰心，没有消沉。痛心之余，他想得更多的是如何鼓舞"士气"，克服困难；是如何挽救损失，修补危房，重添设备仪器，并且立即着手安排力量，付诸行动，抓紧疏散搬迁。从疏散到开起课来，前前后后耗时两三个月，其中出现了很多困难。

开始搬迁时，棘手的问题接踵而来。

少数教授坚持不搬。在这敌机频频轰炸，国难当头的危急时刻，仍然不免有少数人会不顾大局地这样想、那样说。他们提出交通与生活的不便，疏散地卫生条件太坏……

搬迁经费也是个很难办的问题。特别是工学院、理学院那么多设备、机械、仪器等，需要多少运输力量，多少人力花费？可是这次搬迁疏散经费，只有教育部拨的 20 万国币。买了两辆卡车便用去 6 万多。而当初工学院决定迁到东川时，以为很好，后来搬迁时才知道，其间有一段公路极坏，理化仪器很难运去，而且这段路还不短。

从昆明到东川的步行团由体育主任涂文带队，有教师，有学生。每天停宿站都得有人负责，解决食宿问题。尽管事先都做过计划安排，可仍然有不少意外事件发生。沿途登山涉水，师生们精神振奋，这一次翻越横断山脉的 5 天长途跋涉，对师生们来说，都是一次极好的考验和锻炼。

整个汽车运输问题也因一部卡车抛锚而拖延了好些天。行至荒山中，卡车突然出故障，坏在那里，上不沾天，下不着地。驾驶员只好步行求援。没有想到的是，车上无人看守，机件竟被人偷去许多，又损失了一笔不小的经费。

让人啼笑皆非的是，有教授提出，"学校应负责运送教授全部家具"。

五、云大由省立改为国立

这种时候，竟还会有人提出这样幼稚的要求。如此只从一己之利、一家之便出发考虑问题，又给学校增加了许多始料不及的困难。

……

在如此艰难的境况之中，熊庆来何以还这样苦苦挣扎、锲而不舍地尽其所能地做着努力？

除了他一贯抱定的"为桑梓服务"的献身热忱之外，还有他始终不渝地认定学术建设对于抗战和建国具有重要作用这一因素。他提出了"学术生命"这一观念。在他心目中，在任何艰苦环境里，在任何敌人的摧残下，作为中国知识分子，作为大学教育的工作者，他们的"学术生命"必须倔强地存活下去。他对自己的工作有一种责任感和使命感，他在云大12年间的所作所为，可以说，自始至终就是在这种责任感和使命感的鞭策下做出来的。

抗战时期的昆明不仅仅存在敌机狂轰滥炸的威胁，还有一个严重的问题是，物价越来越高。

尤其是从20世纪40年代初起，物价简直像断了线的风筝，一个劲地飞涨，物资奇缺，民不聊生。熊庆来和许多大学教授的生活都艰苦极了。

曾经有这样的说法："教授教授，越教越瘦。"还有这样的传说——有个大学教授走在街上，一个要饭的在后面跟着走了一条街。教授身上实在没有钱，最后只好转过身去直言相告："我是教授。"要饭的听到这话才走开了，因为他们也知道教授是穷的。这些说法，便是20世纪40年代昆明教授们的生活写照。

熊庆来眼睁睁地看着自己周围的教授们生活每况愈下，日益窘迫，内心感到万分痛楚和凄苦。自己身为一校之长，却无力帮助大家。自己呢，也是自身难保，如同泥菩萨过河。孩子多，妻子又常犯病，家乡还不时有亲戚来投靠。自己的月薪比其他教职员的虽略高一些，却也是捉襟见肘，时感困窘。云大这么大一个"家"的责任压在肩上，自己不敢稍有懈怠。也没有时间和精力像其他有的教职员那样，去兼点课，或者兼个差什么的。他只能凭学校为数不多的薪金，苦撑苦熬了。"我家不敷出已有半年多了。"——他的次子熊秉明1941年1月2日的日记中记着这么一句话，并且这一天的日记就只记了这么一句话。

情况越来越糟，连秉明在云大与文史系的先生们一起吃包饭的每月20元伙食费也难以确保了。就在这月底，秉明只好退出包饭。每天下课后，不管刮风下雨，都得为了吃饭而跑回海源寺去——就为了与家人一起吃饭，这比吃包饭能省下一点钱。

海源寺离学校可不近，单程就有十几里地。看着熊校长家这种情况，一些先生们也为之担忧，深表同情。可是，担忧归担忧，同情归同情，这些先生们对自己的校长也都爱莫能助。

"校长公子为每月省20块伙食费，每天跑十几里路吃饭，这可怎么好？"朱德祥先生对其他同人提起了这个话。其他教授们听了之后，也只有苦笑笑，摇摇头，叹口气。

校长对教授，教授对校长彼此都是深怀同情，充满友爱之心的。可是，彼此却都无力相助。这是什么世道啊！

一些夫妻两地分居的外地教师尤感生活费用高昂，有的甚至迫不得已而离开昆明。譬如施蛰存先生于1940年3月间离开云大回上海去了。他在3月10日给系主任闻在宥先生的信中道出了自己的苦衷："弟现已定于十三日离滇赴港……昆明物价近已无法对付，米售百元一石尚可，所更难堪者，纸烟'皇后轮'廿支乃售一元六角。故弟不能待至暑假结束告退耳。"[①]

文法学院院长胡小石先生也苦于生活问题，向熊庆来告假回四川。他的妻儿都在重庆生活，家中的日子过不下去了。熊庆来心中实在不希望他离开云大，但也只能准假。

秉明在1941年1月3日的日记里也记到了这件事："胡老伯要回重庆，为了家庭的生活问题。据说重庆鸡蛋卖到三角一个，米一百六十元一石。中央大学有学生不得已在街头卖苦力维持生活。胡老伯有两位少君在大学，

[①] 沈建中：《施蛰存在云南》，《文景》2006年第12期。

两位在中学，因此不得不皱了那宽大的、光彩的大额，向父亲要求坚决回四川一转。知识阶级在今日真感受到重大的压迫。"

社会学系系主任费孝通这时期的艰苦生活也是使他和妻子都永远刻骨铭心的。

在日机空袭的频繁警报中，妻子怀孕要生产了。1940年10月这次大轰炸时，费孝通夫妇顺着小路仓忙撤到附近山中疏散。回来时发现住房已中弹，再也无法居住了。

于是他们赶到离呈贡镇很近的一个小村庄的农户家里借宿。妻子马上就要分娩，费孝通无钱送她住医院，准备请个收生婆接生。但是房东固执地不允许孩子出生在他家。因为他们很迷信，认为这样会使他家断子绝孙。

实在无法，费孝通只好向镇上一位广东人临时租了一间小屋作产房。好不容易产下孩子，可不几天孩子就病了。药很贵，又紧缺，奶粉也买不起，费孝通不得不到处借钱买药。

在这种战时逃难中照顾这样一个家庭，多不容易啊！

这段频频被日机轰炸的生活，把云大、联大的教授们搞惨了，把熊庆来这位大学校长也搞惨了。秉明这根家中的顶梁柱被搞得疲惫不堪，看书的心绪都没有，他在日记中写道："一个星期来的生活把我踩躏得苦烦之至。试想：一早8点有课，往往必须从海源寺赶到联大上课。上过课立刻回家做早点，才用过早点，警报把我们又赶回海源寺。在那里什么事也不能做，呆上三四点钟，又跑到联大上课；或者天将黑，才骑车奔回云大，为父亲预备晚饭。几乎整天的时光，用在煮饭和跑路上。今天呢，我还亲自去买菜。每天不但读书的时候没有，日记都不得不缺上几天。这样下去可不行。'厨师'的工作是不能'胜任愉快'了。其实只当'厨师'倒也不怎样，大学这里的'家'一切琐事由我负责。母亲、三姐、弟妹都在海源寺，我只好感到头晕了……"①

---

① 熊秉明1940年10月15日日记。

在海源寺乡下，熊庆来家的日子也是过得那样令人心酸，令人难以置信。

> 夜来睡不宁，全家挤在一间黑屋里。鼻间充满酸辛味、尿臭气、鸡屎气、灰尘气、朽木气。耳边是弟弟的哭声，小鸭（熊家小保姆的小名——笔者注）的鼾声，母鸡和小鸡的叫声，大老鼠跑声和咬木声……谁起来溺便，则鼻间和耳间更有一阵嘈杂。用力醒（睁）大眼，则眼前是墨汁瓶里似的黑暗，没有一丝星光或月色……大学校长的家庭也被迫在这样的情况里生活！

秉明1941年1月12日这段日记真实、生动地记下了他们一家人抗战期间生活的一个侧面。

大学校长是如此，云大、联大的许多教授也是如此。很多人都搬到了乡下疏散，拖儿带女，艰苦非常。住得最远的在30多里之外的呈贡镇，有课时进城需要坐小马车，或者步行，非常辛苦。遇到雨天，则泥泞路滑，赶到教室已是形同落汤。

华罗庚一家6口人刚开始疏散时，还没找到合适的去处。已经先到昆明北郊农村司家营安顿下来的闻一多，听到这个情况，便热情地在自己家中让给华罗庚家一间房子，他自己和妻儿共8口人住在另一间房子里。同一屋檐下分住两家人，当中用一床布帘子隔开，开始了隔帘而居的共患难生活。

后来，华罗庚写下四句诗，记述了这段令两家人都毕生难忘的生活，同时亦表达出教授们那种"贫贱不能移"的爱国之心：

挂布分屋共容膝，
岂止两家共坎坷。
布东考古布西算，
专业不同心同仇。

五、云大由省立改为国立

华罗庚也有着与费孝通同样的无能力把妻子送到医院分娩的经历。他的孩子华光也是在破旧的茅屋里呱呱坠地的。"就叫华光吧！我们家的钱又花光了！"华罗庚又是辛酸又是幽默地用谐音给儿子取了个这样的名字。

华罗庚一家人在昆明的生活过得极艰苦。有一段时间他们在昆明北边离城20里路的一个村子里疏散，就住在农民的牛圈楼上。白天，华罗庚拖着病腿走路进城去讲课，晚上又在昏黄的小油灯下埋头钻研数学。常常是吃了上顿没有下顿。他把为排忧解愁而抽的烟也戒了。然后又悄悄地改换个名字，到一所中学里兼课，挣几个钱来糊口度日，养活孩子。后来，华罗庚曾经说过这样一段话，真实描述了他们家这一时期的悲苦生活：

> 想到了40年代的前半叶，在昆明城外20里的一个小村庄里，全家人住在两间小厢楼里，食于斯，寝于斯，读书于斯，做研究于斯。晚上，一灯如豆；所谓灯，乃是一个破香烟罐子，放上一个油盏，摘些破棉花做灯芯。为了节省点油，芯子捻得小小的。晚上牛擦痒痒，擦得地动山摇，危楼欲倒。猪马同圈，马误踩猪身，发出尖叫，而我则与之同作息。那时，我的身份是清高教授，呜呼！清则有之，清者清汤之清；而高则未也，高者，高而不危之高也。在这样的环境中，埋头读书，苦心钻研……

这就是昆明的教授们的生活！

"风雨如晦，鸡鸣不已。"尽管生活条件如此艰苦，但熊庆来和很多教授、中青年教师及职员，都不失民族气节，甘于艰苦，甘于淡泊，朝夕系念着教学和科研，严谨治学，诲人不倦，为培养人才而作着不懈的努力。

曾经有几位同人出于好心私下劝过熊庆来："熊校长，依我们浅见，如此艰难的条件，这学校是很不好办啊！您不如取个主动，先向政府提出辞职，表示出辞意，以便日后办事方便些，有个退路，熊校长以为如何？"

"不！我一点儿没有灰心，"熊庆来态度恳切地说，"我感到前途有无限的希望。我为什么要表示辞意呢？"

（3）云大第三次遭轰炸

1941年5月12日，15架日寇飞机肆虐昆明。尽管当时云大大多数部门已疏散到了外地了，但仍留在原地的法学院和医学院再次遭到轰炸。这是云大第三次遭到日寇飞机轰炸，1941年5月13日《云南日报》对此事件的报道称：

> 敌机连日在本市肆虐，滥施轰炸，昨（十二日）复在云大校园内投弹十枚，计会泽院屋顶中一弹被炸穿，图书馆旁亦落一弹，书架多受损坏，至公堂炸去屋顶、医学院教室及实验室破坏最重，澄农馆被炸去一半，其他如科学馆、木工厂、新建女生宿舍前落一弹，一部分房屋被震崩塌。大门内中一弹。北门外临时宿舍落两弹，校内图书仪器、校具器物均遭惨重损失，伤校工一人。详细损失，现正在清理中。闻该校员生以敌机一再破坏，仍本不屈不挠之精神，继续于十三日照常上课云。

云大师生员工面对日寇暴行无不义愤填膺，熊庆来率全校师生向全国有关机关学校、全国各界人士发出代电，斥责敌寇暴行：

> 查本校上年十月曾遭敌机极度破坏，不意本年五月十二日，敌机复逞其猖狂之技故，再度狂炸本校。共计中弹十余枚，会泽院大楼、教室一部，女生宿舍一部，医学院澄农馆一部，学生食堂一部，均被破坏，其他围墙校舍、门窗玻璃，震毁甚多，仪器亦有损失，破片碎瓦，触目皆是。校工警数人受伤，师生幸托庇无恙。查本校毫无军事设备，敌人一再狂炸，其为蓄意摧毁我教育学术机关无疑。去年被炸，尚未完全修复，而女生宿舍甫经完工，医学院澄农馆于上年被炸后亦甫经修复，此次复被摧毁，公私损失无数不赀，刻正在清查中。惟以敌人一再蓄意破坏，用心

五、云大由省立改为国立

险毒，行为卑污，实为人类文化之蠹贼。全校师生本不屈不挠之精神，力求肩负应有之责任，以为我前线抗战将士之后盾，刻仍努力工作，继续上课。除电呈我最高领袖及主管机关外，特电奉闻。国立云南大学校长熊庆来率全体师生叩。元。印。①

云大再度被炸后，省主席龙云立即拨赈款两万元，一半救济员生工警生活，半补助学校教学方面。② 国民政府主席林森、军事委员会委员长蒋介石、教育部皆来电慰勉。林森在来电中说："云大虽屡遭轰炸仍继续上课，足见该校长领导有方，全体教职员及同学的奋斗精神，殊堪嘉慰。"

在这烽火连天、敌机轰炸的峥嵘岁月里，面对多种困难，熊庆来率云大师生奋力应对，采取疏散措施，"避居乡邑，粗粝弭饥。庙观设席，弦诵依然"，③ 坚守着自己的岗位，先生认真教学，继续学术研究，学生刻苦读书，追求知识。云大师生用行动，坚毅地实践着"教育救国""学术救国"的信念。

亲身经历了云大抗战最初三年岁月的施蛰存，是最早从外省来到云大任教的第一批教师之一，他于1940年3月底离开昆明回上海探亲，途经香港，因友人挽留，暂住了几个月，后打算返回云南时，由于日本军队占领越南，返昆明的路线被封锁，他无法再回昆明，无奈之下脱离了云大，当后来他听说云大被日机轰炸的消息，于1941年4月饱含深情地写下了一篇题为《怀念云南大学》的散文，文章充满了对云南大学的无限感念。在他心目中，云南大学是美好的。

> 云南大学的校舍，在抗战以前，恐怕是全国国立大学中最不好的，但是，在抗战以后，无疑地它成为全国国立大学中最好的了。

---

① 《云大全体师生电斥敌机暴行》，《云南日报》1941年5月14日。
② 《云大再度被炸，龙主席拨款两万》，《云南日报》1941年5月18日。
③ 熊庆来为云南大学建校40周年纪念所写的祝词。

民国十二年唐继尧省长独资建造的会泽院大楼，是云南大学的主要校舍，它那法国式的杰阁崇楼，是使迁徙到西南去的大学生意想不到的。一个从统一考试分发到云南大学去的江西学生，曾经在他的作文簿上天真地表示了他的惊讶。他以为西陲边僻之区，那得有这样堂皇的建筑物。近二年来，这雄踞在昆明城北，而俯瞰着翠湖的会泽院，不但为数千学生攻读之所，而且举凡一切关系着抗建大业的学术会议，差不多全是借它做会场的，中国工程师学会年会、中国科学社年会、中国经济学会大会、民族学会成立大会，尤其是最可纪念的集会。然而，现在，我想第一个炸弹一定是落在这大楼上的。

可是，现在，他在上海听到无线电播送的消息说在大轰炸之后，云南大学"已经 smashed（英文，被粉碎、被摧毁的意思）了"。他在文中写道：

得知了这个消息之后，我感受了一种奇异的情绪的紧张。因为云南大学是最后一个未迁移的国立大学，是最后一个被炸毁的国立大学，尤其因为是我在抗战三年来所任职的地方。我看见云南大学怎么繁荣起来，我看见它怎样成为抗战大后方的一个最高学府，现在，当我离开它不久，它也终于遭逢到这悲壮的厄运。虽说是早已预期着的，但是一旦竟实现了，却总不免使我感到甚大的悼惜。

施蛰存还在文章中特意提及一个颇有意义的云南历史事件，表达了他的担心：

在会泽院之东，校长住宅之前，有一个小小的六角亭子，这是风节亭。我常常劝在那亭子里温读功课或晒太阳的学生抬起头来读一读那块小匾额上的文字。原来这是明末滇贤王锡衮殉节之处。王锡衮，禄丰人，天启壬戌进士，官至吏部左侍郎兼翰林学士，致仕后适逢沙定洲之乱。沙定洲把他拘禁起来，逼他草奏表，请朝廷正式任命他为云南藩镇。王锡衮不屈于威逼虐刑，在这风节亭上作诗一首，绝食而死。这可以算是云南文人之不为伪组织恶势力所移的一个典型。当此国难时期，这个凛凛有生气的亭子屹立在西南一大学府中，实在是对于青年颇有意义的事。然而这个亭子早已欹斜了，早已用三根木头支撑着危局了。经过了这一次的炸震，我想，它即使没有直接受到炸弹，也该已倒坍了吧。

不过，施蛰存在上海听到无线电播送的消息并不是完全准确。这消息中准确的地方是——云南大学确实是受到了三次严重的敌机轰炸；不够准确的是——云南大学"已经 smashed 了"。事实上，云南大学并没有"smashed"掉，反而是在战火中崛起、壮大，云大师生并没有被吓倒，而是在苦难中成长、坚强。正如施蛰存担心"用三根木头支撑着危局"的风节亭"该已倒坍了"而居然没有倒坍那样，秉明在 10 月 14 日的日记中大发感慨："门前风节亭不曾稍动，真'威武不能屈'也！"

云大师生正像这风节亭一样——"真'威武不能屈'也！"师生们在校长的带领下，团结一心，坚守本分，顽强地应对苦难的岁月。

1940 学年度，是云大疏散多地、分散上课的一年，也是熊庆来执掌云大后遇到问题特多的一年，可谓困难重重。经历过这一年后，在 1941 年的一次会议上，熊庆来深有感触地将"二十九年（即 1940 年）度"称为云大"最困难之一年"。[①]

但即使是这样，在当时那种相当艰苦的条件下，熊庆来在云大成立 19 周年纪念会上致辞时，仍满怀信心地表示："只要我们继续不断地埋头苦干、努力奋斗的话，则光明的前途，是不断获取的，同时也才不辜负历史所赋予吾人的伟大使命。"

---

① 云南大学、云南省档案馆编：《云南大学史料丛书·会议卷（1924 年—1949 年）》，云南大学出版社，2010，第 126 页。

日本飞机对昆明的轰炸直到1941年底才有所收敛。这一年的12月20日，陈纳德率领的美国志愿航空队（飞虎队）抵达昆明，他们驾驶P-40战斗机升空迎击日本飞机，在昆明近郊上空与日机展开了激烈的空战，美国志愿航空队击落了敌机9架，航空队无一伤亡。此后，日本飞机来昆明轰炸的次数减少了，直到1943年9月才停止了对昆明的轰炸，前后历时6年之久。飞虎队的到来，有力地抵御了敌机的侵犯，莫大地鼓舞了昆明人，更坚定了昆明人抗战必胜的信心。

随着局势的逐渐稳定，云南大学疏散到各地的分校陆续迁回昆明，校园生活基本恢复了正常状态。教学和科研都不断取得成绩，熊庆来1944年4月20日在为云大校庆纪念特刊撰写的发刊词中，欣慰地说道："本校成立至今，二十有二载，基础已固，规模已具……"

六、继续推动学术研究

重视学术研究,是熊庆来长期坚守的观念。他在任何时候都坚定地认为,"没有科学,谁也不可能把中国建成现代国家"。

正因为如此,所以他在经历了1940年"最困难之一年",敌机轰炸的威胁稍有缓解后,又继续尽力推动研究工作。他重视学术讲座,重视加强专业研究室,视之为开展学术研究的重大举措。

早在1937年,熊庆来在接受龙云的聘请后,争取到中英庚款五席讲座费,用以借聘到全国知名的数理专家赵忠尧、采矿专家张正平、冶金专家蒋导江、经济学家肖蘧、土木专家顾宜荪来加强云大数理、矿冶、经济、土木方面的教学。在1941年,当得到一些为数虽不多的资助后,他即用以举办了"伊斯兰文化讲座""棉作讲座"等。

为了对西南之语文、史地、社会、经济等问题作有计划的研究,以发扬西南文化,熊庆来在1941年秋,便酝酿开设"龙氏讲座"和成立"西南文化研究室"。要解决经费问题,争取银行资助,是一条重要渠道。9月24日,熊庆来致函云南兴文银行行长兼总经理张质斋,提议设置龙氏讲座,希望补助讲座10席,年需10万元。1942年,熊庆来决定加快推进实施这两项"重要而迫切之计划"。他于1942年2月21日致函兴文银行董事长陆崇仁请予以鼎力资助:

> 事由:为函请补助西南文化研究室及龙氏讲座经费由
>
> 吾滇自抗战而还,已成后方重心,人才荟萃,可谓千载一时,西南文化灿烂之前途当孕育于此,是应把握机会,厚植基础。
>
> 云大蒙政府之扶掖,发展迅速,而一年来因种种困难,进步顿遭阻碍,不得不亟谋补救。弟因有重要而迫切之计划二,拟请鼎助,俾得实现。

(一)设立西南文化研究室,敦请校内外之著名学者对于西南之语文、史地、社会、经济等问题作有计划之研究,以发扬西南文化。(二)设立讲座若干席,以谋延致及安定有特殊地位之教授,俾云大教育基础得以稳定,学术空气得臻浓厚。窃思主席龙公秉政以来,敬教劝学,为士林所共仰。本省前于各大学创设龙氏奖学金,大学同人甚为鼓舞,洵足纪念主座而嘉惠青年,今若以一部分讲座(希望有十五座)名之为龙氏讲座,则纪念主座之意义将更深,而提倡学术之功效将更著。总计需款年约三十五万元,以二十万元为讲座经费,十五万元为西南文化研究室经费。吾兄关怀桑梓,于学术文化尤具热忱,兹特拟具计划书函奉台察,敢祈于兴文银行方面惠赐补助,俾龙氏讲座及西南文化研究室得以早观厥成,敝校因之得作更进一步之发展,是不独敝校蒙受厚赐,而吾滇文化尤沾惠无既矣。专此奉渎。

敬颂

勋祺!

弟熊○○拜启①

计附西南文化研究室及补助讲座计划各一份。(略——笔者)

熊庆来的这项计划得到省主席龙云的赞同和支持,在龙云的敦促下,兴文银行拨款12万元,劝业银行拨款8万元,共计20万元资助此举。熊庆来以10万元用于龙氏讲座,10万元用于西南文化研究室。

根据此实得数额,熊庆来安排拟订了《龙氏讲座及西南文化研究室设置计划》。计划中写明:"本校承兴文银行及云南劝业银行概允补助经费20万,以其半数设置讲座十席。"

---

① 熊庆来致兴文银行董事长陆崇仁函(1942年2月21日),云南省档案馆:1016-2-115/1-4。

六、继续推动学术研究

1. "龙氏讲座"

"龙氏讲座"从1942年开始设置,以时任云南省主席龙云姓氏命名。龙云从1927年起主政云南,对云南的建设,特别是文教事业的发展做出的巨大贡献有目共睹,云大设置"龙氏讲座"即是对龙云为云大所做出的支持与贡献,表达敬意和纪念。

"龙氏讲座"作为云南大学早期重要的学术活动之一,在民国时期学校所开设过的所有讲座中[包括"龙氏讲座"之前的多次讲座和1943年12月用杨竹庵的6万元祝寿礼金设立的"南园(杨竹庵号)讲座";1945年兴文银行资助80万元设立的"西南文化讲座"],学术领域最广,影响最为深远。

关于龙氏讲座人选,《龙氏讲座及西南文化研究室设置计划》中确定:"凡龙氏讲座教授人选由校方照普通聘任手续提出,征得银行方面同意后,由校长聘任之。"待遇"照云南大学普通待遇标准致送薪金,每月送研究费伍佰元,对于远道来校教授并得酌送旅费,均由讲座经费下开支,不敷之数由校补足。若有余款,则移作出版费或其他学术费用"。

"龙氏讲座"从1942年6月开始,"学校陆续聘请教授准备开讲。6月5日函聘汤惠荪、张福延、姜亮夫为讲座首任教授,6月6日函请顾宜荪教授,6月7日函请了萧公权教授,6月18日聘刘慎谔、卢守耕、吴耕民、孙逢吉为理学院暑期'龙氏讲座'教授,6月19日聘华罗庚为理学院数学系龙氏讲座教授"。1943年4月10日聘俞大绂、裴维藩、汤佩松、李继侗为'龙氏农学专题讲座'教授;1943年6月5日,聘刘崇乐为'龙氏农林专题讲座'教授。据《龙氏讲座现状》记载,未见于上述聘任档案的还有秦瓒、陈省身、徐毓枬等教授。

由于经费有限,人才罗致困难等原因,1942年计划设置讲座10席,后来实际聘请8席,共用经费20万元。1943年,增加为讲座12席,经费共计25万元。1944年又减为10席,但由于时值抗战末期,物价飞涨,1944年比1943年预算增加了近5倍,10席经费合计120万元。档案记载,1944

年 6 月 1 日,熊庆来再次函请兴文、劝业银行补助龙氏讲座。

……此函中既反映了设置'龙氏讲座'之盛况,又道出勉力坚持之艰辛。此后,再未见有关龙氏讲座记录,在当时民生艰辛、物价腾飞的抗战时期,讲座难以为继了。"[1]

"龙氏讲座"虽然设置时间不算长,但引起的社会反响很大。讲座开设不到一年,1943 年 4 月 10 日的《云南民国报》《中央朝报》上便有了《云大开设"龙氏讲座"科目》的报道,从中可看出"龙氏讲座"深受欢迎。报道中称:

……将龙氏讲座金酌提一部分开设龙氏农学专题讲演,发给来呈贡车马费。曾经请俞大绂、裘维藩、李继侗教授,并拟请汤佩松教授及其他农林专家每人莅临呈贡讲座一二星期。前日俞教授到农林学院就讲演植物病理上两个重要研究问题:(一)植物病毒(vicus)病害研究之进展;(二)抗病育种之范围及其应用等。甚为精彩,且以扼要之演说开发极崭新之学理,听讲者无不兴趣盎然云。

"龙氏讲座"前后历时 3 年,共设置讲座 30 席,取得了辉煌的成就,成为推动云南大学学术进步的重要平台。主要体现在以下几个方面:

第一,一大批有影响力的学术大家云集云南大学,给学校带来了新的学术精神与活力。大学需要有大师,清华大学梅贻琦校长曾说过一句名言:"大学者,非谓有大楼之谓也,有大师之谓也。"熊庆来深知要想把云南大学建设成一流的大学,必须有各种人才、名师支撑,因此,他不遗余力延揽名师。同时,一批著名学者也十分看重熊庆来校长的人格魅力,愿意不远千里到边陲任教或讲学。另一方面,时值抗战,西南联大大量名师来到昆明,

---

[1] 雷文彬:《国立云南大学时期的龙氏讲座》,《云南档案》2014 年第 10 期。

六、继续推动学术研究

也给熊庆来校长聘请更多教授创造了机会。龙氏讲座聘请的 30 席教授中，不管是从本校聘请，还是从校外聘请，都是出类拔萃的学者。如农学家、农业经济学家汤惠荪，农学家卢守耕、孙逢吉，园艺学家吴耕民，植物学家刘慎谔，植物病理学家俞大绂、裘维藩，植物生态学家李继侗，植物生理学家汤佩松，林业学家张福延，昆虫学家刘崇乐，数学家陈省身、华罗庚，工程结构学家顾宜荪，政治学家萧公权，经济学家秦瓒等等。这些学者均是当时各学科屈指可数的专家，后来更是成为新中国学科建设的领军人物，他们的讲学给云南大学带来新的活力，他们严谨治学的态度，也给云南大学师生树立了良好的学术风范。

第二，讲座涉及面广，涵盖诸多方面，极大地推动了教学质量的提升。讲座内容涵盖农林、工程、经济、政治等方面。但是，从所聘教授来看，主要以农学、园艺学、植物学和生态学为主，原因有三：一是文科的社会学等系已开设大量讲座，而且学术演讲也非常盛行，影响很大；二是云南大学农学院于 1939 年成立，学院成立时间短，教学力量薄弱；三是因为躲避日军轰炸，农学院院址设在远离昆明的呈贡，交通不便，相对闭塞，学术氛围缺乏，急需学术精神的注入。讲座教授和内容的选聘体现了熊庆来校长全面建设、发展云南大学的良苦用心。

第三，讲座学术性强，学校学术水平得到很大提升。讲座教授都是成就斐然的专家学者，带来了学科前沿的理论与最新动态信息，如俞大绂教授到农林学院就讲了植物病理上两个重要研究问题，即植物病毒（vicus）病害研究之进展和抗病育种之范围及其应用；刘慎谔教授讲了食用菌类之研究；卢守耕讲了果品之产销问题；孙逢吉讲了云南棉作问题及烟草问题；卢守耕讲了云南稻作问题；汤惠荪讲了云南农村经济之调查研究；张福延讲了云南主要经济树种之生长；姜亮夫讲了敦煌经籍校录等等，都是学术性极强的讲座。此外，通过讲座这个平台，讲座教授与云大师生加强了沟通与交流，对提高整体学术水平起到了重要作用。

第四，促进学校科研水平的提升。讲题探讨的问题是讲座教授精细研究的心得成果，具有独创性和启迪性，对云南大学科研氛围的形成与提升起到了积极作用……这种以短期讲座方式收到较大效果的做法，得到当时教育部的肯定，推动了云南大学学术上水平，也对云南大学后来的学术研究产生了深远的影响，带动和促进了云南省高等教育的发展。①

2. 西南文化研究室

酝酿筹办西南文化研究室的设想，是熊庆来在 1941 年 2 月便开始产生了的，他于同年 9 月 13 日已聘方国瑜为筹备主任，只待经费落实。

《龙氏讲座及西南文化研究室设置计划》具体列出西南文化研究室 1942 年的预算：

（一）经常费 8 万元。其中，薪俸及稿费 3 万元，办公费 1 万元，购置费 1 万元，出版费 3 万元；（二）设备费 2 万元。其中，图书费 1 万元，收集研究材料费 1 万元。

于是，研究经费到位了，方国瑜于 1942 年 8 月 14 日便致函熊庆来校长，请即聘姜亮夫、徐嘉瑞、楚图南、陶云逵、陆定民、白寿彝为西南文化研究室研究员。1942 年 12 月 14 日，方国瑜提出拟聘顾颉刚、胡小石等 14 人为名誉研究员，俞季川等 4 人为名誉编辑员，张凤歧等 13 人为特约编辑员。

规模初具，研究工作走上轨道，1942 年 12 月 18 日，熊庆来高兴地致函兴文银行董事长陆崇仁，既是通报情况，更是对鼎力赞助经费的支持者的尊重。函中告知：

---

① 雷文彬：《国立云南大学时期的龙氏讲座》，《云南档案》2014 年第 10 期。

六、继续推动学术研究

西南文化研究室亦成立，聘有研究员、名誉研究员及编辑员进行工作，以出版图书为主要之工作，刻已出版学报一种，并续印专刊五种。

在开展了一段时间的工作之后，《国立云南大学西南文化研究室概况》（1944年3月18日）对研究地域和项目作了明确的阐述：

本室研究之地域以云南、西康、贵州为主；次及西藏、四川、湖南、两广；又次及安南、缅甸、印度、马来半岛诸境。所研究问题列之如下：

（一）西南开发之研究。历代经营西南之军事、政治之经过及其影响，如历代治理之成绩及改土归流诸问题。

（二）西南移民之研究。历代中原移民及其开拓生产之经过及文化之发展与土族同化诸问题。

（三）西南地理沿革之研究。历代设治之因及展拓边土与界务诸问题。

（四）西南民族史之研究。土著民族之史迹，如民族生活史、土司制度史诸问题。

（五）西南文化一般问题之研究。古代及近代之一般问题，如经济资源、土宜物产、礼俗、文学、艺术、语言、文字诸端之实况及其演进。

（六）西南边区之自然与人文之研究。调查边境之地理环境与人民生活，并研究如何改良物质享受及促进教育文化诸问题。

（七）西南边裔之研究。历代经略藩属之史绩与诸境之现状，并与本国有关之政治、经济、文化诸问题。

如此庞大的计划，如此广阔的研究地域，如此繁多的研究内容，可看出熊庆来与方国瑜、姜亮夫、徐嘉瑞、楚图南、陶云逵、陆定民、白寿彝等学者为国治学的雄心和远大的学术追求。

而要完成如此庞大的计划，实际所获得的资助经费明显不足，加之物价不断上涨，更是捉襟见肘。但研究室同人仍坚持不懈地努力，取得累累硕果。研究室不断发展，成效卓著。诚如有的研究者所评介的：

> 尽管经费短缺，工作任务繁重而艰辛，但西南文化研究室从1942年成立到1949年的8年时间里，研究工作年年有进展，智慧之树硕果累累，是国立云南大学学术辉煌的重要代表之一，为云南大学历史民族文化等学科奠定了坚实的基础，具有深远的影响力……西南文化研究室成立仅半年时间，就形成了众多的成果，其中刊行专刊5种，学报1期，编辑出版《二十四史云南文献辑录》及《明清滇人著述书目》图书2种。第二年，西南文化研究室更加重视研究，仅出版物就较第一年度增加一倍，刊行专刊10种，学报2期。后几年中又陆续出版张印堂《滇西经济地理》、方国瑜《滇西边区考察记》、徐嘉瑞《云南农村戏曲史》和《大理古代文化史》、陈修和《越南古史及其民族文化之研究》、李田意翻译的《缅甸史纲》、李拂一《泐史》和《车里宣慰世系考订》、张镜秋《僰民唱词集》以及《印度美术史》（译本）、《暹罗史》（译本）等十多部图书。1944年研究室还提出刊印"云南文化丛书"十种，计划每年刊印两种。这些著作是云南大学教授们的智慧之果，为后人的研究提供了丰富的资料和源泉，是当今云南大学乃至世界历史、文化研究的重要宝库。①

---

① 雷文彬：《西南文化研究室——云南大学学术领域中的重要里程碑》，载《岁月留痕——云大记忆》，云南教育出版社，2013。

七、 艰难岁月

1945年8月14日，日本终于宣布无条件投降。中国胜利了！昆明的民众和全国其他地方的民众一样，欢欣鼓舞，奔走相告。人们围着收音机听这喜讯，抢着阅读刊登这一喜讯的大字"号外"。昆明城里鞭炮声声，结彩张灯。

14年的艰难抗战，终于胜利了！

这一天，平时素不喝酒的熊庆来，破例地喝了酒！而且是让平时都不喝酒的妻子、孩子们都喝，全家一起喝！妻子取出小酒杯和自己泡的杨梅酒，每人一杯。这酒度数不高，是有时来客人时用来招待客人的。熊庆来浅斟慢酌，脸上总是微笑着。孩子们难得看到父亲这么高兴，心中更兴奋了。

在（全面）抗战8年中，父亲怀着科学救国的信念、满腔报效桑梓之情，聚集了一批志同道合的学者，在战争烽火中携手奋斗，筚路蓝缕，含辛茹苦，把云大建成一所国内外知名的综合性大学。

8年，对于中国人而言，是漫长的8年！战争的蹂躏，生活的煎熬，历经8年才算到了头，终于获得了最后的胜利。对父亲而言，8年，是他生命中宝贵的壮年期，本可以在学术上得到最好的发挥。也是漫长的8年，他把自己美好的年华奉献给了云大。然而，对于一所高等学校的发展来说，8年却不算长。特别是要把只有2个学院、7个系、11名教授、300余学生的边陲省立大学建成一所拥有5个学院、17个系、2个专修科，文、法、理、工、医、农门类俱全，教授140多名，学生逾千，在国内外有影响的国立大学，8年何其短也，何况还是在艰苦的战争年代。所以，许多人把云大在战火中的迅速崛起视为奇迹。①

1. 罗致师资

抗战胜利之后，在云南生活、工作了多年的外省籍教师和研究机构人员都人心思归。西南联大三校和内迁的多所高校、研究所复员北上，云大不少外省籍教师也纷纷告辞离校。这在熊庆来预料之中，他对此非常理解，8年全面抗战，多少人背井离乡，一旦有条件回归故土，早已归心似箭，此乃人之常情。熊庆来对此是有心理准备的，因为他始终相信抗战总有胜利的一天！抗战胜利了，总有很多人会要离开云南返回故乡。

从1945年秋到1946年间，有一批教师辞别了云大，但也有相当一部分外省籍教师没有离开云大，他们"或感于云南丰厚的资源提供了丰富的研究课题，或感于昆明美景如画、四季如春的自然环境，或感于云大为他们创造了良好的发展条件等等，以至于抗战胜利后的云大仍有相当一部分教师留下来了，如何衍璿、丘勤宝、蒋惠苏、孟宪明、杜棻、赵明德、刘文典、范锜、楚图南、白寿彝、于振鹏、朱驭欧、潘大逵、司徒尹衡、费孝通、王士魁、庄圻泰、钟盛标、王树勋、赵雁来、崔之兰、朱树屏、李吟秋、黄国瀛、卢焕云、马光辰、李清泉、许杰、范秉哲、姚碧澄、李枢、沈福彭、朱肇熙、张瑞纶、梁家椿、刘学敏、刘崇智、汪厥明、金善宝、郑万钧等100多位教授。还有杨桂宫、朱德祥、顾建中、张福华、严志达、胡维菁、潘清华、李埏、缪鸾和、李为衡、张之毅、史国衡、刘鸿壁、周润琮等一批青壮年有为学者都继续留在云大执教。他们的名字都出现在1946年《国立云南大学民国三十五年度教职员名录》内"。②

真是人才济济，可谓"人人握灵蛇之珠，家家抱荆山之玉"！他们都是

---

① 熊秉衡、熊秉群：《父亲熊庆来》，云南教育出版社，2015，第282页。
② 熊秉衡、熊秉群：《父亲熊庆来》，云南教育出版社，2015，第354页。

自己所从事的专业领域内的领军人物。这批领军人物组成的云大师资队伍的强大阵容和他们的学术影响，是英国《不列颠百科全书》（1946年）将云南大学列为中国15所著名大学的一个重要因素。

这份名录中的一些中青年教师如张福华、潘清华、李挺、李为衡、缪鸾和、刘鸿璧、周润琮等，1946年时还只是讲师或助教，但几年过后，他们都成长为各自领域内的佼佼者。又一些年之后，他们也成了自己所从事的专业领域内的领军人物，为云大的发展，为祖国的教育事业、科学事业做出了自己的贡献。

上述名录中的多位各自专业领域内的领军人物，日后所做出的贡献和学术影响不胜枚举，譬如国学大师刘文典。

1943年秋，时任西南联大文学系教授的刘文典因外出思茅未能按时返校，被西南联大解聘。深知刘文典学术水平的远在桂林广西大学的陈寅恪闻讯之后，便写信给熊庆来，推荐刘文典到云大任教。熊庆来对刘文典的学问和性格特点早有所知，不计较他未按时返校的过失，不顾虑会有人非议，顶住一些压力，高薪礼聘刘文典到云大执教。他写给刘文典的信不仅饱含诚意与尊重，而且有对学术的深刻见解，这让刘文典深为感动，慨然应聘。信的全文如下：

叔雅先生史席：

久违道范，仰止良殷。弟忝长云大以来，时思于此养成浓厚之学术空气，以求促进西南文化。乃努力经年，尚少效果，每以为憾。尝思欲于学术之讲求，开一新风气，必赖大师。有大师而未能久，则影响亦必不深。贤者怀抱绝学，倘能在此初立基础之学府，作一较长时间之讲授，则必于西南文化上成光灿之一页。用敢恳切借重，敦聘台端任本校文史系龙氏讲座教授。月支薪俸六百元，研究补助费三百六十元，又讲座津贴一千元，教部米贴及生活补助费照加。素识贤者以荷负国家文化教育为职志，务祈

俯鉴诚意，惠然应允，幸甚幸甚。附上聘书一份，至希察存。何日命驾来昆，并请赐示，以便欢迓。专此布达，敬请

道祺！

弟熊庆来
八月二十一日

熊庆来深知"怀抱绝学"的大师的作用——"欲于学术之讲求，开一新风气，必赖大师"，他曾聘请过何鲁、吴文藻、顾颉刚等多位著名学者到云大讲学，但大都历时不久，让他有些遗憾。他深感"有大师而未能久，则影响亦必不深"。这次熊庆来诚聘原籍安徽的刘文典为"文史系龙氏讲座教授"，期望他"能在此初立基础之学府，作一较长时间之讲授"。熊庆来在信中还明确告知聘用待遇："月支薪俸六百元，研究补助费三百六十元，又讲座津贴一千元，教部米贴及生活补助费照加。"熊庆来自己的月薪640元，而刘文典的月薪加上各种补贴，收入比校长还高了。熊庆来为聘"贤者"刘文典，期望他能久留云大，不仅开出如此优厚的待遇，还在他来到云大后，专门为他在校园内盖了三间房子，并成立了由他出任主任导师的文史研究室。

刘文典到云大以后，很快发挥了他作为大师的作用，新开了许多课程，仅是在1947年至1948年间，就开了"王维诗""李义山诗""温李诗""慈恩法师传""瘦子山集""汉魏六朝""文选""庄子"等众多课程。来听课的学生络绎不绝，其中不乏理工科、校外的学生，甚至有的教师也常来听他的课。他讲课的时候，教室里常常人满为患。[①]

熊庆来对刘文典礼遇有加，从工作到生活都关切备至，这对刘文典在抗战结束后仍一心留在云大执教不无重要影响。他的义子刘平章说：

抗战胜利后，很多人要回北平，但北大、清华父亲是不想去

---

① 刘兴育：《熊庆来高薪礼聘刘文典》，《云南政协报》2008年7月9日。

七、艰难岁月

了。后来中法大学邀请他回北平任教，安徽大学也曾经来信邀请父亲回去主持校务，都被父亲谢绝了。他留在了云南，留在了云大。那个时候熊庆来校长非常尊重父亲，西南联大不聘父亲，云大立即就高薪礼聘，给他的待遇比校长还高。熊校长差不多每个月都要来我们家，嘘寒问暖，对我们的生活起居照顾得无微不至，所以留在云大也可能是父亲不想辜负熊校长的心意吧。①

再譬如著名植物学家秦仁昌。

秦仁昌于1945年被熊庆来聘为生物系和林学系教授兼主任，他对蕨类植物有极为深湛的研究。在抗日战争的艰苦时期，在昆明逐渐形成了一个蕨类植物研究中心。《云南大学志·人物志》中《秦仁昌》一文记述道：

> 1945年，他被聘为云南大学生物系和林学系教授兼主任，并兼任了一些其他职务，对云南省农林方面的发展提出了许多好建议。1949年后他又兼任云南省林业局副局长，领导并计划云南省金鸡纳和橡胶宜林地勘察及育苗造林工作。在云南大学工作期间，他协助其他校领导，带领学生，建立了一个又一个水果蔬菜园：苹果园、桃子园、梨园等等，呈现出一片欣欣向荣的景象。由于他为云大植物学的发展奠定了坚实的基础，至今云大对蕨类植物的研究及收集仍享誉海内外。

> 秦仁昌1955年当选为中国科学院生物学及地学部学部委员，调北京中国科学院植物研究所任研究员兼植物分类与植物地理学研究室主任。自此，把蕨类植物的研究中心又转移到北京，并对中国蕨类植物研究的发展做了宏伟的新部署。

> 1988年，在纪念秦仁昌诞辰90周年大会上，国际蕨类学家主

---

① 刘平章口述，张昌山、卫巍、刘兴育、姚铁军等整理：《我的父亲刘文典》，《书摘》2012年第10期。

席 E. 亨尼普曼教授说："秦仁昌不仅是中国蕨类学之父，也是世界蕨类学之父。"（见《中国现代科学家传记》第三集，第 422 页）。秦仁昌为祖国争得了荣誉，为祖国和世界的植物学发展立下了不朽的功勋。①

原西南联大教授、经济学家秦瓒，对云南怀有深厚的感情，不愿随学校回迁北方，1946 年他曾去过北大，但次年夏又回到了昆明，受聘为云南大学经济系教授兼主任。《云南大学志·人物志》中《秦瓒》一文记述道：

> 秦瓒受熊庆来校长邀请留在了昆明，1946 年他曾回过北大，但由于在云南生活多年，习惯了昆明的气候和生活，对云南怀有深厚的感情，1947 年暑假他又回到云大，受聘为云南大学教授、经济系主任。之后，他便扎根云南，为云南的解放斗争事业和云南的经济、教育事业贡献了他毕生的精力。
>
> 他授课非常认真，逻辑性极强，条理清楚，生动活泼，很能吸引学生。他给学生授课时，不但室内座无虚席，有时还有学生站在教室外听课。他教授的财政学课程极为精湛，讲稿写在专用卡片上。在讲堂上，只见他一手持卡片，一手握粉笔，由浅入深，形象生动地把知识灌输给学生。他讲的中国财政史尤为精彩，讲到哪里都能滔滔不绝。讲课颇像在说评书，又像在作演讲，让学生回味无穷，流连忘返。②

抗战胜利之后的云大，已具有相当规模，有一部分教师离开了云大返乡，对学校的教学和研究工作，毕竟还是有一定影响。因此，为了云大的

---

① 徐嘉文：《秦仁昌》，载《云南大学志》第十卷《人物志·人物卷（一）》，云南大学出版社，2000，第 215 页。
② 张劲强：《秦瓒》，载《云南大学志》第十卷《人物志·人物卷（一）》，云南大学出版社，2000，第 52 页。

七、艰难岁月

持续发展，熊庆来仍在不懈努力，继续罗致人才。他以极大的诚意和对人才的充分尊重，以自己诚信笃实、儒雅谦和的人格魅力感动了不少人，打动了他们的心，吸引他们愿意到云大服务。不少人就是冲着校长是熊庆来，才进云大工作的。如是，熊庆来得以在这艰难的时段，为云大引进了多位人才。

其中，熊庆来真诚地、耐心地引进蓝瑚等几位医学人才之事是非常感人的典型事例。

1945年夏，当熊庆来得知有法国留学生蓝瑚一行7人即将回国，并将在昆明停留5日后转往重庆报到，他立即设法与他们会晤，争取他们到云大工作。经过历时两年的耐心等待，终于如愿。蓝瑚从此与云南结下了不解之缘。《妙手仁心——记云南省著名外科专家蓝瑚》一书详细记述了这件事：

> 1945年8月28日下午，蓝瑚一行7人从巴黎启程的第十二天，飞机终于降落在昆明巫家坝机场。
>
> 几经辗转，风尘仆仆，他们终于到了昆明。
>
> 蓝瑚和一行7名同学途经昆明，准备停留五天，然后前往重庆。
>
> 而蓝瑚没想到，这一趟短短的昆明之行，使他认识了一位重要的人物。而且，因与这位人物的相识，蓝瑚从此与云南结下了不解之缘。
>
> 这位人物便是时任云南大学校长的熊庆来。
>
> 蓝瑚这批留法学生到昆明的信息，给了熊庆来一个惊喜。在昆明期间，蓝瑚他们受到了熊庆来校长的热情接待。
>
> ……
>
> 在宴会上，熊庆来说："你们该到哪报到你们都可以去，你们现在就想留在云南大学，我们热烈欢迎……"他诚恳地说："我欢

迎就是各位到重庆之后啊，你们再来。或者是你们到哪儿工作之后，不满意再来，再来我们这。想来云南大学，我随时都欢迎你们！"

……

当他们一行到重庆报到时，却因局势变化，重庆教育部主要负责人去了南京，卫生部也随之迁走。这批学生虽然按时报到，却没能及时安排工作。

这时，天津市卫生局表示，可以安排他们工作，并给他们车路费，还可以先发一个月的工资，以解回国之初的经济窘迫之需。

在当时，这样的条件已是非常现实，也非常难得的了。

1945年9月，蓝瑚和他的爱人李念秀等五名医学专科留法博士到了天津市立第三医院（原东亚医院）。

蓝瑚、石毓澍、李念秀被分配到天津市立第三医院，蓝瑚担任外科主任兼医务主任，李念秀担任妇产科主任，石毓澍担任内科主任。

天津市立第三医院坐落在天津市最繁华的绿牌电车道大街上，原名东亚医院，是日本人办的。抗日战争胜利后，以敌产没收，改为市卫生局的医院，命名为市立第三医院。

至此，蓝瑚终于实现了自己年轻时就立下的志愿，用自己的专业医学知识，为祖国人民服务了。

这年蓝瑚三十岁。

在天津市立第三医院工作不到两年，蓝瑚没想到，有一个人始终没有忘记他，并一再盛情邀请他们到云南工作。

这个人就是熊庆来。

今天讲到当年到云南的情景，蓝瑚依然记忆深刻，总是乐呵呵地说："哦！是熊庆来校长把我们'骗'来的呢！"

熊庆来始终关注蓝瑚等几位留学生的去向，即使在得知他们

七、艰难岁月

已经留在天津市立第三医院工作后,也一直没有放弃对他们的期待。

1947年8月,熊庆来亲自派当时医学院赵明德院长等人赶到天津,并一再竭诚诉求,力邀蓝瑚和几位同学到云南大学任教。

……

蓝瑚等人为熊庆来的诚恳谦和所感动,决定再到云南。

熊庆来闻讯大喜,如获至宝,因考虑从天津到云南交通不便,当即派人专门给蓝瑚、李念秀、石毓澍、魏劼沉、沿河等人买了飞机票。当时正逢暑假,熊庆来又专门派人迎接,安排食宿。

1947年8月,蓝瑚和爱人李念秀及几位同学来到昆明,到云南大学医学院任教,同时兼任附设医院的临床工作。蓝瑚任外科主任,李念秀任妇产科主任。[①]

熊庆来在抗战胜利后的这几年间为云大引进的杰出人才不少,不能一一详细记述,如被聘为云大航空工程学系教授兼系主任的法国硕士留学生王绍曾,被聘为云大医学院生理学教授及文法学院心理学教授的留法心理学博士朱锡侯,被聘为云大社会学系主任的早年留学法国的里昂大学理科硕士、文科博士杨堃,被聘为中文系教授的中国第一位留法女博士张若名(杨堃的夫人),被聘为云大社会系教授的原珠海大学文史系主任的江应樑,被聘兼任云南大学生物系教授的北平静生生物研究院研究员兼云南工作站站长的朱彦丞,被聘为云大森林系教授、并成为森林系筹建人之一的徐永椿,被聘为云大数学系教授的1948年留法归国的卫念祖,等等。

此外,还有抗战胜利后重返云大的教师,其中令熊庆来格外欣喜的是1947年重回云大工作、日后成为"两弹一勋"功臣之一的彭桓武。

《父亲熊庆来》一书中对此事有详细记述:

[①] 周波、陈海波:《妙手仁心——记云南省著名外科专家蓝瑚》,云南科技出版社,2012,第65~66、78~80页。

一天，父亲从办公室回到家中，在饭桌上兴致勃勃地说起一个好消息："彭桓武先生又将回云大了！"

彭桓武是1937年间第一批来到云大理化系的专任教员。1938年，彭桓武以中英庚款留学资格赴爱丁堡大学，师从著名理论物理学家玻恩，两年后以固体理论专业论文获哲学博士学位。1941年，到薛定谔①领导的爱尔兰都柏林高等研究所做博士后。不久，他用量子阻尼理论与海特勒②合作，进行介子理论方面的研究，并取得了介子场的一系列成果，用能谱强度首次解释了宇宙线的能量分布和空间分布。这就是当时名扬国际物理学界、以作者姓氏缩写为代号的"HHP介子理论"。

1943年7月，他回到英国爱丁堡大学做博士后的"卡内基研究员"（Carnegie fellowship），与玻恩等合作进行场论研究。1945年，他获得爱丁堡大学科学博士学位。之后，他又到都柏林高等研究院，在薛定谔任所长的理论物理研究所任助理教授两年，继续进行场论中用生成函数方法表示波函数的研究工作。1947年他写信来，说打算回云大工作。言及此，父亲喜形于色，说："正好最近有一个大学教授会议将在比利时召开，准备请他代表云大出席。"

云大教授彭守礼在一篇文章中写道：

1946年夏，彭先生赴剑桥大学出席二战后首次国际基本粒子会议。会后虽收到南京中央研究院和清华大学的聘书，但先生珍惜人生危难时熊先生与他结成的宝贵情谊，"记得微时人，相惜恋故枝"，又致书熊师，欲来云南大学实践自己"回归祖国不需要理

---

① 薛定谔（Erwin Sehrödinger，1887—1961），奥地利物理学家，量子力学的重要奠基人之一。1933年获诺贝尔物理学奖。
② 海特勒（Walter Heinrich Heither，1904—1981），德国物理学家，量子化学奠基人之一。

七、艰难岁月

由"的名言。熊校长当即回信,并寄来路费嘱他以云南大学教授身份出席在布鲁塞尔召开的大学教授会议。1947年底,先生离英伦,踏归途,经香港转上海,回到阔别9年的祖国。谦辞南京中央研究院和清华大学的邀请后,先生于1948年2月径直由沪赴昆,二次来云南大学任教。①

即将离英回国的彭桓武,若想留英工作,对他来说易如反掌,而要回国,到中国的船票却一票难求。"无奈之下,彭桓武写信请在英国海军部工作的一个科学家朋友布莱克特帮忙,在一条英国的运兵船上找了个舱位。"②多年后,有人问彭桓武说,当年在英国学术界有了如此高的声誉和地位,为什么还要选择回国?他答道:"回国是不需要理由的,不回国才需要理由。"

为欢迎彭桓武的到来,熊庆来让数学系讲师白世俊具体负责筹办,在云大委管的凤凰山天文台为他举行了隆重的欢迎会。参加者除物理系全体师生外,还有数学系的教授们。欢迎会气氛融洽而热烈,持续了整整一天。③

抗战胜利之后,这些新引进的人才,和原来云大留下的人才,以及重返云大的人才,汇成了在云大这片沃土上辛勤耕耘、精心培育青年一代的强大的师资队伍,薪火相传,继续发扬着云南大学优良的传统,延续着云南大学灿烂的学术生命。

2. 保护进步师生

在龙云统治下的云南,被中央政权认为是"自由太多"的地方。此时,蒋介石再也不能容忍这种情况存在下去了。为了除掉发动内战时的这个后

---

① 彭守礼:《彭桓武先生与云南大学》,《科学时报》2005年10月17日第3版。
② 见百度百科"彭桓武"词条。
③ 熊秉衡、熊秉群:《父亲熊庆来》,云南教育出版社,2015,第368~369页。

顾之忧，拔掉云南的"民主堡垒"，蒋介石打着"统一军令政令"的幌子，要把龙云赶下台。

1945年10月3日凌晨，昆明枪声大作，人们纷纷从睡梦中被惊醒。原来是杜聿明的军队奉蒋介石之命，向龙云的部队发动了突然袭击，要用武力胁迫龙云下台。忠于龙云的云南军警奋力抵抗，双方发生激烈交火。

一天早上，杜聿明派他属下来云大找熊庆来，称奉命前来云大布置大炮，打算用来轰击五华山，被熊庆来严词拒绝。熊庆来严正地说："这里是高等学府，岂容安放火炮！"

经过三昼夜的激战，龙云的警备部队被全部缴械，龙云被迫"调"至重庆。远在东北作战的滇军将领卢汉被表面上任命为云南省主席，但实际上却以CC系分子李宗黄代理省主席职务；并在昆明成立了直属蒋介石控制的云南警备司令部，以其嫡系将领关麟征、邱清泉任正、副司令。控制被称为"民主堡垒"的昆明这个大后方，是蒋介石发动内战的第一步。

11月25日，西南联大、云大、中法大学、英专等4校的学生自治会，响应中共中央"全国人民动员起来，用一切方法制止内战"的号召，决定在云大至公堂联合举办反内战时事报告晚会。邀请了钱瑞升、伍启元、费孝通、潘大逵四位教授讲演，吴晗、闻一多指导。

云大学生自治会事前已向学校借好至公堂，但是，当天上午，李宗黄、关麟征竟以"二十四日党政军联席会"名义发布了禁止集会、游行的命令。李宗黄亲自到云大，强令熊庆来不准借至公堂给学生，又在至公堂堆满木料，并布告学生禁止集会。西南联大、云大学生自治会当机立断，将晚会改在西南联大草坪举行，改为以西南联大自治会名义主办的校内晚会。

下午6点来钟，云大四周布满荷枪实弹的军警，实行戒严。待军警获悉地点改动，又赶到西南联大包围时，西南联大的校门已牢牢地从里面关紧了。

7点半左右，晚会开始，参加者空前踊跃。除4所大学的师生外，还有部分公教人员和中学师生，达5000多人。晚会正常进行1小时后，突然停

七、艰难岁月

电。联大周围响起了小钢炮、重机枪、冲锋枪、步枪的吼叫声，杂以手榴弹的爆炸声，这是军警特务的破坏与恫吓。

由于早有准备，同学们镇静地点起了两盏汽灯。正在演讲的费孝通高声喊道："我们不怕机关枪！我们要和平！"在枪炮声的"伴奏"下，5000多人继续开会，在热烈的掌声中通过了《昆明各大学全体同学致国共两党制止内战通电》和《呼吁美国青年反对美国参加中国内战的通电》。到了9点多钟，大会按原订计划圆满结束。

可是，第二天的国民党报纸却刊登了一则电讯："（中央社讯）本市西门外白泥坡附近，昨晚7时许，发生匪警，当地驻军据报后，即赶往追捕，匪徒竟一面鸣枪，一面向黑暗中逃窜而散。"——竟然把昨晚参加大会的几千群众诬蔑为"土匪"！

面对国民党无耻的公开诬蔑造谣和头天晚上对晚会的捣乱破坏，群众愤怒了！昆明愤怒了！全市31所大中学当即宣布联合罢课！

11月27日起，云大学生自治会改称"云南大学学生罢课委员会"。28日，昆明市中等以上学校的罢课委员会成立。29日，市罢委会组织了5000多人示威游行。

学生在坚持罢课，在分组上街宣传。"反内战、反独裁，争和平、争民主"的声音响彻了昆明城，得到昆明人民的极其广泛的同情。

而敌人却在磨刀霍霍。11月30日，特务四处出动，沿街追打学生宣传队。还有人风闻云南的特务聚集在国民党省党部宣誓："为党国牺牲！"看来，敌人是真要动刀了。

这一天，李宗黄还搞了个阴谋，在报上发表了熊庆来的一份以辞职压学生复课的辞职书。

这份辞职书，是熊庆来与联大校委梅贻琦一起受到李宗黄的压迫下同时写的。写好后，两人约定到万不得已时才同时发表。熊庆来把辞职书放在办公室抽屉中，却被训导处的人偷去先擅自发表了。同时发表的还有云大教授会60多人签名以集体辞职劝学生复课书。

李宗黄这个阴谋的目的，是借熊庆来压学生复课，然后又顺水推舟把熊庆来的校长职务撤掉，由云大训导长、国民党云大区党部书记伍纯武取而代之，以控制云大，把云大学生从进步阵营中分化出来，孤立联大进步力量。

一些与地方实力派有关系的消息灵通的同学，知道了这些内情，及时向罢联和罢委会反映，罢联和罢委会的同学便分别去做熊庆来的工作，向他点明了李宗黄、伍纯武的阴谋。并告诉他：若伍纯武想当校长的企图得逞，那么学生必然要有所举动挽留你，到那时你就夹在中间，处于一个极为难的境地，而且怎么也说不清楚……

熊庆来听了同学们这番诚恳的话，被同学们的淳朴认真感动得眼睛湿润，难以控制情感。经过一番考虑，熊庆来写了声明给报社，作了更正，撤回辞职书，从而挫败了李宗黄的阴谋。

5天前，即11月25日4校学生自治会要借云大至公堂开时事报告晚会时，李宗黄就有过一次想乘机撤换熊庆来的阴谋。当天上午李宗黄到云大强令不准熊庆来借至公堂、布告禁止集会后，云大学生自治会还坚持要在云大内的操场开会。后来有消息灵通的同学来告诉：如云大内还有集会，李宗黄将乘机以此为借口，说熊庆来治校无方而把熊庆来撤换。

得到这个消息后，云大自治会才不再坚持在云大召开时事报告晚会，同意改到西南联大召开。李宗黄的阴谋才未得逞。

12月1日清晨，鉴于敌人要下毒手了，罢委会贴出布告，暂停外出宣传。可特务仍打上门来了。从上午9时到下午4时，大批特务和身着制服、佩带符号的军人，携带武器，分批闯入云大、中法大学、联大工学院、师院联大附中，捣毁校具，劫掠财物，殴打师生，甚至投掷手榴弹，屠杀手无寸铁的师生，炸死了于再、潘琰、李鲁连、张华昌等4人，重伤11人，轻伤14人，造成了一场自"一九二六年三·一八惨案以来将近二十年间所没有发生过的大惨案"，震惊了全国，激怒了千百万群众。

云大的许多教授和教职员，由陆钦墀领衔共71人签名，发表了《国立

七、艰难岁月

云南大学教职员为昆明市学生罢课、并受枪击致遭伤亡事敬告各界书》，又印成传单当天下午即向群众散发。谴责国民党屠杀学生的罪行，哀悼被杀害的师生，要求政府合理解决。

教授会也多次开会，在费孝通、潘大逵、赵崇汉、陈久征、庄圻泰等的提议下，决议与联大教授会采取一致行动，于4日起停课7天，对死亡同学表示哀悼，对受伤的教师、同学表示慰问，对李宗黄、关麟征的暴行表示抗议。

教授会还以全体名义要求当局保证熊庆来的自由。同时，教授会还出面做熊庆来的挽留工作。

12月24日，熊庆来与联大校委梅贻琦代表云大、联大两校举行记者招待会，说明"一二·一"运动真相，驳斥中央社对学生的造谣诽谤，对学生的斗争表示同情，对国民党的暴行表示愤慨和抗议。熊庆来排除外界压力，主持公道，伸张正义，严正地说：

> 云大教授会关于此次不幸事件的真相，曾有一篇告社会书，所说的事实，大部分已包括在梅校长的报告中，兹仅补充几句：云大教授同人，对于初时军政当局处理之失当，引为遗憾而于惨案的发生，虽本校未有生命损失，亦深同愤慨。本校教授会认为：
>
> 一、25日晚在联大新校舍举行晚会时之枪声，应有威胁之意。
>
> 二、28日在省府茶会席上，本人所言处理不宜躁切的意见，军政当局未肯采纳，实一大错误。
>
> 三、30日本校教授七十余人，联名发表劝学生复课书，以为本校学生即能接受，乃不幸移时即有学生被殴事，复有暴徒多人捣碎本校门前学生壁报木牌，翌日午前，还有暴众涌入本校大门，将校警岗位室捣毁，同时闻他校有学生惨被杀伤，于是群情愈形痛恨，劝告书因之无效。
>
> 四、学府应受国家社会重视，不得妨碍其尊严，岂能任人冲入横行。总之本校教授会认为，对此事件负责之当局应受应有之

处分。本人认为政府应有公平处理。建国开始，教育实为要途，切盼此事件早日结束，学生安心上课。

12月25日，熊庆来、师院院长查良钊与罢联代表又一起出席了卢汉秘书长朱丽东主持的会议，谈判抚恤、出殡、墓地等问题。熊庆来与进步同学站在一道，支持进步同学向当局进行有理有利有节的斗争，使广大同学的要求如愿达到。

1946年5月，联大撤销，归还北大、清华、南开3校建制，3校师生分批复员北上；私立中法大学也要迁回北京。以云大学生自治会为主，组织了欢送4校北返的空前盛大的五四纪念周活动。7月11日早晨，联大最后一批学生离昆北上，晚上，李公朴就被国民党特务用微声手枪暗杀。5天后，国民党特务竟敢冒天下之大不韪，又枪杀了民主斗士闻一多。昆明一片白色恐怖。楚图南等几位民盟领导人和进步人士也是上了国民党特务要暗杀的黑名单的，危险离他们很近了。

闻一多被暗杀的那一天，费孝通也被特务跟踪。当他听到闻一多被暗杀后，迅速冲出办公室到熊庆来校长家里暂避。

多年后，费孝通回忆讲述了当时的情况：

> 闻一多事件之后，差不多杀到我了……美国领事馆的车子开到云南大学来救我，车子一开出去，特务就到了家里面了……我先抱了一些东西到校长熊庆来家躲一躲。我是从校长家上的车，再把她们两个（妻子和女儿）救到车上。①

当时情况紧急，费孝通从社会系办公室直接冲到熊庆来家，来不及通知他的妻女。熊庆来很快就打电话联系美国领事馆，请安排汽车来接人。美国领事馆应允派出汽车，说很快就会到。挂上电话后，熊庆来立即让住

---

① 沈昌文、苏力：《费孝通先生访谈录》，《南方周末》2005年4月28日。

七、艰难岁月

在他家楼侧的司机去通知费孝通的妻女,帮助她们来到熊庆来家,一同乘上由美国副领事罗斯开来的吉普车去领事馆避难。

先后进入美国领事馆避难的爱国民主人士共11位,他们是:张奚若、潘光旦、费孝通、楚图南、冯素陶、潘大逵、尚钺、王康、赵沨、金若年及民主周刊社的1位工作人员。其中前2位是西南联大教授,王康是云大讲师,赵沨曾是云大附中教师,时任民主周刊社的编辑,金若年是云南中苏文化协会工作人员,其他5位均为云大教授。也就是说,这11位爱国民主人士中来自云大的就有7位。[①]

这些爱国民主人士在美国领事馆避难半月余,后来,云南省主席卢汉去了美国领事馆,答应保证避难人员的安全,条件是避难人员必须离开云南。于是,他们都被迫离开了云南。楚图南和尚钺去了上海,费孝通于1946年8月离昆去南京,年底再次前往英国,1947年回国,到了清华大学。

"李闻惨案"激起了全昆明人民、全国人民的愤怒抗议。国内外舆论都同声谴责蒋介石的法西斯暴行。很多人从中了解了更多的事实,也确定了新的信念。

1947年上半年,国民党统治区的教育危机随着政治、经济危机的扩大而发展,教育经费只占财政支出的2.9%。许多学校处于十分困难的境地,师生贫病交迫。

9月,新学年开始,物价不断上涨,许多同学生活陷入极端困难的境地,健康水平日益下降,一些同学面临失学危机。北平的学生开展了一个自救救人的助学运动。

云大和师院的学生也于10月下旬发起组织助学委员会。云大助学委员会开始组织时,曾请熊庆来做顾问,得到了他的支持和应允,可是后来地

[①] 熊秉衡、熊秉群:《父亲熊庆来》,云南教育出版社,2015,第389页。

方当局却欺骗熊庆来说,将要拿出 6 亿元法币来救济学生。当局还警告熊庆来不要受学生利用。在这一骗一压面前,熊庆来又拒绝担任助学委员会的顾问了。他出了个布告,让同学们等待救济。

地方当局所谓的 6 亿元救济,完全是骗人的谎话,根本没有兑现。处于饥寒、失学威胁之中的广大学生,也不相信残害民众、无信无义的国民党。助学委员会坚持以演出、义卖等活动向社会救助。只 5 天时间,就在社会上募得 2.5 亿多元法币,为贫寒同学们解决了吃饭问题。

助学运动还未结束,国民党又在全国制造恐怖。10 月 27 日,国民党宣布"民主同盟"为非法组织。10 月 29 日,在浙江发生了浙大学生自治会主席于子三被反动派杀害于狱中的事件。

在昆明,也出现了逮捕大、中学进步师生的恐怖行动。继英专的 1 位教师、师附中 1 名学生、黔灵中学 2 位教师被逮捕之后,云大的学生何丽芳也于 11 月 6 日在街上被捕。云大、师院及师附中立即宣布罢课抗议。云大同学当天要求熊庆来出面与云大、师院的 500 多名同学到国民党警察 3 分局索人。斗争坚持到次日凌晨 3 时,直到弄清何丽芳等人未关在该局,大家才返校。云大教师闻讯后,以刘文典领衔,21 人向卢汉及警司建议对学生应宽大为怀,也未获任何反应。

11 月 7 日,全昆明市大、中学生一律罢课,下午举行了 2 万多人的请愿游行,要求"保障人权""释放被捕同学"。

11 月 17 日,熊庆来接到反动当局通知的云大学生共产党员及进步同学的黑名单。他便让训导处以布告的形式贴出去,以这种方式提醒了这些学生。布告全文如下:

敬启者　昨奉

校长十一月十七日条谕开

查云南省警备总司令部前送达本校共产党员及为共产党工作人员名单,有大学部学生及附中学生多人。随即有何生丽芳被捕

七、艰难岁月

事件发生。教授同人甚是关怀，曾建议政军当局对处理嫌疑员生应特加慎重，以免累及无辜，有碍学校安定。本人为此复于本日造谒省政府卢主席，力言处理有共党嫌疑之教员学生，以由法院处理为宜。卢主席认为可行，可将名单移交法院，令有关员生自行前往登记；如不自行登记，再由法院照司法手续办理。此项表示想无问题，即希转知各生知照。

等因；奉此，自应遵办，除分函外，相应函请贵系转知各生自行前往法院自首登记为荷！

训导处启
十一月十八日

附名单于后：

国立云南大学共产党员及为共产党工作人员名单：

马　丽	李靖姝	赵起鹏	席德爵	李茂林	吕根书
李长猛	徐　翔	朱恂符	冯憬行	吕贵林	邹宏楷
席淑芳	王文炳	陆琼辉	张继骞	史尧典	杨远基
钱　顺	杨守笃	潘汝谦	蒋永樽	万仁麟	陈桂莲
李岱华	何丽芳	李钟錕	杨如松	郑　权	尹宜公
赵鼎盛					

这个黑名单公布后，有关人员从中获得消息，采取措施，先后转移出一部分人到石屏、青山、弥渡，及滇西、滇东南一带参加建立革命武装的斗争，为革命发展保存了力量。

在这风雨飘摇的岁月里，熊庆来不止一次地要碰到这一类很为难的事。一方面不得不应付反动当局；一方面他又很想保护自己的学生，保护自己的同事。反动当局对他施加压力，逼得很紧。他一方面被逼得心情烦乱，很苦恼；一方面仍绞尽脑汁地设法妥善处理。

1947年夏天的一个晚上，云南省主席卢汉把熊庆来约到家中谈话，在座的有云南警备总司令何绍周。

落座后，卢汉先开口了："熊先生，我们奉到中央的电，对你很怀疑，怀疑你与中共有关系。今天请你来自己说明一下。"

"我和中共没有什么关系，请调查好了。"熊庆来说道。

卢汉拿出一张名单摆在桌子上，对熊庆来说："这单子上的教职员、学生，有哪些是共产党？请你指出来，我们好逮捕。"

熊庆来扫了一眼名单，第一名是杨春洲。熊庆来扶了一下眼镜，对卢汉说：

"云大教授、教员就二百多人，我如何能记得清楚。我聘请他们时，注意的是他们的学问。至于他们的政治立场，处同事是管不了的。"熊庆来指了一下名单，接着说："不过，这个杨春洲，他不是最近才有启事登报吗？"

卢汉便不再有什么话好讲了。事情原来是这样的：

杨春洲担任附中校长10年，把附中办得很有进步性，于是就有一些人往上面告他。转到熊庆来这里的告杨春洲的材料和信件都有好多，其中有省党部的，有教育部的。熊庆来把这些信件材料都压在自己抽屉里，总是尽量为杨春洲辩护、解释，说他"是个读书人，是做学问的"，一再保护了杨春洲，使地下党有了附中这一块稳定的基地，培养了一大批进步学生。附中10年中吸收了不少进步教师；而且没有成立国民党支部和三青团支部，但从1939年起就有了中共地下党的支部。

杨春洲这次在报上刊登了一个启事，是因为反动当局中有人提议要逮捕他，还有人诱导他登个启事表明一下自己与共产党无关。出于权宜之计，杨春洲登了个启事，一想维护学校，二想保持自己的地位和安全。

但客观效果上，这个启事对民主运动是不利的。于是师生对他的信任减弱了。他在登出启事几天后，找到熊庆来，提出辞职。

在此之前，教育部对熊庆来曾多次表示过："云大附中政治活动太多，是杨春洲纵容了他们。"熊庆来一再以附中学生成绩上好的表现为附中申辩。教育部责备熊庆来："你不能仅强调这一方面而庇护附中！"

七、艰难岁月

鉴于教育部对附中的这种态度和几天前卢汉关于杨春洲的谈话，熊庆来感觉到附中的危机很大。他想，既然杨春洲现在提出辞职，不如顺水推舟批准他辞职；待日后教育部对杨春洲的成见消减，再让他复职好了。

于是，熊庆来批准杨春洲辞去附中校长职务，改聘他为云大化学系教授。这样，既应付了反动政府的追逼，又让杨春洲体面地离开了附中。

卢汉叫熊庆来开黑名单这件事，熊庆来在心中很难过，很气愤。事后，他对友人杜棻（云大医学院教授）这样说："开什么黑名单嘛？我们办学校，违反校规的可以开除，但是叫我们开什么黑名单嘛！"熊庆来满脸愤懑之情。

1948年6月，全国的反美扶日运动形成了高潮，昆明的学生也轰轰烈烈地起来斗争。16日晚，学联在云大广场举行了反美扶日演讲会。17日，全市大、中学生冲破军警封锁，游行示威，到美国领事馆递交抗议书、胜利返回云大。但解散回家途中，却被反动派逮捕了29人。

学联宣布全市学生罢课5天抗议，要求释放被捕同学。云大部分教授联名呼吁，希望当局爱护青年。可是，反动当局哪里肯听这一套，剑拔弩张，非坚决镇压学生不可。

为了不再扩大冲突，使学生免受更大的损失，熊庆来商请刘文典起草了一份"劝学生复课书"，在上面签名的有云大40多位教授。其中有几位也是在熊庆来劝说之后，看到熊庆来的出发点是为学生的安全，才签名的。

可是，矛盾仍然在激化、教授们的劝说未起作用。学生们眼看斗争越来越紧，为了集中力量，坚持斗争，决定保守住两个阵地。一个是云大会泽院，一个是北门外的南菁中学（今云南民族大学所在地），护守会泽院由云大学生主要负责，另有一部分中学生参加。他们把云大的五六千块砖头和800多斤石灰搬到了会泽院三楼，还把地下室贮存的硫酸也搬了上去，做好防卫准备。数千名军警宪特层层包围了云大，断绝了学生的粮食和供水。

教育部派参事刘英士赴昆解决这次"学潮"问题。熊庆来对刘英士谈了自己的意见："我主张用劝导的方法，特别是由省主席卢汉去劝导。因为学生中多半是云南人，他们比较容易听卢汉的话，何绍周是主张用武力胁迫的办法的。这不妥。很多学生家长都是盼望缓和解决，不要用武力。我以为，由卢主席再好好劝告一次，可能会有效的。"

最后，熊庆来对刘英士说："请你劝劝卢主席这样做吧！"

"我也觉得用这个方法好，我再劝劝卢汉这样做。"刘英士也表明了自己的看法。

看到事态的紧张，用缓和的方法已解决不了问题。熊庆来无法应付这种政治斗争，他感到精神疲惫，住进了云大医院。

可是，7月14日的深夜，还是有一名警官突然找到医院里，对熊庆来说："卢主席派我来说军警要进学校，请你一同去。"

熊庆来想，事前并没有商定，突然同军警进校，此事是很不妥当的，便对警官说："军警突然要进入学校是不妥当的。应当请卢主席再考虑一下，现在夜深了，我又有病。我明早去见卢主席，说明我的理由。请你转告卢主席。"

可是，熊庆来的这个意见并未得到采纳。凌晨5点，两发红色信号弹划破了昆明的夜空，军警宪特开始攻击手无寸铁的学生了，吼叫声、威胁声乱成一团。学生们敲响脸盆向市民呼救："云南的父老兄弟们，警察围攻我们了！""我们是无罪的！"沉睡的市民们都被惊醒了，翠湖附近一下子聚集了好几千老百姓。

第二天一早，查良钊来找到熊庆来，一同到云大去看，学生们仍坚守在会泽院三楼上。后来，卢汉也来了。熊庆来、查良钊陪着卢汉来到会泽院楼下。卢汉对学生讲了几次话，学生们仍未为他所动。

16日，坚守了3天的学生一滴水都没有了。7月的太阳特别燥热，一些被打伤的同学伤口发炎了，情况很不好。考虑到许多同学的情况，当下午卢汉再来劝说时学联党组负责人杨智勇下楼去与卢汉谈判。在卢汉保证不殴打学生，只逮捕五六个为首学生的应允下，为了广大同学不受难，杨智勇等几名骨干愿意去坐牢，便相信了卢汉，撤下楼来。

然而，卢汉并未兑现诺言。学生撤下来后，军警特务把全体同学拘押于教室中，又按照黑名单把他们认为的"重要分子"一一逮捕。最后，将杨智勇等76名"要犯"移送"特种刑事监狱"交"特刑庭"审理。包围云大的警察到了7月22日才撤走。

接着，刘英士又召集了解决这"七一五"事件的会议。参加者有省教育厅长王政和熊庆来、查良钊。刘英士主持议决了如下事项：

一、由云大解聘徐梦麟、秦瓒、朱驭欧、杨春洲四教授。

二、解散云大附中。高中部学生得转学去龙渊中学，初中部学生得转学富春中学。

三、解散中山中学。学生得转学富春中学。

通过这次反美扶日运动和"七一五"事件，云大的很多中间同学，对国民党卖国、独裁、残虐人民的本质认识更加深刻了。他们对国民党已不存幻想，日后热情地参加到反对国民党的斗争行列中去。

熊庆来在"七一五"事件前后的一些活动，引起了人们不同的看法和评价，有的人还产生了一些对他的误解。

有人认为他政治上不是很清醒，但内心是爱护青年的。

有人觉得他胆小怕事，太谨慎。

有人说他有点"滑"，一有什么棘手的事就躲到医院里养病。

也有人明白他因为处在一个很为难的位置，所以这样做也不好，那样做也不好……

也有人认为，他为人正直，在云大有较高的声望，是国民党反动派对云南大学师生员工进行迫害的障碍。

还有人从与熊庆来的直接交往中对他有充分理解，如1947年进云大文史系任教的共产党员马曜就体会很深。在"七一五"事件后，马曜把自己写的《茈湖精舍诗集》送请熊庆来题签，尽管诗集中就有《七月十五日即事》一首，把在会泽院楼顶反对美蒋的数百名青年比作义不帝秦的鲁仲连，比作杀身成仁的田横五百壮士、对学生的英勇斗争作了热情的歌颂，但"熊庆来也毫不顾忌欣然为诗集亲笔题签，并把这诗集列为《国立云南大学文艺丛书》出版"。

马曜进云大之前先拟进昆明师院，但有人揭发他是中共党员，反对他到师院教书；可 1947 年经人推荐到云大时，熊庆来虽然知道此事，仍欣然聘请马曜为讲师。日后马曜又有很多进步活动，熊庆来也不加以阻止或解聘他。"马曜从他本人与熊庆来交往的这些事件中，深信熊庆来对当时的学生爱国民主运动和进步力量是从内心深表同情的。但他是国民党委派的大学校长，其处境之困难是完全可以理解的。"①

云大附中的情况也是这样。附中校长杨春洲在一篇文章里写道：

> 云大附中能在白色恐怖下奋斗十年，抗拒在学校里成立反动的国民党及三青团组织，容纳众多的中共地下党员及进步人士在学校里担任教职，使广大学生受到健康、纯正、德智体全面发展的教育，培养出大批又红又专的人才，也与熊先生的爱护、关怀分不开。反动派逼迫熊先生要附中成立国民党及三青团，熊先生不能公开抗拒，他只好照转"命令"。附中用阳奉阴违的拖、赖、滑等手段对付，始终未成立这类反动组织。熊先生也装糊涂，不追查，不过问。他看到附中学生表现很好，认真读书，投考西南联大及云南大学的升学率达 80% 以上，他很高兴。他看到附中学生守纪律，生活朴素，爱劳动，男女同学关系正常，亲如兄妹，互相砥砺学行，他很满意。学校提倡游泳，每年 4 月 20 日校庆，开水上运动会，师生喊出："过不了河的不算是附中学生！"他很高兴。有时还亲自到场参观指导。他关心附中、给附中介绍品学兼优的教师，如杨桂宫、朱德祥、张福华等到附中任教。②

1926 年入党的老共产党员、20 世纪三四十年代曾先后任过云大附中教

---

① 王志符、马曜：《中国数学教育界的伯乐》，载《熊庆来纪念集》，云南教育出版社，1992，第 110~111 页。

② 杨春洲：《熊庆来先生对祖国教育事业的贡献》，载《熊庆来纪念集》，云南教育出版社，1992，第 75~76 页。

七、艰难岁月

师、云大文史系教授兼系主任的曾任全国人大常委会副委员长的楚图南，凭着他对熊庆来的长期了解，在纪念熊庆来百年诞辰的时候，语重心长地说了下述一番很客观公正的话：

> 在抗战期间，在昆明这样一个政治情况十分复杂的地方，熊先生从替国家爱惜人才的角度，在云南大学安排了为数不少的一批革命的、进步的知识分子，可以说是从间接的方面支持了当时的爱国进步的潮流，支持了当时在昆明的民主运动、文化运动和青年运动。这一点是不应该被遗忘的。
>
> 当然，现在有些回忆当时昆明爱国民主运动的文章中，对熊先生有过一些不同的看法，也是正常的。但是事过几十年，在了解了熊先生一生苦心孤诣，培养中国青年在数学领域中不断进取方面竭尽全力的心境后，我想我们对熊先生的过去应有更多和更深一步的理解，而不应该有过高的要求和苛求。①

楚图南副委员长的这番话是很中肯的，完全符合熊庆来当时的情况。

熊庆来自己1962年写的自传中，提到这个问题时，也坦诚剖白过自己当时这样的考虑和做法。他说："我于思想原不甘于保守，于行动亦努力表示勇毅，当校中师生遇到危难时，我是尽力维护他们的。我且与反动势力曾作过冒险的争辩，但我虑事不周性率直，矩于应变，学校面临的损害，师生遭遇的危难，未能尽免，每有遗憾……"以此说与楚图南20世纪90年代的上述评价两相对照，楚图南可谓"知熊庆来也"。

"七一五"事件以后，又是一年的风风雨雨。

1948年9月初新学期开学时，在反动当局的直接控制下，云大贴出了两张榜：一张是录取新生的榜，一张是开除进步学生的榜。反动派为了加

---

① 楚图南：《记熊庆来先生二三事》，载《熊庆来纪念集》，云南教育出版社，1992，第46~47页。

强对学校的控制，还派进了一堆特务学生。

10月后，地下党省工委派来人员整顿和重建云大的地下党组织，成立了总支委员会。党组织通过党员和"民青"成员在各系组织读书会，还针对国民党的暴行，及时开展教育活动。各系还办壁报，组织歌咏、舞蹈、旅行活动，团结同学。

3. 黎明之前

1949年，解放战争已进入最后阶段，国民党已气数尽丧，军事上节节败退，经济上全面崩溃，政府官员贪腐严重，蒋介石在内忧外患中，不得不于1月初宣布下野，让李宗仁代总统，主持大局。随后，国民党政府迁到广州。

局势越来越动荡，全国的物价涨得越来越快，政府狂印滥发金圆券，民不聊生。熊庆来的五子秉衡与六子秉群回忆当时的亲见亲闻说："那时候，金圆券贬值之快令人匪夷所思。一天，秉衡有事去友人家，与秉群一起从马市口沿正义路走到近日楼。这条路上有许多金店，每家金店都挂有一块金价牌，牌上写着当日的金价。他们每走过一个金店，牌上的金价就变高一节。走过十多个金店，只见金价'步步高'地飙升。涨速之快，令人震惊，至今两人都记忆犹新。那时，靠领用金圆券为生的工薪阶层，领到金圆券后就得马上去市场换成银圆，或者马上买成实物，晚一点就会贬值。据说，当年有人在面馆里吃面，吃第一碗时一个价，等到吃第二碗时又是一个价了。"[1]

2月间，在昆明居然发生了新版的金圆券被中央银行昆明分行误认为是假币而拒绝兑换的事件。面对如此荒唐的做法，持有新版金圆券的市民气愤不已，纷纷到银行查问，继而争吵。2月12日这天，中央银行昆明分行出现民众暴挤骚乱，省主席卢汉接到报告后大发雷霆，命令宪兵立即出动镇压。大批宪兵火速赶到，逮捕了200多人，当场枪毙了21人。这更引起

---

[1] 熊秉衡、熊秉群：《父亲熊庆来》，云南教育出版社，2015，第404页。

七、艰难岁月

众怒，怨声载道，民愤四起。

云大师生员工的生存状况越来越恶劣，熊庆来曾多次向教育部反映，但一直未有答复。随着昆明物价飞涨，眼看"全校师生及教职员眷属三千余人已濒于断炊之境"。熊庆来又于2月14日写信给教育部长，报告昆明物价疯狂上涨超过六七倍的情况，迫切要求教育部调整工资和经临各费：

雪屏部长先生钧鉴：

为本校经费及同人待遇事，迭经电呈钧部，谅邀鉴察，惟迄未奉到赐复，泳用惶惶！此间物价自农历年底以来，疯狂上涨，中等白米每石已达八千余元，木炭每石三千元左右，其他日用各品皆超过六七倍以上。二月份教职员薪津虽经勉强由库存及借款发付，然以金圆过于贬值，于事无补，且此间通用本省银圆（称为半开），现时市面物价多以半开计值，而本校悉发金圆，愈感困难，加以战局影响，各地学生来昆借读者络绎而至，增加负担。现统计全校师生及教职员眷属三千余人已濒于断炊之境。自救无力，借贷不易。本日教授会开全体会议，有于最近不得钧部救济即全体辞职之议，情形甚是严重。瞻望前途，尤泳悚惧。务恳钧部对于本校教职员待遇、学生公费、工警薪饷及经临各费立即赐予调整，并将款电汇至校，以济员生工警于涸辙，并使本校工作不致停顿。倘一时措置不及，可请如教授会代电之表示，暂电请滇省府设法救济。不胜迫切待命之至。专请勋祺！

熊制（庆来） 谨肃
二月十四日

【国立云南大学校长批语】用学校信笺封另络，航快发出。
【承办人批语】已办。二月十四日①

---

① 熊庆来致雪屏部长函（1949年2月14日）云南省档案馆：1016-2-215/157-158。

一个多月后，3月23日，熊庆来接到教育部"第六八七号代电"。电文告知，即采取提高学术研究补助费的办法，让教授、讲师、助教的每月收入略有提高。熊庆来乃于次日发出公函致中央银行昆明分行，要求在教育部拨给云大的这笔学术研究补助费到达之前，先请银行给予提前借垫：

（卅八）国字第0241号[①]

案奉教育部本年三月未列日第六八七号代电，以奉二月二十八日穗预字第四九五号院令核定学术研究费自本年一月份起调整为教授月支基数二〇〇元、副教授一五〇元、讲师一〇〇元、助教五〇元，依各区薪津计算标准支给，刻正洽商国库简化支付手续，以便及早领拨。等因；奉此，自应遵办。查本校有教授一〇六人、副教授三九人、讲师四一人、助教七九人，共二六五人，按昆明区薪津标准计算，一月份学术研究费应照基数加二四倍、二月份五〇倍、三月份暂照一五〇倍支发，共需金圆券七八六二四〇〇元，惟是款项现尚未奉拨下，在此生活窘迫之际，各同人催发其急，应请贵行本中央重视文教人员之意旨，惠予通融，提前借垫，俾资支应，嗣款项拨到即行归垫。兹派员持函前来面商，希即赐予洽办为荷。此致中央银行昆明分行

校长熊〇〇

"第六八七号代电"只提及调整教授、讲师、助教的待遇，未提职员和工人，熊庆来在发出公函给银行的同时，又发出一代电致教育部长，希望比照教员"学术研究费"的办法，也给予职员以"特别津贴"，并对工人另筹"紧急救济金"以资补助，全文如下：

[①] 熊庆来国立云南大学公函（1949年3月24日），云南省档案馆：1016－4－609/444－445。

七、艰难岁月

（卅八）国字第 0243 号①

教育部部长陈钧鉴：迩来金元贬值，物价腾贵，教职员工生活困难达于极点。昨蒙调整教员学术研究补助费，虽购买力仍属有限，但涸辙之鲋，滴水亦属大惠，惟是职员薪金微末，待遇向低，在此窘迫情形之下，所得不能维持最简单之生活，工人工资则仅食粗粝果腹亦不可能，实难使其安心服务，拟恳钧部对职员准予比照教员学术研究费给予特别津贴，对工人另筹紧急救济金，以资补助，而利维持，并祈示遵。临电不胜迫切待命之至。

国立云南大学校长熊〇〇叩。寅逈。印。

此外，熊庆来还设法通过多种渠道获得社会的救助。譬如，他甚至想到向老友缪云台担任总经理的云南人民企业公司争取廉价配售纱布，以帮助教职工节省一点冬季添补衣服的费用。为此，他在1948年冬天便给该公司写函请求救济：

学字第 No4841 号②

事由：函请准由云南裕滇两厂廉价配售本校教职员工及眷属纱布以资救济希查照办理见复由

径启者：查敝校教职员工待遇自改币以来，因物价不断增涨，生活困难，所得几不能维持伙食，艰苦达于极点。现届严冬，无法添补衣服，拟请贵公司准由云南裕滇两厂照敝校实有人数廉价配售纱布，以资救济。敝校现共有教职员四百六十四人，工警二百二十二人，教职员眷属约二千人，总计约二千六百八十六人。兹特派员持函前来洽商，敬布查照惠予洽办为荷。此致云南人民

---

① 熊庆来国立云南大学公函（1949年3月24日），云南省档案馆：1016-4-609/439—440。

② 熊庆来致云南人民企业公司公函（1948年11月23日），云南省档案馆：1016-4-604/77-78。

企业公司。

校长　熊庆来

由于货币不断贬值，工资已不足以糊口，熊庆来除了要向教育部、省政府以及社会上申请补助外，还要与云大的教职员工组织不断地协商解决全校教职员工的生活困难问题，商讨解决办法。3月30日，云大的职员联谊会代表全体教职员给熊庆来写信，提出要求：

窃职员等因物价飞涨，生活无法维持，特提出要求三点：

一、请照三月三十日报载调整数目，于三日内如数发给，并照调整办法将四月份薪津照三月份薪津整数支给，暂维目前生活。

二、教职员待遇悬殊太大，请求作合理调整。

三、职员薪津请按月发给实物。

为求解决目前困难起见，自三月三十一日起至四月二日止，全体请假三日，静候核示。

谨呈校长熊。

全体职员　同呈（国立云南大学职员联谊会印）
卅八年三月卅日①

熊庆来对信中提出的三点要求给予"核示"后，在尚未落实之前，云大职员联谊会又提出两项"临时救济办法"，以"暂时解决目前困难"，并于4月2日再度致信给熊庆来：

查职员等为生活无法维持，提出三项请求。奉钧长核示三点，对同人生活问题甚为关怀，不胜钦感，当向同人宣布后复经议决，在前三项请求未解决以前，暂提请求临时救济办法两项：

一、请将学校由存款项下购储食米三百六十余担全数配发同

---

① 学校教职员致熊庆来信函（1949年3月30日），云南省档案馆：1016-2-203/4。

人济食。

二、请照省级机关救济办法一次借发半开每人贰拾圆，以救眉急。①

一波未平，一波又起。职员提的这些问题都还未能得到解决，教授会于4月18日又致熊庆来一函，写道：

敬启者：关于本校教职员待遇问题，迄未解决。现在物价飞涨，同人生活万分困难，爰于昨日（十七日）下午召开教授会及讲师助教会两常会联席会议，商讨应付办法。兹将决议案录请察照，并祈采择施行，是为至荷。此致熊校长。

教授会　谨启

四月十八日②

函后附上了联席会议决案，提出三项要求，并言明"以上三项，如于二日内未能圆满解决，则于校庆日以前召开教授会、讲师助教会及职员联谊会三方全体大会，共商讨对策"。

此话换言之，即是将以形成更大的力量来争取共同的生存权益。结果，因"二日内未能圆满解决"，云大的讲师、助教、职员及工警从4月28日起开始停教罢工，持续了6天，直到5月3日才复教、复工。

1949年5月，以进步教授为骨干的新教授会成立。5月中旬，按地下党组织的要求，教授会、讲师助教会、职员会、工警会、学生系级代表会选出自己的代表正式组成"五联委员会"。

为妥当公允地处理汇到的校款，熊庆来这一两年间常召开有学生、工警代表参加的扩大校务会议。又有人批评说这是共产党的做法。为这类事，熊庆来亦受到反动当局的指责。但熊庆来不因这些指责和批评而改变做法。

---

① 学校教职员致熊庆来信函（1949年3月30日），云南省档案馆：1016-2-203/5。
② 教授会致熊庆来信函（1949年4月18日），云南省档案馆：1016-2-203/114。

5月中旬，云大五联会邀请爱国人士、省参议员和记者在至公堂举行招待会，要求动用"八一五"中央银行发行金圆券向云南人民收兑的黄金、白银和外币，拯救学校，拯救教育危机；要求省政府解决经费和教职工生活问题。

这时的会泽院壁报上，已经公开有共产党的方针口号，有解放区报道，有抨击揭露国民党政府腐败的时评和报道。

这段时间的云大，每周有不同规模的联欢晚会、营火晚会。许多学校都到云大举办各种进步活动。校内的形势讨论会、读书讨论会常常公开举行。

"走，到云大去！"昆明的关心时局者已把云大看成必来之地。云大不仅是地下党组织团结教育云大师生的地方，而且成了当时昆明民主声音传播的地方和培植进步力量的地方之一。

当学校得到各方面的补助时，为了照顾到所有教职工及学生的利益，做到分配公允，熊庆来常召开有学生、工警代表参加的扩大校务会，让大家提出建议，公开讨论分配办法。自从有了讲师助教会职员联谊会、工警联谊会、学生系级代表会后，熊庆来又采取了一些措施，改组原来只有教授代表的"福利委员会"，让这些组织也都推举代表参加，扩大了代表面，协调好各方面的分配利益。

熊庆来在1949年5月6日致教育部长杭立武的信中汇报了这方面的处理情况：

> 自本年三月份起，所有领用金圆券之公教人员，即感生活无法维持以致有省立学校教员罢教、省级机关人员拒绝领薪之事，云大讲师、助教、职员及工警亦于四月二十八日起停教罢工。为解决这些问题，采取了一些措施，并改组了学校的福利委员会。原来该会只有教授代表，后决定由讲师助教会、职员联谊会、工警联谊会及学生系级代表会也都推举代表参加。五月三日停教罢

七、艰难岁月

工乃告一段落，一律复职。①

云大的校务会开始邀请讲师助教会、职员联谊会及工警联谊会的代表列席会议是从5月1日开始的，有7名代表列席。6月10日起，学生系级代表会代表也开始列席校务会议，当天列席代表有2名，其中1名机械系的学生薛瑛是"民青"的盟员。

后来学校成立了"五联会"——由教授会、讲师助教会、职员联谊会、工警职谊会、学生系级代表会等五个群众团体分别推选出自己的代表组成。以后，凡是学校的重大决策，熊庆来就都征求"五联会"的意见。他知道这些群众团体都有鲜明的进步倾向，但不知道这些群众团体都已经由中共地下党的外围组织"民青""新联"（"新民主主义者联盟"的简称）在暗中领导，更不知道"五联会"的主席、航空系郭佩珊副教授就是中共地下党员，而且还是昆明市委的领导人之一。

郭佩珊日后在《一个地下共产党员的回忆》一文中写道：

> 我在云大是公开的身份，当然也公开的谈问题。共产党人隐瞒自己的观点是可耻的，有时和同事们谈谈自己的看法，就暴露了自己的进步观点。在航空工程系和工学院被选为教授代表，参加学校的教授会；又被选为云大教授会的代表组成云南大学五联会，并被选为主席。又值反饥饿反迫害运动在全国各地此起彼伏，这是广大群众的迫切要求。云南大学也开展了反饥饿、反迫害运动，很快扩大到校外，与昆明师范学院等校联合，参加领导了昆明市大专院校的"双反运动"。

云大校长熊庆来先生是一位具有学者风度的老夫子，著名的数学家，也是著名的"伯乐"。他为人正直，在云大有较高的声

---

① 熊庆来呈教育部长杭立武函（1949年5月6日），中国第二历史档案馆：5-2-1702/90-94。

望，是国民党反动派对云南大学师生员工进行迫害的障碍。1949年某日，国民党政府教育部长派刘英士专员到云大，企图扑灭反饥饿、反迫害运动之火。在熊校长召集的一次会上，云大农学院教授秦仁昌当着刘英士和我的面，指控我是云大反饥饿、反迫害运动的领导人，受到我和与会代表杨朝梁等有力的驳斥。熊庆来不同意高压手段，刘英士回重庆不久，教育部指派熊庆来赴法参加一个国际性的数学方面的学术会议。①

1949年，云大在经济上的困难已到了捉襟见肘的地步，教职员工的基本生活都很难维持了。为争取经费缓解困难，他到处奔波求助，采取多种办法。5月间，不惜招标出售一辆卡车及配给校长的小轿车，以添补经费之不足。熊庆来还为此专门呈文教育部请予批准。

面临教职员工因生活太过困难而停教停工的情况，5月21日，熊庆来为了解决员工急切的生计问题，又专程去广州找教育部长杭立武多次洽谈，争取到教育部垫支的15000元港币。不过，这"杯水车薪"仍不能根本解决问题，教职员工的生活仍困难重重，仍未能复教复工。熊庆来又给教育部长写信汇报情况：

> 立武部长先生勋鉴：
> 　　此次在穗，深承关切指教，至感。○于三日午后二时平安抵昆，堪告注念。蒙核垫港币壹仟伍佰元，曾随身带回发放，惟第二次垫支之港币壹万叁仟伍佰元，○动身时以款未到穗，未获领取，当托总务司交刘参事求南带滇。现刘先生亦已到昆，将款带来。校中虽仍困难，尚未复教复工，但员生所得安慰不少。现正与刘参事商讨进一步之救济办法，省政府方面已有关切表示，惟

---

① 郭佩珊：《一个地下共产党员的回忆》，载《熊庆来纪念集》，云南教育出版社，1992，第209~210页。笔者注：本文末所述有误，熊庆来赴法参加的是联合国教科文组织会议，不是数学方面的学术会议。

七、艰难岁月

至盼中央对于待遇能有根本之改善,俾学校得恢复常态。本校除生活艰苦停教停工外,无其他意外问题。专此奉达,敬颂勋祺!

熊制(庆来) 谨启

【承办人批语】已办。六·十四①

两周后,杭立武复函,希望熊庆来尽快设法引导恢复教学常态:

迪之校长先生台右:

展奉六月十四日惠书,敬悉种切。关于各校员生生活,部中甚为关切,现以币制改革势在必行,以后教职员待遇当可调整,尚祈鼎力维持校政,速谋复教,以求安定,毋任企祷。专此奉复,祗颂教绥。

弟杭立武 拜复
六月二十九日②

熊庆来接此复函后,再次致函杭立武:

立武部长先生勋鉴:

展奉上月廿九日手示,知前函已达。刘参事返穗,曾托其转陈一切,谅邀鉴察。校中已于上月廿七日复课复工,本期当可顺利结束。现币制已再度改革,公教人员待遇将有合理调整,甚幸,惟迄无标准公布,均感惶然不安耳。专此布复,敬颂勋祺!

熊制(庆来) 敬启

【承办人批语】已办。七·六③

云大员工于6月27日复课复工后,币制已再度改革,鉴于反动政府的

---

① 熊庆来致杭立武函(1949年6月14日),云南省档案馆:16-2-214/61。
② 杭立武致熊庆来函(1949年6月29日),云南省档案馆:16-2-214/91。
③ 熊庆来致杭立武函(1949年7月6日),云南省档案馆:16-2-214/70。

诚信已丧失，大家虽听说公教人员待遇将有合理调整，心中仍感不安。在听闻教育部拨来 6 月份薪饷、省府准备拨来 7 月份维持费的消息后，云大员工又迫不及待地以"五联会"名义写信给熊庆来，催促"请从速办理"。信的开头还提到教师们关心的新学年聘书问题，此信全文如下：

> 敬启者：查本学年度行将终了，各教员聘书前经催请办发，已奉覆，即可发出。现已七月中旬，各同人纷纷询问可否于最近办发之处，敬希示覆为祷。又教部拨到六月份薪饷及省府七月份维持费，前经催请速予拨发，目前同人生活困难，应请从速办理，是为至荷。此上校长熊。
>
> 　　国立云南大学教授会、讲师助教会、职员联谊会、
> 　　　　工警联谊会、系级代表会联合会
> 　　　　　　　七月九日①

熊庆来接到此信后，当天就复函"五联会"，答复大家急切关心的这几个问题：

> 径复者：大函奉悉，兹分别答复如下：一、下年度聘书正办发。二、教部拨到六月份薪津，因央行坚持须扣还三百亿借款，迄未接洽妥帖，刻已由诸总务长及财委会王树勋先生前往商洽。至省府七月份维持费，正办理洽领手续中，相商函复查照。此致五联会。
>
> 　　　　　熊制（庆来）　敬复
> 　　【承办人批语】已复。七·九②

这些时日，国民党反动政府的经济已濒临崩溃，教授们的生活窘迫到令

---

① 五联会致熊庆来函（1949 年 7 月 9 日），云南省档案馆：16 - 2 - 214/93。
② 熊庆来致五联会函（1949 年 7 月 9 日），云南省档案馆：16 - 2 - 214/92。

七、艰难岁月

人难以置信的地步，师生员工们都在饥饿线上挣扎。熊庆来与教育部、"五联会"之间的多封来往函件，几乎都是关于生活、待遇、津贴、补助等事的。

面对如此困境，熊庆来倍感身心交瘁，作为一个毕生注重做学问的真正的学者，他尽管殚精竭虑，仍深感无力回天。他两次提交辞呈，然均未获准。从他于7月29日写给汤惠荪的一封信，可看出他当时矛盾纠结的心情：

惠荪吾兄勋鉴：

昨奉手教，欣悉一切。示以贵会拟在滇设立办事处，不知已决定否？如兄能来滇一行，尤所欢盼，弟当扫榻以待也。本校现尚安定，弟承长云大已十有二年，深感疲惫。月前本决意引退，再三呈请辞职，未能邀准。校中同人同学又复强留，不得已仍暂行维持。然前途茫茫，困难层出，何以谋发展？！殊堪悚惧，尚望知我者有以教之为幸。

专此，顺颂勋祺，并盼赐复！

弟熊制（庆来） 敬启①

熊庆来下面这封写给"五联会"的信，也表达了他请辞让贤的想法：

径复者：本校不幸，日感艰危。大函奉悉，校务承同人及同学诸多匡助，至纾铭感！时局剧变，○以力薄，不能使同人安心工作、同学安心读书，除让贤外，似无他法。承会衔慰留，尤感！仍盼共体时艰，以维学校，不胜企祷。此复教授会、讲师助教会、职员联谊会、工警联谊会、系级代表会。

熊制○○ 敬启②

---

① 熊庆来致汤惠荪函（1949年7月29日），云南省档案馆：16-2-214/41。
② 熊庆来致教授会、讲师助教会、职员联谊会、工警联谊会、系级代表会函（1949年），云南省档案馆：1016-2-203/112。

熊庆来此信同样流露出他矛盾纠结的心情，也表达了期盼与大家"共体时艰，以维学校"的心愿。

4. 离开云大

一个学期又在艰难中结束了，局势又有了新的发展。暑期即将到来之际，中共地下党组织号召盟员和党员们到工厂到农村去开展武装斗争，甚至于公开号召青年学生们"走出学校，走向社会，与工农大众相结合"大幅的标语张贴在最为显眼的旧城门豁口处。

8月下旬，熊庆来接到教育部召开全国教育会议的通知。他于31日乘飞机前往广州参会，临行前发出两封分别给曾远荣和唐培经的信函。他俩都是熊庆来在清华算学系的学生，后来成为同事。曾远荣抗战初来到昆明任教于西南联大，抗战后去了四川大学任数学系主任兼理学院院长。唐培经于1934年离开清华赴伦敦大学留学，三年后获统计学博士归国，任中央大学教授。抗战时期曾任中央大学柏溪分校主任、中央大学教务长，1948年任教育部高等教育司司长。

熊庆来在这两封信中，都提到"约一周内返昆"。然而，他和全家人都想不到的是，此行离昆，不是1周，熊庆来从此再未"返昆"。

离昆前，熊庆来还委托时任云大农学院院长张福延暂代行校长职责，主持云大校务。熊庆来于8月31日到达广州后，与老朋友、时任教育部部长杭立武多次交谈。杭立武应熊庆来的要求，拨给云大数学系一笔1000美元的购书款，让熊庆来随身带到巴黎，选购数学书籍。

但还未等全国教育会议召开，熊庆来就被教育部指派出席联合国教科文组织（United Nations Educational Scientific and Cultural Organization，缩写为UNESCO）的会议。

此次会议是联合国教科文组织第四届大会（The Fourth session of the General Conference of UNESCO. Paris. 19th September – 4th October 1949），于9月19日至10月4日在巴黎举行。中国代表团由教育部负责带队，团长是清

华大学校长梅贻琦，秘书是汪德耀。代表团成员除熊庆来外，还有中央研究院总干事李书华、中央图书馆馆长蒋复璁、国立北平图书馆馆长袁同礼。

这时，其他几位代表已先期从北平飞往巴黎，只有代表团秘书、厦门大学校长、细胞生物学家汪德耀尚未离穗。教育部安排熊庆来与他同行，赶往巴黎。熊庆来连回昆明做一点出国准备工作的时间都没有，便与汪德耀同飞香港，然后转飞巴黎。

联合国教科文组织第四届大会如期举行，讨论的议题很多。

> 其中，通过了一项与中国有关的议案。前届教科文组织大会中曾有一项未决议案：在中国或罗马建立一个机械计算中心案。此案中唯有地点问题尚未最后决定，于是中国代表团提出一项新案：地点问题暂时悬置，留待后定，但从现在起着手准备中心需要的专门人才，具体办法是由中国代表团遴选年轻数理教师两名，交由联合国教科文组织送美国培养。此案当时即获通过，中国代表团乃委托熊庆来推荐人选。熊庆来日后回忆此事时写道：

> 中国代表团委托我考虑人选。我拟定了朱德祥、杨桂宫。我的意思是他两人，一是数学方面，一是物理方面的，在学问服务方面表现都好，二人中一是西南联大的，一是云大的，分配也适宜。

> 后来因昆明解放，新中国还未恢复联合国会员资格，这提案就流产了。[①]

熊庆来离开昆明到达巴黎后不久，昆明发生了"九九整肃"事件，大批共产党员和民主人士被逮捕，大中学校多被解散。据《云南大学志》记载：

[①] 熊秉衡、熊秉群：《父亲熊庆来》，云南教育出版社，2015，第442页。

熊庆来与云南大学

　　1949 年 9 月 9 日：国民党绥靖公署主任兼云南省政府主席卢汉发表《告云南人民书》《告保安官兵及青年学生书》，宣布昆明戒严。国民党特务大肆逮捕中共地下党员、民青成员、民主人士、编辑、记者、工人、学生等 400 余人，实行所谓"整肃"与"整理"。13 日，卢汉布告云大师生，于当晚 7 时前迁出学校，学校解散，由军警进驻，成立"云南大学整理委员会"，卢汉任主任委员，刘英士任副主任委员。20 日，教育部又派次长吴俊文来督察。22 日卢汉召开耆老会，宣布"整理纲要"，"整理"对象是"赤色鲜明者"，以此为出发点，对教职工和学生进行甄审。对甄审允许复职复学的师生员工，要 5 人互联互保。当时云大被整理委员会解聘、革职、撤职、裁退的教职工近 100 人，被开除的学生达 20 多人。

　　由于教务长王士魁事先获悉情况贴出通知：军警要进驻学校。故学校中的中共党员、民青成员和进步师生早已离开学校，师生免遭逮捕之难。离校的师生，有的下乡参加武装斗争，有的仍留在昆明参加活动。至 10 月 11 日布告开始登记旧生，云大原有 1000 多人，截至 14 日，登记者 800 余人，重新开始上课。①

　　就这样，熊庆来在自己都不知情的情况下，被免去了校长职务，妻子和孩子们被迫在 3 天内搬出了在云大的住所。从此，云大校内再也没有熊庆来的家。

　　在担任云大校长的这 12 年间，熊庆来呕心沥血，事必躬亲，历尽艰难，惨淡经营，为云大的建设和发展做出了可贵的贡献。但他毫不为之满足，就在他要离开云大的前两个月，纪念云大校庆 27 周年时，他仍深自检讨说："余忝居主持校政地位，得同人精神上之合作，并睹同学对学行之努

---

① 《云南大学志》编审委员会：《云南大学志·大事记（1915—1993 年）》，云南大学出版社，1997，第 132 页。

力,固深感庆幸,然于学校工作上,与同人生活最低之需要,未能设法使之满足,实觉不安。且念及本校欲负起时代使命应有之设施,同人工作应有之设备,尤深惭悚。"

当多年之后,1963年云大校庆40周年时,云大校史编撰委员会去函请熊庆来写一篇回忆录,他情不自禁地从北京遥寄了一首长篇祝词,满怀感情地回顾了他在云大12年的艰辛历史,并再次表达了上述思想。

祝词曰:

南滇学府　　高耸云边
红旗飘荡　　气象万千
追溯缔造　　凡四十年
经营惨淡　　功在前人
初基巩固　　弗辍歌弦
乃因僻远　　发展斯艰
抗战前夕　　校政一新
同人淬砺　　夜寐夙兴
赀虽不裕　　实具精神
称于父老　　社会同情
热心团体　　支助綦殷
特开讲座　　优礼时贤
力增设备　　兼利教研
良师荟集　　学子莘莘
门墙之内　　朝气充盈
同人相议　　喜色欣欣
期于学术　　蔚成中心
群谋规划　　益著辛勤
广求助力　　辛罕知音

复叹倭邻	凶焰弗戢
嵯峨黉宫	惨遭轰袭
疏散西东	避居乡邑
粗粝弭饥	庙观设席
弦涌依然	自强不息
惟睹时艰	良深忧戚
抗战胜利	满目疮痍
祸增内战	民陷溺饥
士林厄运	未有转机
吁嗟学府	发展何期

……

从这长篇祝词中不难看出，熊庆来对云大的感情何其深矣！为了云大，他献出了自己生命里最充沛的 12 年！这 12 年，正是艰苦异常的抗日战争时期和解放战争时期，国难当头，民主运动激烈。这 12 年，是熊庆来一生中最令人刻骨铭心的一段历史。这 12 年间的风雨雷电、酸甜苦辣，非置身于熊庆来本人那个角度、那个地位之人，是难以真正地深刻理解其中三昧的……

这段风雨雷电，从他 1949 年 8 月底离开昆明到广州开会时起，终于结束了。但他此时尚未意识到，待 1 个月后离开广州到法国开会，到达巴黎后不久，得知妻儿被迫搬出了云大住所的时候，他明白了。

熊庆来离昆赴广州前，曾委托农学院院长张福延代理校长职务；在离广州赴法国开会之前，熊庆来还电告张福延，嘱他继续代理。可此时，这些嘱托都是多余的了。而且他自己也没有想到的是，此行巴黎，与故国一别竟是 8 年！

熊庆来到法国开完会后，因突发脑出血致半身不遂等多种原因滞留法国多年，直至 1957 年归国。回国后他留在北京，进入华罗庚任所长的中国

七、艰难岁月

科学院数学研究所做研究工作，再也未回到过昆明。未想几年之后，一场大风暴席卷了神州大地，熊庆来受到了极不公正的待遇，最终于1969年被残酷迫害含冤辞世。

八、先生之风　山高水长

人间正道是沧桑！

1976 年 10 月，"四人帮"覆灭了！

萧瑟秋风今又是，换了人间！中国人民经过艰苦卓绝的斗争，付出了巨大的损失和代价，终于将林彪、"四人帮"扫进了历史的垃圾堆。人民胜利了！人民从此获得新生！

1977 年，中华人民共和国最高人民法院特别法庭代表全国 10 亿人民的意志，对林彪、江青反革命集团的主犯进行公开审理，在《判决书》中，特别列举了被"四人帮"迫害致死的全国 9 位著名教授，熊庆来即为其中之一，并且名字排在第一位。

1978 年 3 月 16 日，全国科学大会开幕前夕，在八宝山革命公墓礼堂隆重举行熊庆来骨灰安放仪式。党和人民正式为熊庆来平反昭雪，作出公正评价。

公墓礼堂里，沉重的哀乐声与数百人的抽泣声交织在一起，一派肃穆凝重的气氛。人们肃立着，垂下痛苦的头颅，一鞠躬，二鞠躬，三鞠躬……他们当中有中央领导人和中国科学院领导，以及科学界专家、学者：胡克实、李昌、张劲夫、钱三强、严济慈、华罗庚、周培源、郁文、童第周、王屏、裴丽生、茅以升、钱伟长、费孝通、陈景润、杨乐、张广厚……礼堂正中和两侧摆满了花圈。郭沫若、方毅等党和国家领导人都送了花圈。

灵桌上，四盆万年青中间，端放着骨灰盒。骨灰盒后面，立着镶嵌在镜框里的熊庆来的遗像。他那慈祥平和的目光深沉地凝望着前来吊唁的人们……

中国科学院副院长钱三强沉痛地致悼词，追溯了熊庆来的生平，代表中国科学院作出对熊庆来的正确评价：

八、先生之风　山高水长

同志们：

今天，我们聚集在一起，为我国优秀的数学家熊庆来同志举行骨灰安放仪式。我们大家表示深切的悼念。

……

熊庆来同志是一位优秀的数学家，又是出色的教育家，他把自己的毕生精力都献给了我国的科学与教育事业。他对我国近代数学的兴建和发展做出了很大的贡献。

熊庆来同志在学术上有较高造诣，专长于函数理论。先后发表学术论文50余篇。他早年对整函数亚纯函数一般理论的建立做了许多基础性的工作。在函数值分布论方面的贡献，受到国内外数学界的称誉。他最早在我国高等学校开创现代数学的研究，推动了我国数学学科的发展。

熊庆来同志治学严谨，重视基本理论学习和基础训练。在担任大学校长时，仍兼任数学教授，亲自授课。他善于启发，诲人不倦，奖掖后进，敢于不拘一格的大胆选拔人才。著名的数学家华罗庚同志就是熊庆来同志发现和选拔的。我国许多科学家，也都得到过熊庆来同志的教益。在晚年，熊庆来同志又亲自指导杨乐、张广厚的工作，使他们迅速成长，做出了具有世界先进水平的成果。对我国乃至对世界数学的发展有着卓越的贡献。

熊庆来同志热爱社会主义祖国，热爱伟大领袖毛主席，拥护中国共产党的领导。自1957年回国以后，熊庆来同志积极参加了我党领导的历次政治运动……熊庆来同志愈至晚年，仍壮心不已，克服身残多病的困难，孜孜不倦地致力于科研和培养干部，为科学事业献身。

千秋功罪，自有历史评说。一生辛劳、甘于淡泊、默默献身于中国数学事业和教育事业的熊庆来，九泉之下可以瞑目了。

1. 熊庆来奖学金

熊庆来夫人姜菊缘是一位慈爱和宽容的女性，她虽然没有进过正规学校念书，但却见过世面，阅历丰富，深明大义，品德高尚。她在晚年最后的也是最大的一个愿望，就是能够以家里有限的资产设立一个"熊庆来奖学金"，为培养人才做最后的贡献，也为先夫在他辛勤服务过 12 年、他无限热爱的云南大学留下一个长远的纪念。

20 世纪 80 年代中期，熊庆来夫人已进入了风烛残年的岁月，她下定决心开始准备设立熊庆来奖学金之事。

熊庆来家的日子本就清贫，仅有为数不多的用以应急的一点存款。在做出设立奖学金的决定后，熊夫人便决定冻结自己的存款，以逐渐积累一定的资金来支持设立奖学金的运作。1985 年，五子秉衡有机会以"自费公派"的方式出国深造时，因机票要自己付费购买，便开口向母亲暂借，以后归还。但母亲都不借，用毫无商量余地的口气说："这是准备设立奖学金的钱，分文也不能动！"

熊夫人与熊庆来一样，一向鼓励子女独立、自强，也相信子女能独立解决自己的问题。后来，在当时对秉衡而言是一笔巨款的机票费，得到了秉衡所在学校长沙铁道学院的上级部门铁道部的支持、垫付。日后秉衡在法国受聘于法国国家科学研究中心，用获得的薪酬还清了铁道部垫付的机票款。

在那个一般人的月工资就几十元的年代，要筹措出一笔够设立奖学金的资金，真不是一件容易的事！这笔钱是怎么筹集来的呢？熊庆来的五子秉衡、六子秉群这段真实的叙述，令人不胜感慨：

> 父亲去世后，家里唯一值钱的物品就是徐悲鸿先生送父亲的几幅画。这几幅画在"文化大革命"中的经历既让人痛心，也让人啼笑皆非。父亲去世后，母亲按照父亲的遗愿将画捐给国家，

八、先生之风　山高水长

于是联系了北京市文物事业管理局,而这个局派来的人却把三幅画当作"查抄"的文物收走。林彪事件后,国内政治形势有些宽松,又以"落实政策"的名义给了母亲两千元钱作为收购款。当时母亲不敢要,正好父亲的朋友、科学院副院长吴有训先生来看母亲,他说:"为什么不要?你不敢要,我叫我的秘书去拿。""文化大革命"结束后,又一次"落实政策",要母亲把钱退回去,把这三幅画取回来,所以后来家里才有了这十分宝贵的三幅画。母亲就想出售这些画,将所得资金作为奖学金的基金。那时北京市博物馆想要收藏这三幅画,出价5000元。1984年初,母亲邀秉明二哥的好友、著名画家吴冠中来家,请他估算画的价值。他认为"奔马"值5000元,"鹫"值3000元,"竹"值2000元,共计1万元。因为有吴冠中的估价,北京市博物馆才同意以1万元收购。那时的中国,一般人一月的工资就是几十元,工资高的也就是两三百元。社会上刚刚有所谓"万元户"的说法,即一些懂得经营的人一年挣得1万元就算是富翁了。所以,1万元在那时是一个不小的数额。当然,两三年后,这些画的市场价格就至少是十多万元,现在恐怕已是几十倍甚至上百倍的价格了。

母亲决定将此款项捐赠给云南大学,设立"熊庆来奖学金",以奖励学业优秀的青年学生,促进人才培养。我们所有兄弟姐妹对母亲的这个行动都非常支持。我们感到十分欣慰的是,母亲尚健在时,这个愿望得以实现了。[①]

1986年,熊庆来的五子秉衡从长沙铁道学院调回昆明执教于云南工学院,实现了服务桑梓的愿望。秉衡回到昆明后,很快便与云南大学就设立"熊庆来奖学金"的具体事宜相商,最后,云南大学作出如下决定:

[①] 熊秉衡、熊秉群:《父亲熊庆来》,云南教育出版社,2015,第698~699页。

熊庆来先生，是我国著名数学家、教育家、现代数学的耕耘者，曾为我国的科学教育事业做出了贡献，培养了许多优秀科技人才，桃李众多。

1937年至1949年熊庆来先生受聘担任云南大学校长，即以"教育学术为百年大计"，为提高云南高等教育的水平及地位，呕心沥血，广集博学。"以期蔚为西南学术重心"，用学术带动科研，进而促进了云南经济文化的发展，受到社会一致好评。为了纪念熊庆来先生，弘扬他的科研治学精神，鼓励学生振兴祖国，勤奋学习，全面发展，早日成才，根据熊庆来先生夫人姜菊缘的倡议，经学校研究，决定在云南大学设立"熊庆来奖学基金"……①

1988年7月18日，云南大学举行了首届"熊庆来奖学金"颁奖仪式。仪式非常隆重，云南大学的领导、云南省的一些著名学者和熊庆来夫人出席了颁奖仪式。次子秉明特意从法国赶回来参加，诺贝尔奖获得者杨振宁博士专程从美国赶来担任授奖仪式主席，并向获奖学生授奖。他在仪式上热情赞扬了熊庆来先生的业绩和熊夫人的高尚品德，勉励获奖者和全体学子珍惜青春年华，努力上进，他说：

今天的授奖体现了一个时代的交替，表明了熊庆来先生的毕生追求和事业后继有人！

就人口而言，云南相当于一个欧洲大国，一定不乏大批优秀人才。如果对教育予以特别的重视，潜心培养和发现年轻的人才，那么，将来在科技、学术方面成大器的人，一定会很多……

熊夫人生前还通过全国政协、云南省统战部等各种途径，多次申诉，争取把先夫在20世纪20年代在南京东南大学任教时所建的房子退还自家，

---

① 熊秉衡、熊秉群：《父亲熊庆来》，云南教育出版社，2015，第700页。

以增加奖学金的基金数额。这座房屋是熊庆来用做教授的收入积蓄所建，但1952年以熊家是"地主"为由而没收。遗憾的是熊夫人生前一直未能看到落实政策，直到1991年6月，政策终于落实，以货币形式退还了房屋款3万元。熊家姐弟决定完成母亲生前的愿望，以1万元补充到云南大学"熊庆来奖学金"中，使该基金增加到2万元。退还房屋款的其余2万元捐赠清华大学应用数学系设立"熊庆来奖学金"。

熊夫人于1989年5月8日以96岁高寿辞世，在实现了她最后的一个愿望——设立了以熊庆来命名的奖学金之后，坚强无悔地走完了自己的一生，平静地安息了。熊夫人的后事得到了云南省政协、中共云南省委统战部、云南工学院、云南大学等各方面的关心和协助安排。

5月12日上午，中共云南省委统战部在油管桥殡仪馆举行了隆重的遗体告别仪式，统战部部长李瑾参加，副部长沈泰致悼词。云南大学的杨桂宫、顾建中、朱德祥等老教授和部分学生及云南工学院的不少师生和云南师范大学的多位教授参加了告别仪式。

中共云南省委统战部副部长沈泰在悼词中说：

> 我们缅怀她，不仅因为她是原云南大学校长、我国著名数学家、全国政协常委熊庆来先生的夫人，更主要的是缅怀她高尚的品德。她心地善良，平易近人，性行淑均，关心教育，热爱祖国。她对自己的生活是克勤克俭，而对别人的困难则尽力帮助，常以助人为乐，堪称是妇女楷模。她以毕生精力支持帮助熊庆来先生，在教育科学事业上取得了卓著的成就，精心培育子女，使他们品学兼优，成为国家有用之才。更重要的是，她像培养自己的子女一样，支持、关心、帮助云南青年一代健康成长，热心于云南的教育事业。她一生勤俭度日，积蓄得一万元，去年全部捐献给云南大学，建立熊庆来奖学金，鼓励青年学生好学上进。她以高尚的品德，爱国的热诚，走完了一生的历程，是一位平凡而又高尚

的女性。我们缅怀她，一定要学习她高尚的品德，以慰先辈之灵。①

熊庆来的许多好友和门生也都亲受过熊夫人的多方帮助与支持，所以熊夫人也和熊庆来一样深受他们的崇敬。在收到熊夫人去世的讣告后，熊庆来的许多生前好友都来信表示哀悼和慰问，其中有陈省身先生、顾毓琇先生、冰心女士、曾远荣先生等。

1990年9月30日举行了第二届"熊庆来奖学金"颁奖仪式，邀请了时任中国科学院数学研究所所长、熊庆来的关门弟子、著名数学家杨乐出席颁奖。授奖仪式上，宣读了全国人大常委会副委员长严济慈的贺文。他说："我受熊庆来奖金评审委员会之请，邀我到云南大学参加1990年度授奖仪式，感到十分荣幸。但由于有事在身，不能前往，又感到十分遗憾，故特致以贺文，以表示我衷心的祝贺。"

陈省身博士从美国，杨乐教授从北京，熊秉明教授从法国，特意飞到云南，为获奖学生授奖。陈省身博士在养育了数学大师熊庆来的这块红土地上，语重心长地寄语："希望云南成为廿一世纪数学大国中的数学大省！"

1992年7月，第三届"熊庆来奖学金"授奖仪式上，邀请了世界著名数学大师陈省身先生颁奖，他是熊庆来在清华大学招收的研究生，是中国自己培养的第一位数学硕士。陈省身博士、杨乐教授、熊秉明教授专程赶来，再次表达了对云南莘莘学子的殷切希望，和对熊老故乡的挚爱；深情地缅怀熊老生前执著地从事科学研究的精神和热情激励学子"科学救国"的夙愿……

1994年举行了第四届颁奖仪式，邀请了著名力学家钱伟长颁奖。钱伟长也是熊庆来在清华大学时的学生。这些科学界的大师、著名学者的出席和讲话，对获奖学生努力进取、勇攀科学高峰给予了很大的精神鼓励，对

---

① 熊秉衡、熊秉群：《父亲熊庆来》，云南教育出版社，2015，第707页。

他们未来的人生道路都将会产生积极的影响。

以后每隔两年一届的"熊庆来奖学金"的颁奖仪式,都邀请一些著名学者出席。熊庆来老校长毕生追求"教育救国、科学救国"的崇高精神,一直在激励着云大一届又一届的学子为振兴祖国而刻苦努力,奋发向前!

就在第三届"熊庆来奖学金"授奖仪式上,熊庆来次子、著名雕塑家熊秉明教授还向云南大学赠送了他在法国积多年心血精心雕塑的父亲熊庆来的铜像。陈省身博士、杨乐教授、熊秉明教授、熊秉衡教授与《熊庆来传》作者张维教授在铜像前欣然合影,表达对熊老的深切缅怀之情……

而今,由熊秉明教授积39年心血精心雕塑而成的熊庆来先生铜像,端置于熊老辛勤服务过12年的云南大学的主楼会泽院廊厅正中,四周为金黄色、白色的菊花——熊老毕生最喜欢的鲜花所簇拥。熊老睿智而慈祥的目光,温厚地看着前来瞻仰的和走过这里的莘莘学子……

熊秉明教授的这篇文章,深刻而殷切地表达了熊庆来先生在海内外的所有亲属的心声:

父亲的塑像

我把这一座父亲的像献给故乡,献给故乡的云南大学。

我着手塑造的时候是1953年4月,父亲尚在巴黎。

完成的时候是今年,1992年4月,先后用了三十九年。

不过,我真正能面对着父亲制作的时间只是三十九年中的头四年,1957年父亲从法国回到北京,我们从此没有再能见面。"文革"期间,父亲受迫害于1969年故世。三十五年间,我只能凭记忆,凭我对他的了解,在探索中,在摸索中,断断续续地经营打磨。

雕刻的技术,雕刻的观念,因岁月的增长,不断地在变化,工作的着眼点也随着有所不同:

一时着眼于他的严肃的方面；

一时着眼于他亲切平易的方面。

一时念及他的刚毅、坚韧；

一时念及他的笃实、温厚。

一时着重于雕刻的立体感、坚实感；

一时着重于塑面的生动、细腻感。

这样不断地改来改去，就像近代著名雕刻家杰可梅谛所说的："做一千年也做不完。"

但是今年一月，我又把父亲的像从地下室搬上来，放到雕刻架上，忽然发现自己的眼睛很明亮，不但清楚地看到该怎样改，而且看到了结束的可能。进行加工的时候，颇有得心应手的顺畅。做了两个月，知道可以打住了。约朋友来看，他们也表示首肯。四月送铜厂，浇铸了两座铜像。五月底，得到中国国际航空公司同意，免费由我随身带到北京。

就在这一年国内纪念父亲诞辰一百周年。我把一座赠送中国科学院数学研究所；一座赠送云南大学。

数学所和云大代表父亲平生事业的两方面：他以数学为终身专业，又以教育后进为不可旁贷的责任。他曾把生命力最旺盛的十二年交付给建设和发展云大。今天有一座像放置在北京数学研究所图书馆里；又有一座像放置在云大会泽院的廊厅里，我感到深心的快慰。

这几天我又翻阅罗丹和格赛尔的对话录。罗丹说，为自己的亲人所做的像往往是最成功的。固然因为最熟悉，但另一方面也因为没有任何夸张与粉饰的必要。

在制作的过程中，我没有想到过有一天这塑像会成为一座纪念像。凡为纪念而制作的像，有类乎古代写墓志铭，不免对墓主加以赞扬歌颂、所谓"谀墓"，雕刻家会力求塑出巨大光辉的形象。我没有过这意图,我相信我的父亲也不会乐意。我想表现出我从小所认识的父亲。这里有严肃与平易,有刚强与温厚,在表面的平静与含蓄下面潜藏着对科学真理的执着追求,对祖国与乡土的深厚的爱。这里有对生命本身的诚实和信念。

在座有曾经认识先父的,或曾与他共事,或是他的学生,我希望他们能从这塑像追忆起他当年的神态和他为人为学的风格。

至于年轻的一代,对他们来说,这铜像的人物已属于相当遥远的历史。我希望他们知道这是近代中国科学史上奠基的一代。1921 年他在南京东南大学创办数学系,1926 年到北京清华大学创办数学系,1936 年创办《中国数学学报》。最后二十年间,他患半身不遂,行动不便,但一直继续研究工作,指导研究生,所有的论文都是以左手奋力写出来的。这老祖父的一代怀有拓荒者的勇猛和抱负,我希望今天的学子们走过这铜像之前,不觉得有断沟,有距离,而能够感到前行者对来者殷切期待的目光。[①]

2. 纪念熊庆来百年诞辰

历史是人民书写的。

熊庆来是中国教育界、科学界的骄傲,更是云南大学的骄傲!

云大人以有熊庆来这样的校长为荣,云大人从来没有忘记自己的老校长。自党中央为熊庆来平反昭雪之后,遵循党的实事求是的优良传统,各界人士都对熊庆来有了正确、公正的评价。从 20 世纪 80 年代开始,《云南大学志》编审委员会在编写《云南大学志》时,其中涉及熊庆来在云大 12 年间的各方面情况的部分,都客观地公正地予以真实记载和充分肯定。校内的一些老教师、老同志也不时有文章在报刊发表,或介绍熊庆来的事迹,

---

① 张维:《熊庆来传》,云南教育出版社,1992,第 386~389 页。

或肯定熊庆来的教育思想,或推崇熊庆来的科学精神。

为了纪念老校长,学校将大礼堂命名为"庆来堂";当云大呈贡新校区落成后,学校把其中一条主要大道命名为"庆来路",以示对老校长的永久纪念。2004年8月,位于云大校本部的熊庆来故居由省政府专家组确定为校内省级重点文物保护单位并列为省级重点文物。2006年在国家人文地理杂志刊物《中国高校最美地方排行榜》中,被选为"中国高校八座大师故居"之一。

云南大学自1988年设立"熊庆来奖学金",隆重举行了首届授奖仪式后,以后每两年举办一届,一直延续至今。正如杨振宁博士所说的,"熊庆来奖学金"的授奖,"表明了熊庆来先生的毕生追求和事业后继有人!"

1992年10月6日,云南大学在大礼堂(现已改名为"庆来堂")召开纪念大会隆重纪念熊庆来百年诞辰。教育界、科技界人士的代表300多人和云南大学的师生代表1000余人济济一堂。云南省委、省政府、省人大、省政协、省教委、省科委、市人大的领导同志和熊老亲属都出席了这一纪念盛会。会上同时举行了《熊庆来纪念集》的出版首发式。

不能到会的严济慈先生、杨振宁先生、钱伟长先生等学生知友和有关人士,以及数学研究所、清华大学、南京大学等单位都专门发来贺信贺电,表达对熊老的纪念之情。

在纪念会上有关领导和各界代表充满激情的讲话中,对熊老毕生成就和功绩的高度评价,和饱含于其中的对熊老的追思之情,以及整个纪念活动的隆重与热烈,足以告慰熊老的在天之灵:先生把自己的一生献给了数学,献给了祖国,献给了自己的乡土;党和国家、故乡和人民都没有忘记先生!更为重要的是,先生毕生追求的"科学救国"的理想,将在我们这一代人手中实现!"科学技术是第一生产力"的观念已经深入人心,成为推动祖国现代化建设的重要动力!

《熊庆来纪念集》由"云南省纪念熊庆来先生百周年诞辰筹备委员会"编,在省内外、国内外广泛征求、收集稿件,汇编成册,楚图南先生题写了书名，时任云南省省长和志强为本书写了序。封面印有秉明为父亲雕塑的头像照片。

纪念集收录了熊庆来生前好友、著名学者和在云南大学工作时的同事如严济慈、楚图南、陈省身、庄圻泰、徐贤修、吴文俊、杨乐、田方增、朱德祥、杨春洲等撰写的纪念文章，以及华罗庚、费孝通、钱三强等以前所写的有关文章；还收录了熊庆来的一些重要文章和诗词，以及熊庆来夫人以往写的纪念文章、熊庆来子女此次特意撰写的怀念父亲的纪念文章。

纪念大会后，在云南大学标志性建筑会泽院一楼廊厅里，隆重举行了熊庆来铜像捐赠和揭幕仪式。

一个月之后，云大中文系教师张维撰写的《熊庆来传》，在熊老家乡弥勒市"纪念熊庆来百年诞辰活动"中，举行了出版首发式。弥勒市此次的纪念活动隆重而热烈，活动内容包括《熊庆来传》首发式、以熊老为首枚的"中国现代科学家纪念邮票"首发式、故居开放剪彩仪式等。为这次纪念活动，弥勒市委、市政府特意在昆明举行新闻发布会，正式告知全省、全国人民。严济慈、卢嘉锡、费孝通、张孝文、杨乐、吴冠中、郑伯克等先生都为这次纪念活动发来了贺电和贺词。

《熊庆来传》的写作得到云南大学、云南教育出版社、中科院数学研究所领导的大力支持，特别是全国人大常委会副委员长严济慈、楚图南先生，著名数学家杨乐、庄圻泰、赵访熊、田方增、吴新谋、何育赟，著名物理学家赵宗尧，著名医学家范秉哲，以及曾远荣、严四光、周家炽、沈刚如诸位先生和梅贻琦先生的遗孀韩泳华女士，云南的杨春洲、朱德祥、顾建中、李挺、杜棻、卫念祖、李德家、赵雁来、张瑞纶诸位先生，都热情接受了作者的访问，介绍了不少有价值的第一手材料，才使得该书具有史料翔实、内容真实的特点，成为国内首部较为全面、较为丰富地记述熊庆来生平及贡献的著作，为日后众多学人和青年学子提供了可资研究和引用的重要史料。

著名数学家杨乐教授热情地为《熊庆来传》作序加以充分肯定，著名物理学家严济慈先生为传记亲笔题词:"中国现代数学先驱熊庆来先生。"国际几何大师陈省身博士用其别具风格的厚重的笔法郑重地为传记题词:"立德立言立功,迪师兼有之。荟中西文化的精华,作后来者的模范。"陈省身的题词可谓是对熊老一生的品德、成就、思想、功绩,以及在中国科学史、教育史上的地位的精辟概括。

《熊庆来传》是作者怀着对熊庆来老校长的崇敬心情,以云大学人的责任感,一再克服搜集材料的困难,花费两年时间精心写成的。《熊庆来传》面世后,得到了海内外读者的好评。

出席弥勒市"纪念熊庆来百年诞辰活动"的有中央部委、中国科学院、清华大学、北京大学等多所高校、研究所近百位相关人士,全部与会者超过1000人,很多人通过《熊庆来传》第一次较全面地了解到熊庆来的生平与科学成就和教育贡献。通过省内外与会者的传播,生动展现熊庆来与云南大学历史的《熊庆来传》在国内外产生了较大的影响。诺贝尔奖获得者杨振宁教授给作者亲笔来信,称赞说"《熊庆来传》写得很好",希望作者寄10本书给他,他"将送给香港、台湾的大学图书馆"。

10年之后,《熊庆来传》增写了近5万字于2003年再版。时任云南教育出版社编委会主任的李菁先生撰写书评热情加以评介,文中说道:

> 熊先生不仅是云南人的自豪,更是我国的骄傲。
>
> 20世纪90年代初,在熊先生诞辰100周年的时候,作为对熊先生的纪念,云南教育出版社出版了由张维先生撰写的《熊庆来传》一书。撰写该书,张维先生是动了感情的:"能把这部传记奉献给云南人民,奉献给为祖国和民族的前途做出过努力的我国老一辈科学家和教育家,以及正在不懈努力着的全国教育工作者与科技工作者,奉献给国内外想了解熊先生生平的人们","涌上心头的,首先是一种欣慰","我觉得尽了作为云南大学一名教师的责任"。该书以细腻的笔触和丰富翔实的资料,用文学的形式将熊

先生的一生全景式地展现在了读者的面前,字里行间不仅记录了一个热爱祖国的知识分子的顽强奋斗和苦苦追求,还从一定的视角见证了20世纪上半叶中国社会的风风雨雨,反映了中华精神和中国人民的自强不息,得到了海内外读者的好评。著名物理学家、诺贝尔奖获得者杨振宁教授看后亲自给作者写信,在信中开门见山地评价道:"《熊庆来传》写得很好。"并希望作者寄10本书给他,他"将送给香港、台湾的大学图书馆"。

据说,杨振宁教授是不轻易肯定中文的科学家传记作品的。《熊庆来传》是得到杨振宁教授好评的为数不多的科学家传记之一。应广大读者的要求,云南教育出版社决定将该书重印。为了能更加全面地反映熊先生的学术成就和人生经历,云南教育出版社特意约请原作者张维先生又增补了近5万字的珍贵资料,使得读者眼中熊先生将更加立体和饱满。一部得到杨振宁教授首肯的中国科学家的传记将以新的面貌展现在读者面前,继续给读者、尤其是广大青少年朋友以启迪和鼓励。[①]

在此前后,《熊庆来传》又先后在多家出版社以不同的版本出版,为国内外多家图书馆收藏,进一步扩大了熊庆来先生和云南大学在海内外的影响。其中,2008年出版的《中国著名科学家·熊庆来》收入了"20世纪中国著名科学家书系"(金城出版社);2015年出版的《敬恭桑梓的教育家熊庆来》收入了"教育薪火书系"(山西人民出版社);此外,《中国著名科学家·熊庆来》和《科学巨匠·熊庆来》(河北人民出版社2001年)被澳大利亚国立图书馆和澳洲几所大学图书馆收藏。

3. 熊庆来与云大精神

云南大学的很多学人都怀着极大的热情和使命感,对熊庆来的教育思

[①] 李菁:《一部受到杨振宁好评的传记》,《云南教育》2004年第21期。

想与实践、科学精神与成就、重视养成学术风气等多方面加以研究,学校党史校史研究室历时多年,对熊庆来在云南大学工作期间的有关信函和档案资料艰苦细致地做了大量整理、研究工作,收集了许多极为宝贵的书信和报刊上的文章史料及熊庆来办学实践的文章,然后与云南省档案馆合编了一套(8卷12册)"云南大学史料丛书"公开出版。这套丛书中的《校长信函卷》,所收录的信函史料绝大部分是有关熊庆来的。

多年来,云大的党政领导和云大党史校史研究室、云大档案馆、云大高教研究院及一些老教授、中青年教师都在对熊庆来的教育思想、治学理念、办学之道、科学精神、科学成就不断地作深入探讨研究。党史校史研究室主任刘兴育任主编的《熊庆来教育思想与实践探究》一书于2010年出版,老教授李作新任主编的《熊庆来与云南大学》一书于2011年出版,等等。

《熊庆来教育思想与实践探究》出版时,时任云大党委副书记(后任西南林业大学党委书记)张昌山教授为之写的《序》中,阐述了如下重要观点:

> 在这十二年间,云大实现了由省立到国立、从边疆走向世界的夙愿,人才培养与科学研究都取得了巨大的成就,成为在世界上有影响的中国著名大学之一。熊先生使云大走向辉煌,同时,云大也成就了一位卓越的教育家。熊庆来与云南大学已经融为一体,说云大必然要说熊庆来,而说熊庆来也不可不说云大。在教育史上,熊庆来和云大也都具有典型性。因而,研究"教育家熊庆来"就具有重要而特别的意义。
>
> 值得高兴的是,这些年来,云大校内外有多位专家学者一直致力于熊庆来研究,出了不少成果。他们中既有资深教授,又有中年学人,还有青年才俊。近期,他们以校史专家刘兴育先生的一个课题为纽带,围绕熊庆来教育思想与实践这一主题,开展广

八、先生之风　山高水长

泛的学术调研，充分利用原始档案文献，多层次多视角展开研究，着力探索熊校长的办学治校之路及其成功之道，展现他的人格魅力与个性风采，进而确立熊庆来作为教育家在中国乃至世界高等教育史上应有的地位。

受主编之托，有幸先一步学习本书各篇章，我深切地感受到这是作者们一次成功的学术之旅所奉献出的是很有分量也很有价值的研究成果。在祝贺的同时，还希望早日印出，让更多的人分享。

当然，"教育家熊庆来"课题的内涵是很丰富的，可以说是一座学术富矿，需要继续进行更广泛、更深入的探究。无论是熊庆来教育思想的来源、构成及特色，还是其教育实践的经验、智慧与艺术等等，都值得进一步研究。现在已经迈出了重要的一步，持续下去，必将取得更大的成绩。①

2013年是云南大学成立90周年，也是熊庆来诞辰120周年。4月19日，校庆典礼的前一天，云大隆重举行熊庆来铜像揭幕式。云大还与《光明日报》联合举办了"熊庆来先生诞辰120周年学术研讨会"。

出席研讨会的有云南省政协的领导、一些兄弟院校的校长、云南大学领导和学者。学校特别邀请了著名学者杨乐院士、严陆光院士和其他学者，以及熊庆来五子秉衡和六子秉群出席研讨会。与会者对熊庆来一生的学术道路和生平事迹作了回顾；对熊庆来在数学领域的成就和贡献作了广泛讨论，更深入地探讨了熊庆来的育才治学思想、办学治校理念；特别研究了熊庆来对云大精神形成所起的积极作用和深远影响。在研讨会上，熊氏兄弟还代表家人将父亲在清朝时的云南高等学堂毕业证书和在法国留学时所获得的各种文凭，包括硕士文凭和法国国家博士文凭的复制件（原件在此

---

① 刘兴育主编：《熊庆来教育思想与实践探究》，云南大学出版社，2010。

前已由家属捐赠给了国家博物馆，复制件为国家博物馆所制）赠送给云南大学作为纪念。

学校还邀请了当年在云大任教的著名大师的子女：严济慈先生的儿子严陆光院士、吴文藻先生和夫人冰心女士的女儿吴青、冯景兰先生的女儿冯钟潮、华罗庚先生的女儿华密、郭佩珊先生的女儿郭晓昆及熊氏兄弟和云大同学举行了"名人与我面对面"的交流对话。大师们的子女介绍了父辈在过去艰苦岁月中如何在云南大学殚精竭虑地培育青年学子、潜心开拓学术研究的事迹，给大学生们以极大的鼓励。会后，同学们还恋恋不舍地围着名人之后，继续提问题，交流心得。①

研讨会次日，《光明日报》以整版篇幅刊登了《纪念熊庆来先生诞辰120周年学术研讨会发言摘登》——《熊庆来与云大精神》。② 各位的发言都很精彩，很有水平。下面摘引其中部分发言。

云南省政协副主席、前云南大学副校长倪慧芳教授在以"云南人民的骄傲"为题的发言中说道：

> 上个世纪初叶的中国，时局动荡，思潮涌动，社会剧烈变革。彩云之南，英才辈出，推动历史前行，熊庆来先生就是璀璨群星中的一位。他一生三赴海外而三返祖国怀抱，求学研究，报效国家，成就卓著，被誉为"中国现代数学之父"。先生出生于云南弥勒的偏僻山村，取得了世界瞩目的科学成就；他一生刚正不阿，心系家乡，振兴云南教育事业，广育人才，恭敬桑梓，是云南人民的骄傲。
>
> 为造就云南大学的学术空气，"以期蔚为西南学术重心"，先生始终遵循"大学之重要，不在其存在，而在其学术的生命与精神"的思想，办讲座、建团队、出版学术刊物和著作，致力于学

---

① 见熊秉衡、熊秉群：《父亲熊庆来》，云南教育出版社，2015，第730页。
② 《熊庆来与云大精神》，《光明日报》2013年4月20日第007版。

八、先生之风　山高水长

术兴校；尤值得称道的是，先生坚守并实践着"兼容并蓄、多元创新"的学术思想，坚持唯才、唯学的延才标准，加之自身的魅力和声望，延揽了200多名全国知名学者来校教学和研究，堪称人才济济；秉承学术创新，多元争鸣的学术自由气度，"战国策派""魁阁时代"等一批影响巨大的学术思想和学术流派在云大产生，使昆明成为西南学术重镇，云南大学成为全国学术中心之一。

为适应地方需要起见，在那个特殊的时代，先生所想的是抓紧发展云大，发展院系学科建设和学术研究，希望在西南一隅，培养一大批服务家乡、服务抗战、服务建国的人才。为此，依据云南地处边陲、多民族文化和自然资源丰富的特点，在先生主校的12年里，云大矿冶、土木、航空、社会学、农学、医学等院系得到前所未有的发展，从一所只有300多学生、10余名教授的省立大学，发展到学生千人以上，教授200余位的国立大学，为云南高等教育的发展奠定了坚实的基础，更为近代云南经济社会的发展积累了丰富的人才资源。

先生一生把中国传统文化教育思想和西方启蒙思想及人文主义教育的精髓潜移默化为自身的行为准则，他平实、诚笃、爱国、爱乡、爱人才，为追求真理而毅力坚韧，把毕生精力都献给了家乡，献给了我国教育事业。

《光明日报》社副总编辑刘伟在以"坚守知识分子的社会良知"为题的发言中说道：

> 熊庆来先生是我国现代数学的开创者之一。他一生硕果累累、桃李满园，不论时局如何艰难，处境如何尴尬，始终勇毅地担当知识分子应有的社会责任，始终坚守知识分子应有的社会良知，为人为学堪称楷模，行为处事当为世范。我认为，熊先生为人为学的精神主要蕴含在他兼有的三重人格中。

一、潜心探索、严谨求实的数学家人格。作为数学家，熊庆来先生始终以纯粹的学术精神耕耘在研究领域，在函数理论领域建树颇丰并以"熊氏无穷数"理论载入世界数学史册。在执掌云南大学之后，先生又以潜心探索、严谨求实的作风办学，努力探索并切实遵循教育规律，通过一系列富有成效的改革，使云南大学从困境中崛起，与西南联大一起成为中国近代高等教育史上的奇葩。

二、诲人不倦、奖掖后学的教授人格。作为教授，熊先生不仅是传道、授业、解惑之良师，还是慧眼识英才的伯乐。他惜才、爱才，并常说"平生引以为幸者，每得与当时英才聚于一堂，因之我的教学工作颇受其鼓舞"。正是得益于先生的提携和教诲，多位天才脱颖而出成为蜚声中外的数学大师。云南大学的崛起，撑起了中国高等教育的西南角，对于完善近代中国的高等教育布局意义重大，对于弘扬西南文化价值不菲。

三、夙夜在公、百折不挠的教育家人格。作为教育家，熊先生主持创办了中国近代史上第一个近代数学研究机构——清华大学算学研究部和国立东南大学、清华大学等3所大学的数学系以及《中国数学学报》，赢得了"中国近代数学先驱"之美誉。在烽火四起的艰难岁月，于僻处边疆的云南创办高水平大学，行路艰难尽人皆知，但是，凭着一份执著，一腔热情，熊先生以无限宽阔的胸襟广纳贤才，延聘众多俊彦共同铸就了瑰丽的大学梦。

执掌云大十二年，熊先生的精神已经成为云南大学"会泽百家，至公天下"之精神的重要内涵和有力诠释。先生的精神被云南大学的师生们继承下来，并发扬光大，先生泉下有知，当甚为欣慰。

熊秉衡（昆明理工大学教授）、熊秉群（电信科学技术研究院原院长）

八、先生之风　山高水长

在以"父亲办学之道的一点探讨"为题的发言中说道：

也许因为父亲就任云大校长之前任职于清华，一些文献中写到，熊庆来按照清华的模式来办云大。有的文献干脆写到，熊庆来的目标，是要"把云大办成小清华"。

其实，即使在清华主持算学系时，他也没有因循清华算学系原来的模式，或是仿照清华其他系的模式来办算学系。下面是当时清华大学校长梅贻琦与文学院院长冯友兰的一次对话：

冯友兰："理学院各系大都仿照美国大学，化学系系馆也是仿照美国大学化学系馆建造。文学院在中西贯通的基础上，一定要做出自己的特色来。"

梅贻琦："你忘了，算学系系主任熊庆来是留法学生，他的办系方针与课程编制与法国大学相近，就不是美国派了。你说文学院要中西贯通，我看确实击中了要害。"

的确，在清华园里，父亲的办系之道是独树一帜的。

父亲说过"学校不仅是一培植人才之机关，而同时是一学术之源泉"。极力造就算学系学术研究环境，从清华算学系走出来的杰出数学家以及他们的成就，可以列出一串名单，其中佼佼者当数陈省身和华罗庚以及他们对微分几何和数论的划时代的杰出贡献。

父亲应邀离开清华，赴任云南大学校长后，与龙云"约法三章"。"约法三章"实际上是"学校自治"精神的体现。父亲对云大的管理体制也进行了改进，改变了过去集大权于校长一身的做法，建立了三会（校务会、教务会、教授会）、三处（教务处、训导处、总务处）、五院（文、理、工、医、农）体制。这样的体制结构的核心价值是教授治校；保障校务公开，使教职员知校情、省情、国情，同舟共济，共渡难关，充分调动广大教职员参与学校建设的热情。

强调加强基础，重视基础课的教学。这是父亲的一贯主张。一是抓课程编制："基本课程精当切实"，"不欲浅隘，亦忌浮夸"。二是安排最好的教师讲授基础课。云大各个专业的基础课大都由学识渊博的教师担任，譬如他聘请到了赵忠尧教授，在云大教的就是"普通物理"课程，吴文藻教授任社会系"社会学"教师。再如，冯景兰任"普通地质学"教师、顾颉刚任"中国古代史"教师、楚图南任"大一国文"教师、吴晗任"中国通史"教师、严楚江任"植物学"教师……这样的传统，一直延续到解放后。

中国科学院院士、著名数学家杨乐在以"我、张广厚和熊庆来先生"为题的发言中说道：

> 熊庆来教授是我国函数论研究的先驱与主要开拓者之一，也是我国近代数学研究与高等数学教育的奠基者之一。我和张广厚的成长，得到熊庆来教授的亲切指导。
>
> 1962年，我和张广厚由北京大学毕业后，考入中科院数学所，成为熊庆来先生的研究生。熊先生担任我们的导师时已年逾古稀，半身不遂，然而他仍经常与我们谈话，虽然谈话内容只是一些闲聊、典故，却使我从学术思想上受到熏陶，并从中探索合适的研究方向。熊先生自己曾谦逊地说："我年事已高，虽不能给你们具体帮助，但老马识途。"
>
> 熊先生当时让我们在讨论班上报告奈望利纳的著作《毕卡——波莱尔定理和亚纯函数理论》以及伐利隆的著作《亚纯函数的波莱尔方向》。他经常参加我们的讨论班，听取我们的演讲，并作一些研究问题背景的介绍。奈望利纳是现代函数值分布理论的奠基人，他的上述著作篇幅虽然很少，却是紧扣值分布论的主线——两个基本定理进行论述。对它的深入钻研使我们较快地掌

握了模分布理论的精粹，迅速接近了研究工作的前沿。伐利隆是对值分布理论有杰出贡献的学者，尤其是他证明了亚纯函数波莱尔方向的存在性，当时掀起了辐角分布研究的热潮。他的著作研读起来极其困难，因为书中的定理几乎都没有证明，必须查阅有关的论文。其中他自己的一些论文，论证也十分精炼，省略了大量推导，研读时需作许多补充证明。

改革开放后，我与北美、西欧许多国家好几十位著名函数论专家不断交往，听到陈省身与丘成桐教授常常说起要从一些经典著作与文献中汲取思想和营养，我感到很有道理。熊庆来教授指导研究工作的做法，与陈省身、丘成桐的思想是一致的。

研究生期间，国内学术界与国际上几乎没有任何交流。应该说，熊庆来教授指导下的研究，是当时国际上的前沿，达到了十分先进的水平。我们在研究生阶段能取得这样的成绩，并且以后获得很好的发展，与导师熊庆来教授的指引与帮助是分不开的。

云南大学校长（后任云南大学党委书记）林文勋教授在以"励精图治 始微成巨"为题的发言中说道：

1937年，应云南省主席龙云之邀，庆来先生下乔木而入幽谷，恭敬桑梓，主政云南大学十二载，使云南大学由省立而国立，并被《不列颠百科全书》列入中国15所世界著名大学之一，实现从边疆走向世界的辉煌。

一、办学自主，教授治学。早在上任之前，先生便与龙云"约法三章"：校务行政省政府不加干预；校长有招聘、解聘教职员之权；学生入学须经考试录取，不能凭条子介绍。此三章者，无一不体现出减少行政干预，增加办学自主之理念。主政云大期间，庆来先生成立了校务会、教务会和教授会三大决策机构，并在校务会下设经费稽核、聘任、建筑三大委员会，制定了《国立云南大学学制》《教职员资格审定暂行规定》《教职员服务和待遇规程》等规章制度，推行校长领导下教授治校的管理体制。

二、慎选师资，广揽人才。到任途中，先生绕道天津、上海、南京，以聘请、借聘、设讲座等方式，延揽何鲁、严楚江、李炽昌、闻在宥等到云大任教。宣誓就职之时，先生提出慎选师资，提高学校地位等五项基本原则。国立西南联合大学成立后，先生多次与联大校务委员会沟通，促成联大修改禁止教师外出兼课之规定，达成教师互借之协议，聘请潘光旦、陶云逵、李树青等到云大兼职。先生还高薪聘请国学大师刘文典到校任教。庆来先生雍容滇云名士，吸纳九州方家，遂使云大成为群贤汇聚之场所，研究教学之重镇。

三、开放办学，服务桑梓。主政期间，先生以滇省生物繁滋，植物之研究较易而影响与学术之进步甚大而特设植物系；为培养云南需要之医务人员，开发西南边疆而成立医学院；以滇省农业人才之培植及生产方式之改进，尤为不可缓之要图，成立农学院；以开发边疆，同化夷族实为当务之急，增设人类学系。经庆来先生不断恢拓，云南大学由两院七系一专修科，教授三十七，学生三百有二之规模，发展成为五院十八系，专修科二，先修班三，附属中学一，医院一，工厂二，农场三的学科门类齐全的综合性大学。

云南大学党委副书记（后任西南林业大学党委书记）张昌山教授在以"继承和弘扬先贤的优良传统"为题的发言中说道：

熊庆来老校长执掌云大的12年，云南大学良师荟萃、学子莘莘、成果丰硕、影响力大，并于1946年被英国《不列颠百科全书》列为中国15所世界著名大学之一。

研读校史，审视过去，我深深感到，推动云大在艰难岁月实

八、先生之风　山高水长

现跨越发展的，是老校长极力倡导、身体力行并在云大校园蔚然成风的大学精神：

一、努力求真的科学精神。为"求办学之真，求教育之真"，他外则与时任省长龙云"约法三章"，使其承诺不干预学校行政、人事，不凭条子介绍学生，增加办学经费，求办学之独立与经费之保障；内则慎选师资、严格考试、整饬校纪、充实设备、培养研究之风，对云大进行革新与改进，使云大在硝烟弥漫的岁月里勃发出无限生机。

二、努力求善的人文精神。老校长身为数学家，却无学科偏见，他重视人文教育，支持学术研究，推动研究成果出版，为抗战中的中国筑牢了学术建设根基。

三、努力为公的批判精神。在老校长的身上还体现了强烈的批判精神。抗战时期，面对"凡中等以上学校，校舍皆应改为兵营，学生均宜训做战士，即属教员，亦应投笔从戎，以卫国土"的过激思潮，他撰写《抗战中后方对于学术建设之责任》一文，强调"学术乃国家精神所系，倘此重要元素一旦受敌摧毁消灭，则国家地位必受影响"，强调后方所可为且应为者乃是办好学校，为患难中的家国保存一份学术之精神。

四、努力求新的创造精神。老校长认为，教育要培养出具备科学态度、敢于创造创新的人才，就要勇于打破落后的教育体制，革除墨守成规的教育弊端。有鉴于此，老校长把"求新"作为其治学与办校的重要思想之一，贯穿于他的教育事业中。老校长坚持"大学之重要，不在其存在，而在其学术之生命与精神"，并倾心培育研究之风。在他的倡导和支持下，诸多掣肘经济社会发展的科技难题迎刃而解："云大宪政研究会""西南文化研究会""云南民族研究会"等研究团体如春笋涌出；《中法文化》《战国策》《云南大学学报》《西南边疆》《人文科学》等学术期刊如百花齐放。

云南大学文学院张维教授在以"熊庆来的'科学救国'思想"为题发言中说道：

  20世纪初，少年熊庆来从家乡弥勒到省城昆明求学。当时，云南发生了两起外侮事件：一是清政府秘密将云南七府矿产开采权拱手送给英、法侵略者；二是英帝国主义侵占片马。昆明学生为此罢课、请愿，熊庆来热情参加了这些爱国行动。武昌起义后，熊庆来非常赞同孙中山的"世界大同"思想，和同学们一道上书都督府，请愿北伐，渴望社会进步。他在出国不久的家信中，明确地表露出爱国思想："窃念祖国危亡，云南尤殆，要励志向学，勿浪掷分寸光阴，务以造就有用之学，回来报效祖国。"

  1913年，熊庆来赴欧洲留学。置身于正为巴斯德、普旺卡烈、居里夫妇的卓越成就和科学精神所激荡的法国，他受到强烈的熏陶和感染。尤其是巴斯德科学救国的精神及其实践给予熊庆来的影响非常大。留法7年中，熊庆来认定"没有科学，谁也不可能把中国建成现代国家"，形成了"科学救国"的思想。

  回国后，熊庆来为实现"科学救国"的理想，视培养人才为"科学救国"的关键，而培养人才的根基在教育。于是，他从归国时直至1949年的28年间，倾注了全部心血，先后创办了东南大学、清华大学、西北大学的算学系，担任云大校长12年，呕心沥血，开创了云南大学的"黄金时代"，培养了一大批国家建设人才。

  熊庆来实践"科学救国"的思想，还体现在积极倡导学术研究、推动科学研究事业的发展方面。

  在清华大学时期，他参与创立了中国数理学会；参加审定数学名词；创办了中国第一个数学研究机构——清华算学系研究部；

八、先生之风　山高水长

成为第一次出席国际数学家大会的中国代表；定义了被国际数学界誉称为"熊氏无穷级"的数学定理；参与成立了中国数学会；参与创办了中国数学会会刊；延聘法国数学大师哈达玛和美国著名数学家温纳来讲学，开东西方数学界交流的先河。

主持云大时期，熊庆来办学思想的一个重要组成部分便是培养研究风气。他在倡导学术研究、推动科研事业发展方面做出了开创性的工作。

云大党委书记刘绍怀教授的发言，题目是"永远的熊庆来情结"，论述精辟，可谓点睛之笔，摘引在"尾声"中。

尾声　云大人的熊庆来情结

　　2023 年，云南大学迎来百年华诞纪念。历经百年沧桑的云大进入了一个崭新的发展时期，每一个云大人都为学校的百年华诞而兴奋，每一个云大人都为自己是一个云大人而自豪，每一个云大人都感念熊庆来老校长执掌 12 年的国立云南大学为新中国云大的发展奠下了"不拔之基"而骄傲！

　　回望新中国的高等教育史，云南大学奠定了新中国云南高等教育的基础，为新中国的教育事业做出了卓越贡献。在 20 世纪 50 年代院系调整时，云南大学将自己的一些重要而有特色的系科，如航空、土木、法律、铁道等划出并入当时的北京航空学院、四川大学、西南政法学院、长沙铁道学院等高校；将工学院、农学院、医学院从云大分出去，独立建校，逐步发展为当今的昆明理工大学、昆明医科大学、云南农业大学、西南林业大学等高校。1958 年，云南大学由中央高教部划归云南省管理。1978 年，云南大学被国务院确定为全国 88 所重点大学之一。

　　改革开放后，云南大学获得了长足的进步。1996 年首批列入国家"211 工程"重点建设大学，2001 年列入西部大开发重点建设院校，2004 年成为教育部和云南省人民政府重点共建高校，2017 年成为国家首批 42 所"一流大学"建设高校之一，2018 年跻身中西部 14 所"以部为主、部省合建"高校行列，2022 年，继续入选第二轮国家"双一流"建设高校。

　　云南大学前程灿烂，云大人在欢欣鼓舞的同时，不会忘记老校长熊庆来的丰功伟绩。云大人心中有着永远的熊庆来情结，正如时任云大党委书记刘绍怀教授在"纪念熊庆来先生诞辰 120 周年学术研讨会"的发言中所说的——

　　　　熊庆来先生是我们云大人挚爱的老校长，是著名的数学家、教育家，中国近代数学的先驱，被誉为"中国数学界的伯乐"。

尾声 云大人的熊庆来情结

熊庆来先生是一位杰出的数学家。1934年，他的论文《关于无穷级整函数与亚纯函数》发表，并以此获得法国国家博士学位，成为第一个获此学位的中国人。论文中所定义的"无穷级函数"国际上称为"熊氏无穷级"，被载入世界数学史册，奠定了他在国际数学界的地位。

熊庆来先生是一位杰出的教育家。先生先后执教于国立东南大学、南京师范大学、西北大学、清华大学、云南大学和中国科学院数学研究所，许多学子都曾受教于熊先生，其中包括严济慈、华罗庚、赵忠尧、胡坤升、庄圻泰、陈省身、彭桓武、钱三强、钱伟长、杨乐、张广厚等一批著名科学家。先生一生惜才爱才育才，深受师生爱戴。

最令云大人自豪的是，1937年到1949年，熊庆来先生担任云南大学校长十二载，带领云南大学实现了由省立到国立、由边疆走向世界，由一般大学变为著名大学的发展。熊先生在云大的办学治校实践，充分证明了他是一位卓越的教育家。到云大上任之初，先生便提出五条办学措施："一、慎选师资；二、严格考试；三、整饬校纪；四、充实设备；五、培养研究风气。"这些措施为学校形成优良学风校风，提高教学、科研水平奠定了坚实的基础。

我曾总结当时云大取得卓越成就的原因：一是校长强，二是师资优，三是专业全，四是规模大，五是管理好。熊校长非凡的学术影响、人格魅力和治校能力为云大创造辉煌提供了先决条件；熊校长广延人才，精选师资，为云大建设了一支国内一流的师资队伍；熊校长依据当时云南和国家需要，建设学科专业，扩大招生规模，使云大成为当时国内少有的规模较大的综合性大学；熊校长引进国外经验，在云大建立了当时最为先进的现代大学制度。总之，一位卓越的校长带领一群优秀的师生创造了一个奇迹，这个奇迹使云南大学登上了当时众多大学难以企及的巅峰，给中国高教界留下了宝贵的办学经验,给云大的历史、校园和师生留下了永远的熊庆来情结。①

---

① 刘绍怀:《熊庆来与云大精神》,《光明日报》2013年4月20日第007版。

参考文献

熊秉衡，熊秉群．父亲熊庆来［M］．昆明：云南教育出版社，2015．

云南省纪念熊庆来先生百周年诞辰筹备委员会．熊庆来纪念集［M］．昆明：云南教育出版社，1992．

《云南大学志》编审委员会．云南大学志·总述［M］．昆明：云南大学出版社，1993．

《云南大学志》编审委员会．云南大学志·大事记［M］．昆明：云南大学出版社，1993．

《云南大学志》编审委员会．云南大学志·后勤志［M］．昆明：云南大学出版社，1993．

云南大学，云南省档案馆．云南大学史料丛书·校长信函卷［M］．昆明：云南大学出版社，2009．

云南大学，云南省档案馆．云南大学史料丛书·会议卷［M］昆明：云南大学出版社，2010．

云南大学，云南省档案馆．云南大学史料丛书·教学卷［M］．昆明：云南大学出版社，2011．

杨崇龙．龚自知传［M］．北京：北京出版社，2020．

张维．熊庆来传［M］．昆明：云南教育出版社，1992．

张维．楚图南传［M］．昆明：云南教育出版社，2000．

张维．袁嘉谷传［M］．昆明：云南教育出版社，2001．

刘兴育主编．熊庆来教育思想与实践探究［M］．昆明：云南大学出版社，2010．

肖宪．费孝通与云南大学［N］．云南大学校报，2010（1037）．

王晓珠，雷文彬．云南大学与庚子赔款［J］．思想战线（人文科学专辑），2008，34．

雷文彬. 西南文化研究室——云南大学学术领域中的重要里程碑[J]//岁月留痕——云大记忆. 昆明：云南教育出版社，2013.

雷文彬. 国立云南大学时期的龙氏讲座[J]. 云南档案，2014（10）.

梁建. 西南联大与云南大学关系述论[J]. 西安电子科技大学学报（社会科学版），2014，24（3）.